国家社会科学基金项目“法院审查专利有效性的制度设计研究”
（项目编号：19BFX145）
天津市哲学社会科学规划项目“京津冀知识产权保护一体化研究”
（项目编号：TJFX18-004）

天大法学文库

孙佑海 主编

知识产权司法保护专题研究

管荣齐 ——— 著

法律出版社 | LAW PRESS

总　序

作为中国第一所现代化大学，天津大学已经走过了一百二十余载的风雨历程，其前身北洋大学是中国教育史乃至整个近现代史的一座伟大丰碑。如今，当人们谈起这座位于渤海之滨的学术殿堂时，首先想到的或许是其工科特色。的确，天津大学的建筑、精密仪器等学科远近闻名。然而，天津大学不仅有严谨、担当的工科，还有深厚的法科底蕴。在北洋大学创办之初，法科（律例学门）就位列各学科之首，开创了中国现代高等法学教育的先河。作为中国的第一所现代化大学，天津大学颁发出我国第一张大学文凭不足为奇，巧合的是，第一张大学文凭的获得者恰恰是法科学生——王宠惠，这不仅是天大法学人的骄傲，更是值得中国法学界铭记的历史时刻。

北洋法学有着辉煌的历史，曾培养出张太雷、王宠惠、徐谟、王正廷等杰出校友。张太雷同志是杰出的无产阶级革命家，著名的政治活动家、宣传家，中国共产党和人民军队早期重要领导人之一，为中国革命做出卓越贡献。王宠惠先生曾将德文版《德国民法典》译成英文作为英美法系国家的法学教材，并赢得法学界的广泛赞誉，他还代表中国参加《开罗宣言》的起草，代表中国参加《联合国宪章》的签署，为维护中国国家利益进行不懈斗争。徐谟先生学贯中西，国际法功底深厚，担任国际法院大法官。王正廷先生是著名的国际法学家，为废除不平等条约作出重要贡献，还积极推动奥林匹克运动在中国的发展，被誉为“中国奥运之父”。

由于种种原因，天津大学的法科教育一度中断。直到 1994 年设立经济法专业，1997 年成立法学系。2015 年是天大法学的重要时刻，在党和国家领导人的大力支持下，天津大学正式复建法学院。自学院复建以来，在全体教师共同努力和社会各界的支持下，天津大学法学在教书育人、高水平论文、科研项目、国际化、新法科建设等方面都取得了重要突破。2019 年，在社会各界的大力支持下，天津大学获批法学一级学科博士学位授予权，这既是对天津大学法学的肯定，也是对我们的鞭策。

《天大法学文库》旨在继承和发扬前辈艰苦奋斗、勇于创新的精神，鼓励和促进天津大学法学院教师探索学术前沿、勇攀科学高峰，展示天大法学人的研究成果，加强与学界同人的交流与合作，为中国的法治事业略尽绵薄之力。

孙佑海

2019 年 12 月

前言

在全球新一轮科技革命和产业变革加速演进的今天，知识产权成为国家发展的战略性资源和国际竞争力的核心要素，中国特色社会主义现代化建设进入创新发展的新时代，我国知识产权司法保护面临前所未有的机遇和挑战。

基于知识产权“双轨制”保护模式，我国已经建立起比较完善的知识产权司法保护体系，但在知识产权司法保护主体、客体、方式、程序等方面仍然不尽如人意，包括：知识产权案件管辖、技术事实查明、“三合一”审判尚待完善，审判人员总体素质尤其是技术素养有待提高；知识产权纠纷解决面临行政与司法竞合，诉讼程序与确权程序各自分立且复杂冗长；知识产权诉讼证据制度不够健全，临时保护措施运用不足，损害赔偿制度未对侵权人形成足够威慑。

为此，新时代我国应当提高知识产权案件管辖集中度，进一步完善技术事实查明机制，全面推行“三合一”审判机制，提高知识产权审判人员的总体素质和技术素养；限定和规范知识产权行政执法行为，赋予法院直接审查知识产权有效性、变更行政确权决定的司法职权；建立健全证据开示制度、文书提出命令制度和举证妨碍制度，积极采取行为保全措施，全面建立惩罚性损害赔偿制度。

本书针对新时代我国知识产权司法保护所面临的国内国际新形势、新问题、新挑战，立足于并进一步突出中国特色、回应并深入践行新时代要求，从知识产权司法保护主体、客体、方式、程序四个要素、角度或方面，全方位展现新时代我国知识产权司法保护的体制、机制、原则、规则，既涵盖和触及几乎所有相关的法律、行政法规、部门规章、司法解释和意见，又为突出中国特色、践行新时代要求和强化问题意识而做出全新的体例和内容安排，还为方便对照、理解和适用而在精准引用最新法律规范条文的同时详细注明其出处。

本书内容共分五章，第一章为知识产权司法保护总论，阐释知识产权司法保护的概念、要素以及中国特色和新时代要求；第二章为知识产权司法保护主体，阐释我国知识产权司法保护的权利主体和审判主体；第三章为知识产权司法保护客体，阐释我国知识产权司法保护的权利本身和行政行为；第四章为知识产权司法保护方式，阐释我国知识产权民事诉讼、行政诉讼和刑事诉讼的适用范围和审理特点以及知识产权三审合一的规则；第五章为知识产权司法保护程序，阐释我国知识产权诉讼一审、二审、再审和授权确权程序。

本书主要面向法律工作者，法律职业资格、专利代理资格考试考生，知识产权法专业方向本科生、研究生，错漏和不当之处敬请批评指正。

目录

第一章　知识产权司法保护总论

第一节　知识产权司法保护的概念和要素

一、知识产权司法保护的概念

(一)知识产权司法保护的含义

知识产权司法保护有狭义和广义之分。

在狭义上,知识产权司法保护仅指知识产权司法审判活动或行为。法院可以依据有关法律规定、遵循法定程序、运用法定手段,对因知识产权侵权、违法或违约而提起的民事、行政或刑事诉讼案件进行立案、保全、审理、判决、执行等。其中,知识产权民事诉讼涉及知识产权侵权纠纷、权属纠纷、合同纠纷、不正当竞争纠纷,①知识产权行政诉讼涉及知识产权行政管理纠纷、行政执法纠纷,知识产权刑事诉讼在我国涉及假冒注册商标罪、销售假冒注册商标的商品罪、非法制造销售非法制造的注册商标标识罪、假冒专利罪、侵犯著作权罪、销售侵权复制品罪、侵犯商业秘密罪。②

---

① 最高人民法院:《民事案件案由规定》(2011),第5部分。

② 《中华人民共和国刑法》(2017),第213~219条。

在广义上,知识产权司法保护还涵盖知识产权审判活动或行为的外部衔接行为,其主体主要涉及公安机关、检察机关、知识产权行政机关。公安机关、检察机关可以依据有关法律规定、遵循法定程序、运用法定手段,对知识产权侵权、违法行为引起的刑事案件进行立案、侦查、审查、起诉等。知识产权行政机关可以依据有关法律规定、遵循法定程序、运用法定手段,实施知识产权行政管理、行政执法和行政服务,①其中,知识产权行政管理包括知识产权行政授权、行政确权,知识产权行政执法包括知识产权行政调解、行政裁决、行政复议、行政处罚等,知识产权行政服务包括知识产权信息服务、宣传教育、政策法律咨询等。②

本书主要讨论狭义的知识产权司法保护。

(二)知识产权司法保护的地位

知识产权司法保护是知识产权保护体系的重要组成部分。知识产权保护体系由知识产权司法保护、知识产权行政保护和知识产权国际保护三部分组成,其中知识产权司法保护是基础和根本,知识产权行政保护是必要补充,知识产权国际保护则兼采两者之手段,三者所占权重及其分工和衔接,形成了不同国家和地区知识产权保护特色。世界上绝大多数国家采用知识产权司法保护"单轨制",即知识产权纠纷(主要包括授权、确权、侵权、违法、违约纠纷)都由法院受理和解决。我国采用知识产权司法保护与行政保护"双轨制",即知识产权纠纷有司法审判和行政执法两种解决渠道可供选择。知识产权司法保护"单轨制"自不必说,即便是采用知识产权司法保护与行政保护"双轨制",其中知识产权司法保护亦居于主导地位。如我国2008年6月颁布实施的《国家知识产权战略纲要》,要求"发挥司法保护知识产权的主导作用"。

知识产权司法保护的主导地位源于知识产权本质上的私权属性和司法保护专业性的日益提高。知识产权是私人就其智力成果所享有的专有性权利,虽然有别于一般民事权利而具有一定公共属性,但其本质上如《与贸易有关的知识产权协定》序言所称仍属于私权范畴,除非法定例外情形,未经权利人许

① Note 3 of the TRIPs Agreement.

② 邓建志、单晓光:《我国知识产权行政保护的涵义》,载《知识产权》2007年第1期。

可他人不得实施,其权利保护和侵权救济应由权利人自己主张和提起,适用民法、民事诉讼法的基本原则和基本制度,以司法保护为主导、以民事诉讼为主渠道,知识产权行政机关尽可能少介入或者不介入。[①] 知识产权纠纷解决的专业性对从事知识产权审判的法官提出了更高的要求,除了需要熟悉和掌握民事、行政、刑事方面基本法和专利、商标、著作权等知识产权专门法以外,还要在技术等专门性问题所属专业领域具有普通或一般水平的专业知识和能力,否则即使借助专家证人或鉴定机构也不能对知识产权纠纷有关事实做出正确的认定。[②]

(三)知识产权司法保护的优势

1. 终局权威性。司法保护作为维护社会公平正义的最后一道防线,是知识产权保护的最终救济途径,具有更加权威的法律效力。要充分利用知识产权司法保护终局权威的制度优势,既注重知识产权纠纷的彻底解决,又注重对知识产权行政执法行为的司法监督,促进提高知识产权行政执法效能和执法水平。

2. 稳定长效性。司法审判由当事人自主发动,历经法庭调查、双方质证和辩论,有着严谨规范平等的程序机制,很好地契合了知识产权的私权属性和市场竞争属性,对于实现知识产权人与社会公众利益的平衡有着不可替代的作用和价值;可以有效避免知识产权行政保护因其单方性、主动性可能形成的执法弊端,真正营造公平、开放、透明的市场环境,切实发挥市场竞争激励创新的根本性作用。

3. 规则引导性。司法保护不仅能够解决纠纷,还能够基于裁判文书的公开性和说理性,明确法律标准和阐明法律界限。这些规则既能够规范当事人和社会公众的行为,又能够对有关行政机关的执法行为提供指引。充分发挥司法保护的规则引导优势,才能切实提高知识产权保护的可预期性。

---

① 李明德:《知识产权法》,社会科学文献出版社2007年版,第12页、第25页、第29~30页、第35页。

② 管荣齐:《论专利法官的技术素养》,载中国行为法学会司法行为研究会、天津大学法学院编:《构建法律职业共同体研究》,中国法制出版社2016年版,第312~324页。

4. 国际通行性。司法保护是国际通行的保护知识产权的主导性机制,更易得到国际社会接受和认可,更易提升我国知识产权保护的国际影响力和权威性。要充分利用司法保护国际通行的优势,更加注重全球视野和国际眼光,既高度重视国际主流和通行做法,又敢于、善于根据我国国情和实际创造中国经验和中国模式,参与甚至主导国际知识产权治理规则的形成。

5. 全面完整性。司法保护既可以维护知识产权民事权利,又可以监督知识产权行政行为,还可以惩罚知识产权刑事犯罪。尤其是相对于知识产权行政执法的范围和手段受限、后续接受司法审查的弊端或缺陷,知识产权司法保护具有不可比拟的天然优势。①

(四)知识产权司法保护的不足

知识产权司法保护所追求的第一目标是公正,因而就会牺牲效率。知识产权司法保护所追求的公正,主要体现在诉讼程序的严谨和司法措施的谨慎上,例如,侵权人申请知识产权无效宣告后,侵权诉讼案件往往需要中止审理;知识产权案件涉及技术等专门性问题,需要通过技术调查官、专家辅助人、司法鉴定机构等查明事实;知识产权市场价值不易评估,难以确定较高的损害赔偿数额。这是我国知识产权司法保护质效不高的总根源。

1. 诉讼周期长。知识产权侵权民事诉讼常常叠加知识产权行政确权纠纷,管辖机关不同造成相应程序分立和复杂冗长。目前我国知识产权侵权民事诉讼由地方法院管辖,而知识产权行政确权纠纷由知识产权行政确权机关管辖,且知识产权行政确权决定常常引发相应司法审查(行政诉讼),指定由北京知识产权法院管辖,若对北京知识产权法院作出的裁判不服,还可以上诉到最高人民法院知识产权法庭。另外,北京知识产权法院和最高人民法院知识产权法庭只能就行政确权决定是否合法作出裁判,如果终审判决行政确权决定违法并责令重新作出决定,则案件又回到知识产权行政确权机关那里,开启新一轮确权程序。

2. 权利人举证难。源于知识产权的无形性,知识产权侵权行为及其损害结

① 陶凯元:《充分发挥司法保护知识产权的主导作用》,载《求是》2016年第1期;宋晓明:《新形势下我国的知识产权司法政策》,载《知识产权》2015年第5期。

果具有一定隐蔽性,使得知识产权权利人难以发现和证明。我国目前知识产权诉讼证据制度中,权利人和侵权人之间的举证义务分配不合理尤其是权利人举证负担过重,无正当理由拒不提供证据的法律后果不明确和制裁不严厉,给案件事实查明和权利人维权造成极大困难。如专利案件中,权利人往往很难通过公开、合法渠道获取被控侵权人的生产工艺,特别是当被控侵权产品属于价值较高的大型设备时,被控侵权人常常以设备固定无法拆卸、拆卸后无法安装、价值巨大、损失无法弥补等理由,拒绝配合鉴定或者勘察对比。

3.赔偿数额低。我国目前对知识产权侵权行为主要实行补偿性损害赔偿制度,权利人因举证困难大多仅能获得低于知识产权市场价值的侵权损害赔偿数额,这不仅无法弥补知识产权权利人所遭受损害和维权成本,而且严重影响了知识产权司法保护的权威。分析我国法院判赔数额较低的原因:一是知识产权权利人难以收集和提供相关证据来证明其所遭受的损失或者侵权人所获得的利益,二是知识产权市场价值因其自身的复杂性以及缺少与国际接轨的评估标准而难以得到充分评估,三是权利人损失中侵权行为原因力大以及知识产权在侵权人获利中的贡献率难以确定。

二、知识产权司法保护的要素

(一)知识产权司法保护的主体

知识产权司法保护的主体是指通过司法活动或行为对知识产权进行保护的单位或个人。同知识产权司法保护相应,知识产权司法保护的主体也有狭义和广义之分。狭义的知识产权司法保护仅指知识产权司法审判活动或行为,则狭义的知识产权司法保护主体仅包括知识产权权利主体和知识产权审判机关;广义的知识产权司法保护还涵盖公安机关的立案和侦查、检察机关的审查起诉、知识产权行政机关的执法活动或行为,则广义的知识产权司法保护主体还包括公安机关、检察机关、知识产权行政机关。本书主要讨论狭义的知识产权司法保护主体。

知识产权权利主体基于知识产权的类别不同而有所不同。知识产权主要包括著作权(含邻接权)、专利权、商标权(含地理标志使用权、有一定影响的商品名称使用权)、植物新品种权、集成电路布图设计专有权、制止不正当竞争权

（含商业秘密使用权、有一定影响的商品包装和/或装潢使用权），[①]相应地，知识产权权利主体主要包括著作权主体、专利权主体、商标权主体、植物新品种权主体、集成电路布图设计专有权主体、制止不正当竞争权主体。其中，著作权主体又分为作者、继受著作权人、特殊作品著作权人，专利权主体又分为发明人或设计人、专利申请人、专利权人、外国专利权主体，商标权又分为注册商标所有人、未注册商标所有人、继受商标权人。

知识产权审判机关基于其所在法院职能是否专门化而分为两类。（1）专门法院或法庭：国家专门设立的管辖和审理知识产权诉讼案件的法院或法庭，例如，德国联邦专利法院，美国联邦巡回上诉法院，英国专利郡法院，日本知识产权高等法院，韩国专利法院[②]；我国最高人民法院知识产权法庭，我国设在北京、上海、广州的3家知识产权法院，我国设在南京、苏州、武汉、成都、杭州、宁波、合肥、福州、济南、青岛、深圳、天津、郑州、长沙、西安、南昌、长春、兰州、乌鲁木齐、海口、厦门的21家知识产权法庭。（2）普通法院知识产权审判部门：设在地方的可以管辖和审理知识产权诉讼案件的法院内设的知识产权审判部门，例如，德国12家州地区普通法院，美国89家联邦地区法院，日本东京和大阪2家地方法院，韩国首尔、大田、大邱、釜山、光州5家地方法院；我国最高人民法院民事审判第三庭，各省、市、自治区高级人民法院、中级人民法院、基层人民法院知识产权审判庭。从整体上来说，我国知识产权审判机关已经实现专门化，但依然存在诸多亟待解决的突出问题，详见下节“一、知识产权司法保护的中国特色”之“（二）建设知识产权专门法院（庭）体系”“（三）推行知识产权审判‘三合一’工作机制”。

（二）知识产权司法保护的客体

知识产权司法保护的客体是指通过司法活动或行为所保护、审查的知识产权及其相关行为。狭义的知识产权司法保护即知识产权审判或诉讼，包括

---

① 李明德：《以〈民法总则〉推动知识产权法修订》，载《经济参考报》2017年6月13日，第8版。

② 韩国专利法院成立于1998年3月1日，专属管辖有关专利、商标授权确权诉讼二审案件；于2016年1月1日开始施行的韩国法院组织法和民事诉讼法修正案，将韩国专利法院的专属管辖范围扩大至有关专利、商标、植物新品种侵权诉讼二审案件。

知识产权民事诉讼、知识产权行政诉讼、知识产权刑事诉讼，其客体分别对应于知识产权权利本身、知识产权行政行为、知识产权犯罪行为，其中，知识产权行政诉讼、知识产权行政行为还涉及知识产权行政机关，知识产权刑事诉讼、知识产权犯罪行为还涉及检察机关、公安机关。但从知识产权司法保护的终极客体来看，知识产权民事诉讼、知识产权行政诉讼、知识产权刑事诉讼所针对的都是知识产权，因而知识产权行政诉讼一并解决知识产权民事争议、知识产权行政诉讼直接判决变更知识产权行政行为，就像知识产权刑事诉讼附带知识产权民事诉讼一样不足为奇。

我国知识产权司法保护的客体尤其是知识产权权利本身的边界存在模糊性或不确定性问题。首先，知识产权与其他民事权利之间存在交叉和融合，知识产权兼有财产权和人身权双重性质和内容，涵盖所有权、用益权、担保权、合同债权、侵权损害赔偿权、人身权，还是物权、债权、股权等其他民事权利的客体或标的。其次，不同知识产权之间也存在交叉或冲突，外观设计专利权、申请注册的商标、受著作权保护的作品都可能与他人在先取得的其他知识产权发生冲突，在先取得的其他知识产权包括商标权、著作权、外观设计专利权、企业名称权以及有一定影响的商品包装、装潢使用权等。① 最后，知识产权保护客体和效力呈现出加速扩张的趋势。知识产权保护客体的扩张具体表现为数量上升、种类增加和条件放宽，知识产权保护效力的扩张具体表现为有效期限不断延长、地域范围不断扩大、适用行为或权利内容在不断增加。

（三）知识产权司法保护的方式

知识产权司法保护的方式是指对知识产权进行保护的具体司法活动或行为方式。如前所述，狭义的知识产权司法保护即知识产权审判或诉讼包括知识产权民事诉讼、知识产权行政诉讼、知识产权刑事诉讼 3 种方式，其中知识产

---

① 《中华人民共和国专利法》(2008)，第 23 条第 3 款；国家知识产权局：《专利审查指南》(2019)，第 4 部分第 5 章第 7 节；《最高人民法院关于审理专利纠纷案件适用法律问题的若干规定》(2015)，第 16 条；《中华人民共和国商标法》(2019)，第 9 条第 1 款、第 32 条；国家工商管理总局：《商标审查及审理标准》(2016)，第 4 章；《最高人民法院关于审理注册商标、企业名称与在先权利冲突的民事纠纷案件若干问题的规定》(2008)，第 1 条；《中华人民共和国反不正当竞争法》(2019)，第 6 条第 1 项。

权行政诉讼可以一并解决知识产权民事争议，知识产权刑事诉讼可以附带知识产权民事诉讼，而知识产权民事诉讼是知识产权司法保护的主渠道。例如，2018年我国法院新收各类知识产权案件为334,951件，其中民事案件为311,258件，占比为92.93%；[①]2017年我国法院新收各类知识产权案件为237,242件，其中民事案件为223,437件，占比为94.18%；[②]2016年我国法院新收各类知识产权案件为177,705件，其中，民事案件为157,406件，占比为88.58%。[③]

虽然知识产权刑事诉讼很重要、很必要，但毕竟知识产权犯罪行为比较少见，大量存在和日常可见的是知识产权侵权和违法行为，因而知识产权司法保护的方式主要包括民事诉讼方式和行政诉讼方式。对于双方当事人之间的知识产权争议，如果直接采用民事诉讼方式解决，则允许双方自由举证，并可以调解或和解结案，还必须作出实体性判决，以有效解决双方之间的争议。如果双方当事人之间的知识产权争议先经行政裁决，再启用行政诉讼方式解决，则不能引入新证据，也不能调解或和解结案，更不能作出实体性判决；并且行政诉讼中行政机关恒定为被告，争议一方为原告、另一方为第三人，行政机关和第三人联合对抗原告，导致争议双方之间诉讼地位和力量失衡；假如被诉行政裁决最终被法院认定违法和判决撤销，则一般返回作出被诉行政裁决的知识产权行政机关重新裁决，若争议一方对新的行政裁决依然不服，又会启动新一轮行政诉讼，使该知识产权争议久拖不决。

（四）知识产权司法保护的程序

知识产权司法保护的程序是指对知识产权进行保护的司法活动或行为的类型、层级和步骤。如前所述，狭义的知识产权司法保护即知识产权审判或诉讼包括知识产权民事诉讼、知识产权行政诉讼、知识产权刑事诉讼，相应地，知

---

① 最高人民法院知识产权审判庭：《中国法院知识产权司法保护状况（2018年）》，人民法院出版社2019年版，第2页。

② 最高人民法院知识产权审判庭：《中国法院知识产权司法保护状况（2017年）》，人民法院出版社2018年版，第2页。

③ 最高人民法院知识产权审判庭：《中国法院知识产权司法保护状况（2016年）》，人民法院出版社2017年版，第2页。

识产权诉讼程序分为知识产权民事诉讼程序、知识产权行政诉讼程序、知识产权刑事诉讼程序。虽然我国知识产权诉讼程序原则上实行两审终审制，但知识产权行政诉讼程序前置有知识产权行政处罚、行政裁决、行政复议等程序，①实质上有关知识产权纠纷要历经三审才可能结案，这是我国知识产权司法保护程序冗长复杂的根本原因之一。

我国知识产权司法保护程序冗长复杂的另一根本原因是，知识产权侵权诉讼程序和无效审查程序二元分立。目前我国知识产权侵权诉讼一审由地方法院或法庭管辖，其引发的知识产权无效宣告由知识产权行政机关管辖，知识产权无效宣告后续的行政诉讼一审指定由北京知识产权法院管辖，若对北京知识产权法院作出的一审判决不服，还可以上诉到最高人民法院知识产权法庭；而北京知识产权法院和最高人民法院知识产权法庭只能就知识产权无效宣告行政决定是否合法作出裁判，如果终审判决知识产权无效宣告行政决定违法并责令重新作出决定，则又回到知识产权行政机关开启新一轮知识产权无效审查程序，使得知识产权民事侵权诉讼案件久拖不决。

我国第四次专利法修订草案送审稿提议知识产权无效宣告行政决定做出后即时生效，②但违反 TRIPs 规定“任何有关知识产权获得和维持的行政决定，都要经受司法审查后才能生效”。③《最高人民法院关于审理侵犯专利权纠纷案件应用法律若干问题的解释(二)》设计了“先行裁驳、另行起诉”制度，即在国家知识产权局专利复审委员会作出专利无效宣告行政决定后，专利侵权诉讼管辖法院可以裁定“驳回起诉”，无须等待专利无效宣告后续的行政诉讼最

---

① 知识产权行政处罚、行政裁决、行政复议等属于知识产权行政保护的范畴。知识产权行政保护有狭义和广义之分。在狭义上，知识产权行政保护仅指知识产权行政执法，包括知识产权行政处理、行政查处、行政救济、行政处分、行政法制监督，其中行政处理又包括行政调解、行政裁决、行政复议、行政仲裁等，行政查处又包括行政处罚、行政强制等。在广义上，知识产权行政保护还包括知识产权行政管理、知识产权行政服务，其中知识产权行政管理包括知识产权行政授权、行政确权，知识产权行政服务包括知识产权行政信息服务、行政指导、行政奖励、宣传教育、检索服务、政策法律咨询等。参见邓建志、单晓光：《我国知识产权行政保护的涵义》，载《知识产权》2007 年第 1 期。

② 国家知识产权局：《关于提请审议〈中华人民共和国专利法修订草案(送审稿)〉的请示》(2013)。

③ WTO. Agreement on Trade-Related Aspects of Intellectual Property Rights. Aticle 62. 1994.

终结果,并通过“另行起诉”给权利人以司法救济途径。这一制度似有响应专利法第四次修订草案送审稿的意味,但当无效宣告行政决定维持知识产权部分有效时,将会使引发知识产权无效宣告的侵权诉讼极其复杂化。

第二节　知识产权司法保护的中国特色和新时代要求

一、知识产权司法保护的中国特色

(一)实行知识产权保护“双轨制”

“双轨制”是我国知识产权保护的鲜明特色。“双轨制”是相对于“单轨制”而言,二者是世界各国知识产权保护的两大模式。“单轨制”即知识产权司法保护的“单轨制”,是指所有知识产权纠纷,包括授权、确权、侵权、违法、违约纠纷,都由法院受理和解决,为世界上绝大多数国家所采用。“双轨制”即知识产权司法保护与行政保护的“双轨制”,是指知识产权纠纷有司法审判和行政执法两种解决渠道可供选择,以我国为代表。①

我国知识产权保护“双轨制”主要体现在两个方面:(1)知识产权行政机关可以处理或查处知识产权侵权、违法纠纷。我国《著作权法》第48条规定,著作权侵权行为同时损害公共利益的,著作权行政管理部门可以责令停止侵权行为,没收违法所得,没收、销毁侵权复制品,并可处以罚款;情节严重的,还可以没收主要用于制作侵权复制品的材料、工具、设备等。我国《专利法》第60条、第63条规定,管理专利工作的部门可以应专利权人或者利害关系人的请求处理侵犯专利权的纠纷,认定侵权行为成立的,可以责令侵权人立即停止侵权行为,还可以就侵犯专利权的赔偿数额进行调解;假冒专利的,除依法承担民事责任外,由管理专利工作的部门责令改正并予公告,没收违法所得,可以并处违法所得4倍以下的罚款;没有违法所得的,可以处20万元以下的罚款。我国《商标法》第60~61条规定,工商行政管理部门有权查处侵犯注册商标专用

---

① 这里的知识产权纠纷限于国内市场竞争环境,不包括知识产权对外贸易纠纷和国际争端。

权的行为,可以应商标注册人或者利害关系人请求处理侵犯注册商标专用权纠纷;认定侵权行为成立的,责令立即停止侵权行为,没收、销毁侵权商品和主要用于制造侵权商品、伪造注册商标标识的工具,违法经营额5万元以上的,可以处违法经营额5倍以下的罚款,没有违法经营额或者违法经营额不足5万元的,可以处25万元以下的罚款;对侵犯商标专用权的赔偿数额的争议,当事人可以请求进行处理的工商行政管理部门调解。(2)我国知识产权保护"双轨制"还体现在,知识产权侵权诉讼程序和知识产权无效宣告程序二元分立。前文已述,此处不再重述。

我国知识产权保护"双轨制"在知识产权制度建立初期发挥了重大作用,但随着知识产权保护国际化程度和知识产权司法审判地位的提高,知识产权司法审判和行政裁决发展不平衡、不充分的问题日益凸显,主要表现在三个方面:(1)法院和知识产权行政机关在解决知识产权纠纷上机构重叠、职能冲突。知识产权行政机关众多,缺乏统一协调;知识产权侵权纠纷案件管辖冲突,缺乏解决原则;知识产权行政执法范围存在扩大化趋势,缺乏合理限定。(2)法院和知识产权行政机关在知识产权侵权、违法认定以及处罚标准上缺乏统一性。不同知识产权行政机关的行政执法标准不一致,包括侵权、违法认定标准和行政处罚种类及其标准;知识产权行政执法规则与司法审判规则并非完全一致,法院以司法审判标准对知识产权行政决定进行司法审查和司法监督。(3)法院和知识产权行政机关在知识产权纠纷解决程序、案件及其证据移送方面缺乏衔接性。知识产权侵权诉讼程序与无效审查程序二元分立,其中无效审查程序过于复杂冗长且定位不科学;知识产权行政机关向法院移交案件及其证据义务不明确,同时法院向知识产权行政机关回移案件及其证据缺乏相应规定。①

(二)建设知识产权专门法院(庭)体系

审判专门化是我国知识产权司法保护的重要特色。知识产权审判专门化是一种国际趋势,德国于1961年成立联邦专利法院,专门审理专利无效诉讼;

---

① 吴汉东、锁福涛:《中国知识产权司法保护的理念与政策》,载《当代法学》2013年第6期。

美国于1982年成立联邦巡回上诉法院，统一管辖和审理全国的知识产权上诉案件；英国于1990年成立专利郡法院，专门审理简单、小额的专利诉讼；日本于2005年成立知识产权高等法院，统一管辖和审理全国的知识产权上诉案件；欧盟正在酝酿成立统一专利法院，专属管辖和审理欧洲统一专利诉讼。我国知识产权审判专门化始于1993年，北京市中级人民法院、高级人民法院率先成立知识产权审判庭，随后上海、广东等地中级人民法院和高级人民法院知识产权审判庭纷纷成立；最高人民法院于1996年10月成立知识产权审判庭，并指定一些中级人民法院和基层人民法院专门审理技术类知识产权诉讼一审案件。①

我国近年新设最高人民法院知识产权法庭、3家知识产权法院和21家知识产权法庭，已经形成知识产权专门法院（庭）体系。2014年8月31日全国人大常委会通过《关于在北京、上海、广州设立知识产权法院的决定》，北京、广州、上海知识产权法院分别于2014年11月6日、12月16日、28日揭牌成立；自2017年1月至2019年4月，最高人民法院先后批准成立南京、苏州、武汉、成都、杭州、宁波、合肥、福州、济南、青岛、深圳、天津、郑州、长沙、西安、南昌、长春、兰州、乌鲁木齐、海口、厦门21家知识产权法庭，集中管辖和审理专利等专业技术性较强的第一审知识产权民事和行政案件。2018年10月19日中央正式批准最高人民法院设立知识产权法庭，2018年10月26日全国人大常委会通过《关于专利等知识产权案件诉讼程序若干问题的决定》，2019年1月1日最高人民法院知识产权法庭揭牌成立，统一管辖和审理全国范围内专利等专业技术性较强的知识产权民事和行政上诉案件。

3家知识产权法院、21家知识产权法庭和最高人民法院知识产权法庭的成立，有效解决了长期困扰我国知识产权司法保护两大难题之一的裁判尺度不统一问题，同时试图一并解决另一大难题即知识产权保护程序复杂冗长问题。但是，我国知识产权专门化审判体系依然存在诸多问题，主要包括：（1）从最高人民法院知识产权法庭来看，统一管辖和审理全国范围内技术类知识产权民事诉讼和行政诉讼二审，但未能有效解决知识产权侵权诉讼程序和无效审查

---

①　李明德：《关于我国知识产权法院体系建设的几个问题》，载《知识产权》2018年第3期。

程序二元分立的问题,技术事实查明机制尤其是技术审判队伍建设尚需完善。(2)从3家知识产权法院来看,跨区域管辖因行政区划障碍而没有迈出实质性步伐,只管辖民事诉讼和行政诉讼而不管辖刑事诉讼,一审只管辖技术类知识产权诉讼而二审又管辖非技术类知识产权诉讼。(3)从21家知识产权法庭来看,除了跨区域管辖有关专利、植物新品种、集成电路布图设计、技术秘密、计算机软件等技术类知识产权民事诉讼一审以外,对其他知识产权民事诉讼以及知识产权行政诉讼、刑事诉讼尚未集中统一管辖,与3家知识产权法院之间的业务关系和分工协作机制尚需理顺和建立。

(三)推行知识产权审判"三合一"工作机制

"三合一"审判是我国知识产权司法保护的典型特色。知识产权审判"三合一"工作机制即知识产权民事诉讼、行政诉讼和刑事诉讼统一交由法院知识产权审判庭审理的工作机制。该机制最初由上海浦东新区法院于1996年探索形成,但后来全国各地法院的试点和应用出现了不同的实践模式,如完全将知识产权民事诉讼、行政诉讼和刑事诉讼统一归入知识产权审判庭审理的上海模式、西安模式、武汉模式和重庆模式;仅将知识产权民事诉讼、行政诉讼归入知识产权审判庭审理的福建模式;仅就复杂知识产权诉讼由民事审判庭、行政审判庭和刑事审判庭法官临时组成合议庭审理的"深圳南山模式"。

知识产权审判"三合一"工作机制旨在发挥知识产权司法保护合力。由于司法理念、审判视角和具体操作规则的差异,不同法官对同一事实(事件或行为)的认定和处理往往有所不同。并且,知识产权诉讼具有突出的专业性,这不仅在于知识产权诉讼可能涉及技术问题,还在于它与技术相关的法律特殊性,非经专业训练的法官无法准确理解与把握,否则极易发生"同案不同判"。例如,涉及发明专利创造性判断的行政诉讼,要求法官具有所属领域普通技术人员的知识和能力。知识产权民事诉讼、行政诉讼和刑事诉讼分别交给民事审判庭、行政审判庭和刑事审判庭审理,虽然符合我国相应法律法规的规定和司法审判机构整体分工设计的总原则,但由于知识产权民事审判、行政审判和刑事审判发展不平衡,在民事诉讼为知识产权司法保护主渠道的情况下,极易造成知识产权行政审判、刑事审判的不专业和不准确,特别是知识产权民事、行政和刑事交叉诉讼在管辖机关、证据规则和裁判标准上不统一，难以形成司法保护合力并获得知识产权相关各方较为满意的保护效果。

知识产权审判“三合一”工作机制尚存在诸多问题。我国正在全国法院推行知识产权审判“三合一”工作机制，但由于知识产权刑事诉讼范围是我国《刑法》分则第三章“破坏社会主义市场经济秩序罪”的第七节“侵犯知识产权罪”规定的7种犯罪，如果起诉的罪名既有侵犯知识产权罪的罪名又有其他罪名的，即使被告人的犯罪行为主要是侵犯他人知识产权的行为，整个诉讼仍然由法院刑事审判庭审理；并且知识产权刑事诉讼一审主要分散在各基层人民法院管辖，由于知识产权刑事诉讼数量相对不多，导致大多数基层人民法院审理知识产权刑事诉讼的经验有待积累；而知识产权民事诉讼特别是技术类知识产权民事诉讼一审一般由中级人民法院管辖，由此导致知识产权刑事诉讼和民事诉讼的级别管辖不协调，直接影响知识产权审判质效的提升。此外，我国知识产权法院、知识产权法庭在知识产权案件审判“三合一”工作机制推行上不同步，最高人民法院知识产权法庭、3家知识产权法院被排除在外，21家知识产权法庭所管辖的技术类知识产权诉讼也未实行“三合一”审判机制。[①]

二、知识产权司法保护的新时代要求

（一）新时代知识产权司法保护所面临的国际新形势

1. 知识产权日益成为国家发展的战略性资源及其国际竞争力的核心要素

在全球新一轮科技革命和产业变革加速演进的今天，信息技术、生物技术、新材料技术、新能源技术广泛渗透，带动几乎所有领域发生了以绿色、智能、泛在为特征的群体性技术突破；科技创新活动不断跨越地域、组织、技术的界限，[②]正在颠覆现有很多产业的形态、分工和组织方式，将会重构人们的生活、工作、学习和思维方式，并将改变国家力量对比和国际竞争格局；[③]自然资

---

① 《最高人民法院关于在全国法院推进知识产权民事、行政和刑事案件审判“三合一”工作的意见》(2016)。

② 习近平：《加快从要素驱动、投资规模驱动发展为主向以创新驱动发展为主的转变》，载《十八大以来重要文献选编》(中)，中央文献出版社2016年版，第19~20页。

③ 李克强：《准确把握世界科技革命产业变革新趋势　深入实施创新驱动　努力赢得发展未来》，载《人民日报》2017年6月26日，第1版。

源、劳动力、资本等物质要素对经济社会发展的作用和贡献逐渐减小，创新成果特别是重大科技创新成果及其知识产权已经成为国家发展的主要动力和国际竞争的重点领域。

从世界各国有效发明专利数量来看，2016 年，在有效发明专利总量上，美国、日本、中国、韩国、德国排名前五，瑞士排名第九；在每 10 亿美元 GDP 有效发明专利件数上，韩国、瑞士、日本排名前三，德国、美国排名第六、第七，中国排名第九；在每万人有效发明专利件数上，瑞士、韩国、日本、美国、法国、英国、德国排名前七，中国排名第十；而有效发明专利总量排名前 10 的国家中，在人均国内生产总值（Gross Domestic Product，GDP）上，瑞士、美国、德国、加拿大、英国排名前五，中国排名第十。① 由此可见，一个国家知识产权拥有量和其经济社会发展水平密切相关，瑞士、美国、德国等国家的富足在很大程度上是科技创新驱动的结果。

2. 发达国家主导制定新的知识产权国际规则和利用知识产权实行贸易保护主义

美欧日等发达国家为充分发挥和长期保持其国际竞争优势，正在加紧进行新的知识产权国际布局和主导制定新的知识产权国际规则，在《反假冒贸易协议》《全面与进步跨太平洋伙伴关系协定》《美国—墨西哥—加拿大协定》等国际区域合作条约中，设立了超越世界贸易组织《与贸易有关的知识产权协定》的高标准国际知识产权保护新机制，试图通过小范围秘密磋商而避开现有国际知识产权保护体系中发展中国家的强大制衡，单边主导和推动知识产权国际规则的升级换代，追求知识产权保护的全面化、最佳化和便利化。②

同时，主要发达国家尤其是美国政府片面奉行本国优先政策，以维护国家安全、削减贸易赤字，尤其是以保护知识产权为由实行贸易保护主义，一方面退出多边、双边条约或者以此相威胁要求重启有利于己方的贸易谈判，

① 各国有效发明专利数量、GDP（2011 年不变价格）、人数等基础数据来源于世界知识产权组织网站。

② 陈绍玲：《建设知识产权强国：我国面临的国际规则挑战及对策》，载《南京社会科学》2016 年第 7 期。

并在知识产权特别“301”调查等基础上通过提高关税向包括中国在内的贸易顺差国家或地区极限施压；另一方面在现有国际知识产权保护体系框架内挑起知识产权国际争端，并以最低联系原则实行知识产权司法保护的长臂管辖，通过设置非关税壁垒限制本国高新技术产品出口和他国相关产品进口，帮助本国市场主体打击和排除国际竞争对手、占据相关市场主导甚至垄断地位。

（二）新时代知识产权司法保护所面临的国内新形势

1. 保护知识产权就是保护创新

创新是引领发展的第一动力。创新强则国运昌，创新弱则国运殆，创新驱动已经成为许多国家谋求竞争优势的核心战略。改革开放以来我国持续高速发展，但主要以土地、劳动力的低成本为优势，以自然资源的高消耗、生态环境的污染破坏为代价，这种粗放型发展方式已经难以为继，必须依靠创新驱动打造发展新引擎，推动发展方式向依靠持续的知识积累、技术进步和劳动力素质提升转变。① 我国正在深入实施创新驱动发展战略，必须把创新摆在国家发展全局的核心位置，让创新贯穿党和国家一切工作，让创新在全社会蔚然成风；必须把发展基点放在创新上，构建激励和保护创新的体制机制。②

保护知识产权是激励和保护创新的主要措施。2015 年 10 月《中共中央关于制定国民经济和社会发展第十三个五年规划的建议》把“加强知识产权保护”作为“深入实施创新驱动发展战略”的主要措施；2016 年 5 月《国家创新驱动发展战略纲要》把“知识产权保护更加严格”作为“创新环境更加优化”的主要措施；2017 年 10 月习近平总书记在中国共产党第十九次全国代表大会上的报告把“强化知识产权创造、保护、运用”作为“加快建设创新型国家”的主要措施。2017 年 11 月 20 日，习近平总书记主持召开的十九届中央全面深化改革领导小组第一次会议，审议通过了《关于加强知识产权审判领域改革创新若干问题的意见》，把“树立保护知识产权就是保护创新的理念”作为其指导思想的核心内容。

---

① 中共中央、国务院：《国家创新驱动发展战略纲要》（2016 年 5 月）。

② 《中共十八届五中全会公报》（2015 年 10 月）。

2. 加强和严格保护知识产权

全面深化改革、全面依法治国、“十三五”规划和国家知识产权战略，要求加强和完善知识产权保护。2008年6月《国家知识产权战略纲要》把“加强知识产权保护”作为其五大战略重点之一；2013年11月《中共中央关于全面深化改革若干重大问题的决定》把“加强知识产权保护”作为“加快完善现代市场体系”中“深化科技体制改革”主要措施之一；2014年10月《中共中央关于全面推进依法治国若干重大问题的决定》把“完善知识产权保护制度”作为“完善以宪法为核心的中国特色社会主义法律体系，加强宪法实施”中“加强重点领域立法”主要措施之一；2014年12月《深入实施国家知识产权战略行动计划(2014－2020年)》把“加强知识产权保护”作为四大主要行动之一。

国家创新驱动发展战略和知识产权强国建设，要求实行严格的知识产权保护。2015年3月《中共中央、国务院关于深化体制机制改革加快实施创新驱动发展战略的若干意见》把“实行严格的知识产权保护制度”作为“营造激励创新的公平竞争环境”的首要措施；2015年12月《国务院关于新形势下加快知识产权强国建设的若干意见》把“实行严格的知识产权保护”作为七大意见之一；2016年5月《国家创新驱动发展战略纲要》把“知识产权保护更加严格”作为第一步战略目标中“创新环境更加优化”三项内容之一。

3. 充分发挥司法保护主导作用

司法是保护创新和知识产权的最有效、最根本、最权威的手段。2008年6月《国家知识产权战略纲要》首先提出“发挥司法保护知识产权的主导作用”，将之作为首要战略重点“完善知识产权制度”中“健全知识产权执法和管理体制”主要内容之一；2014年12月《深入实施国家知识产权战略行动计划(2014－2020年)》把“司法保护主导作用充分发挥”作为“知识产权保护状况显著改善”的目标要求；2015年12月《国务院关于新形势下加快知识产权强国建设的若干意见》把“发挥司法保护的主导作用”作为“实行严格的知识产权保护”的具体措施；2016年5月《国家创新驱动发展战略纲要》把“充分发挥知识产权司法保护的主导作用”作为“战略保障”的具体措施。

我国知识产权司法保护30多年以来，取得了举世瞩目的成绩。从案件数量上看,1985～2017年受理知识产权民事一审案件80多万件,行政一审案件5万件左右,刑事一审案件8万多件。从体制机制上看,1995年10月最高人民法院成立知识产权审判庭,2014年北京、上海、广州3家知识产权法院相继成立,截至2019年4月南京、苏州、武汉、成都、杭州、宁波、合肥、福州、济南、青岛、深圳、天津、郑州、长沙、西安、南昌、长春、兰州、乌鲁木齐、海口、厦门21家知识产权法庭先后设立;2016年全国推开知识产权民事、行政和刑事案件审判"三合一"机制,技术调查官以及司法鉴定、专家辅助人、专家咨询等技术事实查明多元化机制初步形成;由北京知识产权法院依法管辖专利、商标授权确权行政案件,部分中级人民法院集中管辖专利等技术类民事案件,部分基层人民法院管辖一般知识产权案件的格局更趋合理。①

4. 提高知识产权保护质量效率

提高知识产权保护质量效率是国家改革创新的顶层设计。早在2008年6月,《国家知识产权战略纲要》就把"提高执法效率和水平"作为战略重点"健全知识产权执法和管理体制"的主要目标,把"提高执法效率"作为战略措施"提高知识产权执法水平"的主要目标。2017年4月,最高人民法院发布《中国知识产权司法保护纲要(2016－2020)》,把"提高审判质量和效率"作为首要重点措施"公正高效审理各类知识产权案件"的主要目标。2017年11月第十九届中央深改组第一次会议审议通过的《关于加强知识产权审判领域改革创新若干问题的意见》,把"不断提高知识产权审判质量效率"作为主要"改革目标",把"充分发挥技术调查官对……提高知识产权审判质量效率的积极作用"作为"加强技术调查官队伍建设"的主要目标。

提高知识产权保护质量效率是人民群众的美好生活需要。知识产权保护不仅事关国家发展大计,还与民生问题紧密相连。随着国家知识产权战略、创新驱动发展战略的深入实施,人民群众对知识产权保护的期待和要求越来越高。不但要求充分保护其合法权益,而且要求便民快捷和及时有效;不但要求彻底解决纠纷,而且要求明晰法律标准和行为界限;不但要求实体公正,而且

① 最高人民法院:《中国知识产权司法保护纲要(2016－2020)》(2017年4月)。

要求程序公正和过程透明。在2018年1月的中央政法工作会议上,习近平总书记作出重要指示,明确提出政法工作要以维护社会大局稳定作为基本任务,以促进社会公平正义作为核心价值追求,以保障人民安居乐业作为根本目标。由此,知识产权保护必须以促进社会公平正义、增进人民福祉作为价值目标,有效解决制约其科学发展的薄弱环节和突出问题,切实满足人民群众的新需求和新期待。

提高知识产权保护质量效率是破解现实问题的根本途径。根据2014年6月《全国人民代表大会常务委员会执法检查组关于检查〈中华人民共和国专利法〉实施情况的报告》,专利维权存在"时间长、举证难、成本高、赔偿低"、"赢了官司、丢了市场"以及判决执行不到位等状况,挫伤了市场主体从事创新和保护知识产权的积极性;专利审判队伍和司法能力建设有待进一步加强,专利侵权诉讼中确权程序复杂、举证难度较大而判赔数额难以弥补权利人损失。① 根据原国务院法制办公布的专利法修订草案送审稿和国家知识产权局新颁行的《专利行政执法办法》及其配套文件,知识产权行政机关以解决知识产权保护中所存在的现实问题为由扩张行政执法权,并建立健全知识产权行政执法程序和规则。

① 陈竺:《全国人民代表大会常务委员会执法检查组关于检查〈中华人民共和国专利法〉实施情况的报告》,在第十二届全国人民代表大会常务委员会第九次会议上所作报告(2014年6月23日)。

第二章　知识产权司法保护主体

第一节　知识产权权利主体

一、著作权的主体

(一)著作权主体的概念

著作权的主体,即著作权人,是指依法对文学、艺术和科学作品享有著作权的人。按照作者标准划分,著作权人包括:(1)作者;(2)其他依法享有著作权的公民、法人或者其他组织。[①] 根据著作权的取得方式划分,著作权人分为原始著作权人和继受著作权人,其中原始著作权人包括作者和特殊作品的著作权人,继受著作权人是指通过许可、转让、继承、受赠或其他法律事实而从原始著作权人那里取得了部分著作权的人。

(二)作者

1. 自然人作者

创作作品的公民是作者。其中,创作是指直接产生文学、艺术和科学作品的智力活动。按照国籍不同,自然人

---

① 《中华人民共和国著作权法》(2010),第9条。

作者包括:

(1)我国公民:其作品不论是否发表,都是我国著作权法意义上的自然人作者。

(2)外国人、无国籍人:根据其所属国或经常居住地国同我国签订的协议或共同参加的国际条约,或者其作品在我国境内或我国参加的国际条约的成员国首次出版,或者在成员国和非成员国同时出版,而成为我国著作权法意义上的自然人作者。

2. 法人或者其他组织作者

由法人或者其他组织主持,代表法人或者其他组织意志创作,并由法人或者其他组织承担责任的作品,法人或者其他组织视为作者。

3. 法律推定的作者

如无相反证明,在作品上署名的公民、法人或者其他组织为作者。①

(三)继受著作权人

1. 因合同而取得著作权的继受著作权人

著作权中可以许可、转让的权利包括复制权、发行权、出租权、展览权、表演权、放映权、广播权、信息网络传播权、摄制权、改编权、翻译权、汇编权等,著作权的被许可人、受让人通过合同从原始著作权人处在取得著作权中一项或多项权利后,就可以成为继受著作权人。

2. 因继承、继受而取得著作权的继受著作权人

著作权中的复制权、发行权、出租权、展览权、表演权、放映权、广播权、信息网络传播权、摄制权、改编权、翻译权、汇编权等在保护期内的,作为著作权人的公民死亡后,依照民法典继承编的规定转移;作为著作权人的法人或者其他组织变更、终止后,由承受其权利义务的法人或者其他组织享有;没有承受其权利义务的法人或者其他组织的,由国家享有。②

---

① 《中华人民共和国著作权法》(2010),第2条、第11条;《中华人民共和国著作权法实施条例》(2013),第3条第1款。

② 《中华人民共和国著作权法》(2010),第10条、第19条。

3. 因遗赠、遗赠扶养协议而取得著作权的继受著作权人

公民可以立遗嘱将自己的著作权遗赠给国家、集体或法定继承人以外的公民，可以签订遗赠抚养协议而将自己的著作权遗赠给抚养人或集体所有制组织，[①]接受遗赠的国家、集体、法定继承人以外的公民以及抚养人或集体所有制组织就成为继受著作权人。

（四）特殊作品的著作权人

1. 影视作品的著作权人

电影作品和以类似摄制电影的方法创作的作品，简称为影视作品，是指摄制在一定介质上，由一系列有伴音或者无伴音的画面组成，并且借助适当装置放映或者以其他方式传播的作品。影视作品的著作权由制片者享有，但编剧、导演、摄影、作词、作曲等作者享有署名权，并有权按照与制片者签订的合同获得报酬。影视作品中的剧本、音乐等可以单独使用的作品的作者有权单独行使其著作权。

2. 美术作品的著作权人

美术作品，是指绘画、书法、雕塑等以线条、色彩或者其他方式构成的有审美意义的平面或者立体的造型艺术作品。美术作品的著作权人是其作者，但美术作品的原件所有人享有美术作品原件的展览权。

3. 汇编作品的著作权人

汇编作品是指汇编若干作品、作品的片段或者不构成作品的数据或者其他材料，对其内容的选择或者编排体现独创性的作品。汇编作品的著作权由汇编人享有，但行使著作权时，不得侵犯原作品的著作权。

4. 演绎作品的著作权人

演绎作品，也称为派生作品，是指对已有作品进行改编、翻译、注释、整理等创作活动而产生的新作品。演绎作品的著作权由改编、翻译、注释、整理人享有，但行使著作权时不得侵犯原作品的著作权。

---

① 《中华人民共和国继承法》(1985)，第16条、第31条。

5. 合作作品的著作权人

合作作品是指两人以上合作创作的作品，其著作权由合作作者共同享有。没有参加创作的人，不能成为合作作者。合作作品可以分割使用的，作者对各自创作的部分可以单独享有著作权，但行使著作权时不得侵犯合作作品整体的著作权。合作作品不可以分割使用的，其著作权由各合作作者共同享有，通过协商一致行使；不能协商一致，又无正当理由的，任何一方不得阻止他方行使除转让以外的其他权利，但是所得收益应当合理分配给所有合作作者。

6. 职务作品的著作权人

职务作品是指公民为完成法人或者其他组织工作任务所创作的作品，其中"工作任务"是指公民在该法人或者该组织中应当履行的职责。职务作品的著作权人区分一般职务作品和特殊职务作品而有所不同：

(1)一般职务作品的著作权由作者享有，但法人或者其他组织有权在其业务范围内优先使用。作品完成两年内，未经单位同意，作者不得许可第三人以与单位使用的相同方式使用该作品。一般职务作品完成2年内，经单位同意，作者许可第三人以与单位使用的相同方式使用作品所获报酬，由作者与单位按约定的比例分配。作品完成两年的期限，自作者向单位交付作品之日起计算。

(2)特殊职务作品的作者享有署名权，著作权的其他权利由法人或者其他组织享有，法人或者其他组织可以给予作者奖励。特殊职务作品包括：①主要是利用法人或者其他组织的物质技术条件创作，并由法人或者其他组织承担责任的工程设计图、产品设计图、地图、计算机软件等职务作品；②法律、行政法规规定或者合同约定著作权由法人或者其他组织享有的职务作品。所谓"物质技术条件"，是指法人或者该组织为公民完成创作专门提供的资金、设备或者资料。

7. 委托作品的著作权人

委托作品就是基于他人的委托，受托人创作完成的作品。委托作品的著作权的归属由委托人和受托人通过合同约定，合同未作明确约定或者没有订立合同的，著作权属于受托人。委托作品著作权属于受托人的，委托人在约定的使用范围内享有使用作品的权利；双方没有约定使用作品范围的，委托人可以在委托创作的特定目的范围内免费使用该作品。

8.匿名作品的著作权人

匿名作品是指作者身份不明的作品，由作品原件的所有人行使除署名权以外的著作权。作者身份确定后，由作者或者其继承人行使著作权。[①]

二、专利权的主体

（一）专利权主体的概念

专利权的主体有广义和狭义之分。广义的专利权主体是指有权提出专利申请和获得专利权，并承担与此相适应义务的人，包括发明人或设计人、专利申请人和专利权人。狭义的专利权主体仅指专利权人，是指对某项已被国家授权的专利在法定期限内享有专有权的个人或单位。本节从广义上阐述专利权的主体，但在其他章节中如无特别说明仅指专利权人。

发明人或设计人、专利申请人及专利权人是专利权主体在发明创造活动和专利授权过程中不同阶段的具体称谓，既可能是同一个人，也可能是不同的人。通常情况下，发明人或设计人就是专利申请人，但也可能因为转让、赠与、继承、继受或依法律规定（如职务发明创造的规定）而使发明人或设计人以外的其他人成为专利申请人；而专利申请人获得专利授权后即成为专利权人，但也有可能因为转让、赠与、继承、继受等而使专利权申请人以外的其他人成为专利权人。

（二）发明人或设计人

1.发明人或设计人的概念和要件

发明人或设计人是指对发明创造的实质性特点作出创造性贡献的人。发明人或设计人必须具备以下要件：

（1）发明人或设计人必须是个人，且不论年龄大小、智力如何，而不能是单位或集体。

① 《中华人民共和国著作权法》（2010），第12～18条；《中华人民共和国著作权法实施条例》（2013），第4条第8项、第11项、第9条、第11～13条；《最高人民法院关于审理著作权民事纠纷案件适用法律若干问题的解释》（2002），第12条。

(2)发明人或设计人必须是直接参加发明创造活动的人,不包括在完成发明创造过程中只负责组织工作的人、为物质技术条件的利用提供方便的人或者从事其他辅助工作的人。

(3)发明人或设计人必须是对发明创造的实质性特点作出创造性贡献的人,仅仅提出发明所要解决的问题而未对如何解决该问题提出具体建设性意见的人,或者仅仅提出一般性意见的人,不是发明人或设计人。

2. 发明人或设计人的权利

(1)署名权

发明人或设计人有权在专利文件、专利证书中注明自己是发明人或设计人,无论任何单位或个人因申请、受让而取得专利权,都不能改变发明人或设计人的身份和地位。

(2)申请专利的权利和专利权

对于非职务发明创造,申请专利的权利属于发明人或设计人;申请被批准后,该发明人或设计人为专利权人。对发明人或设计人的非职务发明创造专利申请,任何单位或个人不得压制。

(3)获得奖励和报酬权

职务发明创造被授予专利权以后,获得专利权的单位应当对发明人或设计人给予奖励;在专利实施以后,应当根据其推广应用的范围和取得的经济效益,对发明人或设计人给予合理的报酬。被授予专利权的单位可以与发明人、设计人约定或者在其依法制定的规章制度中规定奖励、报酬的方式和数额。

被授予专利权的单位未与发明人、设计人约定也未在其依法制定的规章制度中规定奖励的方式和数额的,应当自专利权公告之日起3个月内发给发明人或者设计人奖金。一项发明专利的奖金最低不少于3000元;一项实用新型专利或外观设计专利的奖金最低不少于1000元。由于发明人或设计人的建议被其所属单位采纳而完成的发明创造,被授予专利权的单位应当从优发给奖金。

被授予专利权的单位未与发明人、设计人约定也未在其依法制定的规章制度中规定报酬的方式和数额的,在专利权有效期限内,实施发明创造专利后，每年应当从实施该项发明或实用新型专利的营业利润中提取不低于2%或者从实施该项外观设计专利的营业利润中提取不低于0.2%，作为报酬给予发明人或设计人，或者参照上述比例，给予发明人或设计人一次性报酬；被授予专利权的单位许可其他单位或个人实施其专利的，应当从收取的使用费中提取不低于10%，作为报酬给予发明人或设计人。

3. 共同发明人或设计人

在一项发明创造中，发明人或设计人既可以是一个人也可以是多个人。如果两个或两个以上的人对同一发明创造共同构思，并对其实质性特点共同做出创造性贡献，这些人称为共同发明人或设计人，其所完成的发明创造称为共同发明创造。

共同发明人或设计人并不是人数上的简单相加。确定共同发明人或设计人，需要把握两点：一是以发明创造的事实和技术档案的真实记载为依据，确定每个发明人或设计人在整个发明创造过程中所做的贡献；二是以是否具有共同的发明创造构思、是否对发明创造的实质性特点做出了创造性贡献为判断标准。

共同发明创造申请专利的权利和取得的专利权归共同发明人或设计人共有。首先，共同发明创造应当由共同发明人或设计人共同提出专利申请，除非有协议明确约定其中一人或数人可以单独申请。其次，对于基于共同发明创造所获得的专利权，应当严格按照共同共有的原则由共同发明人或设计人分享。

4. 合作或委托发明人或设计人

合作完成的发明创造属于共同发明创造之一种，是合作各方签有合作合同或协议的共同发明创造。而合作各方作为共同发明人或设计人，称为合作发明人或设计人，其权利义务由合同或协议约定，包括署名权、申请专利的权利和专利权的归属。但如果没有约定或约定不明确时，发明人或设计人的署名权以及申请专利的权利、专利权由合作发明人或设计人共有。

一项发明创造是一方委托另一方进行特定的技术研究、开发或外观设计而完成的，称为委托完成的发明创造，其中受托方称为委托发明人或设计人。

委托发明人或设计人的权利义务由双方协商签订的委托协议或技术开发合同约定,包括署名权、申请专利的权利和专利权的归属。但如果没有约定或约定不明确时,发明人或设计人的署名权以及申请专利的权利、专利权由委托发明人或设计人享有。①

(三)专利申请人

1. 专利申请人的概念

专利申请人也称为专利申请权人,是指对某项发明创造根据法律规定或合同约定有权以自己名义申请专利的人。专利申请人既可以是自然人,也可以是法人或其他组织。因为专利申请人可能是非职务发明创造中的发明人或设计人,也可能是职务发明创造中发明人或设计人所在的单位,还可能是其合法受让人、受赠人、继承人、继受人。

2. 职务发明创造专利申请人

职务发明创造是指执行本单位的任务或者主要是利用本单位的物质技术条件所完成的发明创造。这里的单位是指企业、事业、社会团体、国家机关和其他组织,既包括正式工作单位,也包括临时工作单位。

职务发明创造分为以下两类:

(1)执行本单位的任务所完成的发明创造,包括:①在本职工作中作出的发明创造;②履行本单位交付的本职工作之外的任务所作出的发明创造;③退休、调离原单位后或者劳动、人事关系终止后1年内作出的,与其在原单位承担的本职工作或者原单位分配的任务有关的发明创造。

(2)主要是利用本单位的物质技术条件所完成的发明创造。所谓"本单位的物质技术条件",是指本单位的资金、设备、零部件、原材料或者不对外公开的技术资料等。

职务发明创造的专利申请人区分两种情况来确定:①一般情况下,职务发明创造申请专利的权利属于发明人或设计人所在单位;②利用本单位的物质技术条件所完成的发明创造,单位与发明人或设计人订有合同,对申请专利的

① 《中华人民共和国专利法》(2008),第6条第2款、第7~8条、第16~17条;《中华人民共和国专利法实施细则》(2010),第13条、第76~78条。

权利归属作出约定的，从其约定。

3. 非职务发明创造专利申请人

非职务发明创造包括：不在任何单位工作的独立的发明人或设计人所完成的发明创造，单位工作人员退休、调离原单位后或者劳动、人事关系终止1年后所完成的发明创造，以及虽在单位工作但不是执行本单位的任务也不是主要利用本单位的物质技术条件所完成的发明创造。

对于非职务发明创造，申请专利的权利属于发明人或设计人，即发明人或设计人是非职务发明创造的专利申请人。

4. 合作或委托完成的发明创造专利申请人

合作或委托完成的发明创造专利申请人首先由协议约定，在没有约定或约定不明确时，为完成或共同完成的单位或个人。合作完成的发明创造专利申请人可以转让、优先受让、放弃或阻止他方行使专利申请权或申请专利的权利，委托完成的发明创造专利申请人可能是通过优先受让而取得专利申请权的委托方。[①]

（四）专利权人

专利权人是指对某项已经被国务院专利行政部门授予专利权的发明创造在法定期限内享有专有权的个人或者单位。专利权人可能是专利申请人，也可能是其合法受让人、受赠人、继承人、继受人。前者称为原始专利权人，后者称为继受专利权人。所谓原始专利权人，是指通过向国务院专利行政部门提出专利申请、获得批准而享有专利权的个人或者单位。所谓继受专利权人，是指未经由专利申请程序，而是通过转让、赠与、继承、继受等方式从原始专利权人处获得专利权的个人或者单位。

（五）外国人专利权主体

外国人是指具有外国国籍的自然人和依据外国法律成立并在外国登记注册的外国公司、企业和其他组织。以外国人在我国境内是否有住所为标准，可将外国人分为在我国有经常居所或者营业所的外国人和在我国没有经常居所

---

① 《中华人民共和国专利法》(2008)，第6条、第8条；《中华人民共和国专利法实施细则》(2010)，第12条；《中华人民共和国合同法》(1999)，第339条第2款、第340条。

或者营业所的外国人两种。

1. 在我国有经常居所或者营业所的外国人，主要是指在我国境内长期生活、工作的外国自然人和在我国设有机构并长期营业的外国公司、企业和其他组织，对这部分外国人在我国申请专利给予国民待遇，不附加任何条件和限制。

2. 在我国没有经常居所或者营业所的外国人，包括在我国没有经常居所或者营业所的外国自然人、外国企业或者外国其他组织，在我国申请专利的，依照其所属国同我国签订的协议或者共同参加的国际条约，或者依照互惠原则办理。①

三、商标权的主体

（一）商标权主体的概念

商标权的主体是指依法享有商标权的自然人、法人或者其他组织。自然人、法人或者其他组织在生产经营活动中，对其商品或者服务需要取得商标专用权的，应当向商标局申请商标注册。

商标权的主体资格是动态变化的。商标与特定的商品或服务紧密相连，其联系媒介是"商誉"。商标只有通过使用而获得了一定商誉，才具有法律保护的价值。如果商标注册以后长期不使用，不包含值得法律保护的商誉，那么该注册商标所有人的商标权主体资格也将随着其商标被撤销而归零。

以是否注册为标准，商标权的主体可分为注册商标所有人和未注册商标所有人；以商标权的取得方式为标准，商标权的主体可分为原始商标权人和继受商标权人。②

（二）注册商标所有人

注册商标所有人又称为注册商标权人、商标专用权人，是指申请商标注册被核准的自然人、法人或者其他组织。这里所称的"注册商标所有人"是注册商标的原始所有人，其范围包括以下5类。

1. 法人：最常见的注册商标所有人，包括企业法人以及机关、事业单位和社

---

① 《中华人民共和国专利法》(2008)，第18条。
② 《中华人民共和国商标法》(2019)，第4条、第49条第2款。

会团体法人。

2. 其他组织:指合法成立、有一定的组织机构和财产,但又不具备法人资格的组织,包括:(1)依法登记领取营业执照的个人独资企业;(2)依法登记领取营业执照的合伙企业;(3)依法登记领取我国营业执照的中外合作经营企业、外资企业;(4)依法成立的社会团体的分支机构、代表机构;(5)依法设立并领取营业执照的法人的分支机构;(6)依法设立并领取营业执照的商业银行、政策性银行和非银行金融机构的分支机构;(7)经依法登记领取营业执照的乡镇企业、街道企业;(8)其他符合规定条件的组织。

3. 个人:包括自然人、个体工商户、农村承包经营户和个人合伙。

4. 外国人:包括外国人和外国企业。外国人或外国企业在我国申请商标注册,按照其所属国和我国签订的协议或共同参加的国际条约办理,或者按对等原则办理;外国人或外国企业在我国申请商标注册或办理其他商标事宜,应当委托国家认可的具有商标代理资格的组织代理。

5. 共有人:两个以上的自然人、法人或其他组织对于其共同申请注册的同一商标,共同享有和行使该商标专用权。①

(三)未注册商标所有人

未注册商标所有人又称为未注册商标权人,是指直接在商品或服务上使用其未注册商标的自然人、法人或其他组织。这里所称的“未注册商标所有人”是未注册商标的原始所有人,其范围与注册商标所有人基本一致,即包括法人、其他组织、个人、外国人和共有人,且其中法人、其他组织、个人的内涵和外延完全相同。但由于未注册商标不需要办理注册手续,且只有达到驰名的程度才能获得排他性法律保护,因此外国人在我国使用未注册商标无须要求其所属国和我国签有协议、共同参加国际条约或实行对等原则,也无须委托国家认可的具有商标代理资格的组织代理;共有人不存在共同申请注册的问题,但也没有商标专用权供其共同享有和行使。

---

① 《中华人民共和国民法通则》(2009),第2~3章;《中华人民共和国商标法》(2019),第5条、第17~18条;《最高人民法院关于适用〈中华人民共和国民事诉讼法〉的解释》(2015),第52条。

（四）继受商标权人

所谓继受商标权人，是指通过受让、继承、受赠或其他法律事实的发生，从原始商标权人那里取得了商标权的人。继受商标权人取得商标权的方式大致可分为以下两类：

1. 因合同而取得商标权

商标权可以许可、转让，商标权的被许可人、受让人通过合同从原始商标权人处在取得商标权中一项或多项权利后，就可以成为继受商标权人。

2. 因继承、继受等而取得商标权

商标权可以通过继承、继受等转移，承受其权利的公民、法人或其他组织因此就成为继受商标权人。①

四、其他知识产权的主体

（一）制止不正当竞争权的主体

制止不正当竞争权是指经营者在工商业活动中制止其他经营者不正当竞争行为的权利，②其中，不正当竞争是指经营者违反《反不正当竞争法》的规定，扰乱市场竞争秩序，损害其他经营者或者消费者的合法权益的行为；经营者是指从事商品生产、经营或者提供服务的自然人、法人和非法人组织，③它是制止不正当竞争权的主体。

（二）植物新品种权的主体

完成植物新品种育种的单位或个人是植物新品种权所有人（以下简称品种权人），即植物新品种权的主体。育种的情形不同，品种权人有所不同。

1. 职务育种的品种权人：执行本单位的任务或者主要是利用本单位的物质条件所完成的职务育种，品种权人是该单位。所谓“执行本单位任务所完成的职务育种”，是指下列情形之一：(1)在本职工作中完成的育种；(2)履行本单位交付的本职工作之外的任务所完成的育种；(3)退职、退休或者调动工作后，

---

① 《中华人民共和国商标法》(2019)，第42～43条；《中华人民共和国商标法实施条例》(2014)，第31～32条、第69条。

② 李明德：《知识产权法》，社会科学文献出版社2007年版，第96～97页。

③ 《中华人民共和国反不正当竞争法》(2019)，第2条。

3 年内完成的与其在原单位承担的工作或者原单位分配的任务有关的育种。所谓“本单位的物质条件”，是指本单位的资金、仪器设备、试验场地以及单位所有的尚未允许公开的育种材料和技术资料等。

2. 非职务育种的品种权人：非职务育种，品种权人是完成育种的个人。所谓“非职务育种”，包括下列情形：(1)不在任何单位工作的独立的育种人所完成的育种；(2)单位工作人员退休、调离原单位后或者劳动、人事关系终止 3 年后所完成的育种；(3)虽在单位工作但不是执行本单位的任务也不是主要利用本单位的物质条件所完成的育种。

3. 委托育种或者合作育种的品种权人：委托育种或者合作育种，品种权人由当事人在合同中约定；没有合同约定的，品种权人是受委托完成或者共同完成育种的单位或个人。①

(三)集成电路布图设计专有权的主体

集成电路布图设计专有权的主体即布图设计权利人，是指依法对布图设计享有专有权的自然人、法人或者其他组织。

依照国籍分类，布图设计权利人包括：(1)我国自然人、法人或者其他组织，其所创作的布图设计依法享有布图设计专有权；(2)外国人，其所创作的布图设计首先在我国境内投入商业利用的，或者其所属国同我国签订有关布图设计保护协议或者与我国共同参加有关布图设计保护国际条约的，在我国依法享有布图设计专有权。

布图设计专有权属于布图设计创作者。由自然人创作的布图设计，该自然人是创作者，其死亡后的专有权在保护期内依照民法典继承编的规定转移。由法人或者其他组织主持，依据法人或者其他组织的意志而创作，并由法人或者其他组织承担责任的布图设计，该法人或者其他组织是创作者，其变更、终止后的专有权在保护期内由承继其权利、义务的法人或者其他组织享有。两个以上自然人、法人或者其他组织合作创作的布图设计，其专有权的归属由合

① 《中华人民共和国植物新品种保护条例》(2014)，第 6～7 条；《中华人民共和国植物新品种保护条例实施细则(农业部分)》(2014)，第 6 条；《中华人民共和国植物新品种保护条例实施细则(林业部分)》(2011)，第 5 条。

作者约定;未作约定或者约定不明的,其专有权由合作者共同享有,并共同申请布图设计登记。受委托创作的布图设计,其专有权的归属由委托人和受托人双方约定;未作约定或者约定不明的,其专有权由受托人享有。①

第二节　知识产权审判主体

一、知识产权纠纷案件一般管辖规则

(一)知识产权民事、行政诉讼案件一般管辖规则

1. 著作权民事、行政诉讼案件一般管辖规则

(1)著作权民事诉讼案件一般管辖规则

①管辖范围:人民法院受理以下著作权民事诉讼案件:a. 著作权及与著作权有关权益权属、侵权、合同纠纷案件;b. 申请诉前停止侵犯著作权、与著作权有关权益行为,申请诉前财产保全、诉前证据保全案件;c. 对著作权行政管理部门查处的侵犯著作权行为,当事人向人民法院提起诉讼追究该行为人民事责任的案件;d. 依法成立的著作权集体管理组织,根据著作权人的书面授权,以自己的名义提起诉讼的案件;e. 其他著作权、与著作权有关权益纠纷案件。

②级别管辖:著作权民事诉讼案件,由中级以上人民法院管辖。各高级人民法院根据本辖区的实际情况,可以确定若干基层人民法院管辖第一审著作权民事纠纷案件。

③地域管辖:因侵犯著作权行为提起的民事诉讼,由侵权行为的实施地、侵权复制品储藏地或者查封扣押地、被告住所地人民法院管辖。其中,侵权复制品储藏地是指大量或者经常性储存、隐匿侵权复制品所在地,查封扣押地是指海关、版权、工商等行政机关依法查封、扣押侵权复制品所在地。对涉及不同侵权行为实施地的多个被告提起的共同诉讼,原告可以选择其中一个被告的侵权行为实施地人民法院管辖;仅对其中某一被告提起的诉讼,该被告侵权

---

① 《集成电路布图设计保护条例》(2001),第2条第3项、第3条、第9~11条、第13条;国家知识产权局:《集成电路布图设计保护条例实施细则》(2001),第10条第1款。

行为实施地的人民法院有管辖权。[①]

(2)著作权行政诉讼案件一般管辖规则

①级别管辖:a. 基层人民法院管辖第一审行政案件。b. 中级人民法院管辖的第一审行政案件包括:对国务院部门或者县级以上地方人民政府所作的行政行为提起诉讼的案件;海关处理的案件;本辖区内重大、复杂的案件。c. 高级人民法院管辖本辖区内重大、复杂的第一审行政案件。d. 最高人民法院管辖全国范围内重大、复杂的第一审行政案件。

②地域管辖:a. 行政案件由最初作出行政行为的行政机关所在地人民法院管辖。经复议的案件,也可以由复议机关所在地人民法院管辖。b. 经最高人民法院批准,高级人民法院可以根据审判工作的实际情况,确定若干人民法院跨行政区域管辖行政案件。[②]

2. 专利民事、行政诉讼案件一般管辖规则

(1)专利民事、行政诉讼案件管辖范围

人民法院受理下列专利纠纷案件:

①专利申请权纠纷案件;

②专利权权属纠纷案件;

③专利权、专利申请权转让合同纠纷案件;

④侵犯专利权纠纷案件;

⑤假冒他人专利纠纷案件;

⑥发明专利申请公布后、专利权授予前使用费纠纷案件;

⑦职务发明创造发明人、设计人奖励、报酬纠纷案件;

⑧诉前申请停止侵权、财产保全案件;

⑨发明人、设计人资格纠纷案件;

⑩不服国家知识产权局专利复审委员会维持驳回申请复审决定案件;

⑪不服国家知识产权局专利复审委员会专利权无效宣告请求决定案件;

---

① 《最高人民法院关于审理著作权民事纠纷案件适用法律若干问题的解释》(2002),第1~6条。

② 《中华人民共和国行政诉讼法》(2017),第14~18条。

⑫不服国家知识产权局实施强制许可决定案件；

⑬不服国家知识产权局实施强制许可使用费裁决案件；

⑭不服国家知识产权局行政复议决定案件；

⑮不服地方各级管理专利工作的部门行政决定案件；

⑯其他专利纠纷案件。

（2）专利民事、行政诉讼案件级别管辖

专利纠纷第一审案件，由各省、自治区、直辖市人民政府所在地的中级人民法院和最高人民法院指定的中级人民法院管辖。最高人民法院根据实际情况，可以指定基层人民法院管辖第一审专利纠纷案件。

我国专利纠纷第一审案件管辖法院数量从1985年我国第一部《专利法》实施开始不断扩张，由1985年的33家增加到2014年的95家，包括87家中级人民法院、8家基层人民法院（庭）；从2014年北京、上海、广州知识产权法院设立开始不断收缩，2014年年底减少到83家，至2018年3月陆续设立南京、苏州、武汉、成都、杭州、宁波、合肥、福州、济南、青岛、深圳、天津、郑州、长沙、西安、南昌、长春、兰州、乌鲁木齐、海口、厦门21家知识产权法庭以后减少到现在的44家。

除了3家知识产权法院、21家知识产权法庭以外，管辖专利纠纷第一审案件的普通法院还有20家，包括重庆市的第一中级人民法院、第五中级人民法院，广西壮族自治区的南宁市中级人民法院、柳州市中级人民法院，贵州省的贵阳市中级人民法院、遵义市中级人民法院，河北省的石家庄市中级人民法院，黑龙江省的哈尔滨市中级人民法院、齐齐哈尔市中级人民法院，辽宁省的沈阳市中级人民法院、大连市中级人民法院，内蒙古自治区的呼和浩特市中级人民法院、包头市中级人民法院，宁夏回族自治区的银川市中级人民法院，青海省的西宁市中级人民法院，山西省的太原市中级人民法院，西藏自治区的拉萨市中级人民法院，新疆生产建设兵团的第八师中级人民法院、第十二师中级人民法院，云南省的昆明市中级人民法院。

（3）专利民事、行政诉讼案件地域管辖

因侵犯专利权行为提起的诉讼，由侵权行为地或者被告住所地人民法院管辖。其中，侵权行为地包括：被诉侵犯发明、实用新型专利权的产品的制造、使用、许诺销售、销售、进口等行为的实施地；专利方法使用行为的实施地，依照该专利方法直接获得的产品的使用、许诺销售、销售、进口等行为的实施地；外观设计专利产品的制造、许诺销售、销售、进口等行为的实施地；假冒他人专利的行为实施地。上述侵权行为的侵权结果发生地。

原告仅对侵权产品制造者提起诉讼，未起诉销售者，侵权产品制造地与销售地不一致的，制造地人民法院有管辖权；以制造者与销售者为共同被告起诉的，销售地人民法院有管辖权。销售者是制造者分支机构，原告在销售地起诉侵权产品制造者制造、销售行为的，销售地人民法院有管辖权。①

3. 商标民事、行政诉讼案件一般管辖规则

(1)商标民事、行政诉讼案件管辖范围

人民法院受理以下商标案件：

①不服国务院工商行政管理部门商标评审委员会作出的复审决定或者裁定的行政案件；

②不服工商行政管理部门作出的有关商标的其他具体行政行为的案件；

③商标权权属纠纷案件；

④侵害商标专用权纠纷案件；

⑤确认不侵害商标专用权纠纷案件；

⑥商标权转让合同纠纷案件；

⑦商标使用许可合同纠纷案件；

⑧商标代理合同纠纷案件；

⑨申请诉前停止侵害商标专用权案件；

⑩因申请停止侵害商标专用权损害责任案件；

⑪因商标纠纷申请诉前财产保全案件；

⑫因商标纠纷申请诉前证据保全案件；

⑬其他商标案件。

---

① 《最高人民法院关于审理专利纠纷案件适用法律问题的若干规定》(2015)，第1~2条、第5~6条。

(2)商标民事、行政诉讼案件级别管辖

第一审商标民事案件,由中级以上人民法院及最高人民法院指定的基层人民法院管辖。

涉及对驰名商标保护的民事、行政案件,由省、自治区人民政府所在地市、计划单列市、直辖市辖区中级人民法院及最高人民法院指定的其他中级人民法院管辖。①

(3)商标民事、行政诉讼案件地域管辖

因侵犯注册商标专用权行为提起的民事诉讼,由侵权行为的实施地、侵权商品的储藏地或者查封扣押地、被告住所地人民法院管辖。其中,侵权商品的储藏地是指大量或者经常性储存、隐匿侵权商品所在地,查封扣押地是指海关、工商等行政机关依法查封、扣押侵权商品所在地。

对涉及不同侵权行为实施地的多个被告提起的共同诉讼,原告可以选择其中一个被告的侵权行为实施地人民法院管辖;仅对其中某一被告提起的诉讼,该被告侵权行为实施地的人民法院有管辖权。②

4. 其他知识产权民事、行政诉讼案件一般管辖规则

(1)不正当竞争民事、行政诉讼案件一般管辖规则

①不正当竞争民事诉讼案件一般管辖规则:a. 假冒、虚假宣传、商业诋毁、侵犯商业秘密等不正当竞争民事第一审案件,一般由中级人民法院管辖。b. 各高级人民法院根据本辖区的实际情况,经最高人民法院批准,可以确定若干基层人民法院受理不正当竞争民事第一审案件,已经批准可以审理知识产权民事案件的基层人民法院,可以继续受理。③

②不正当竞争行政诉讼案件一般管辖规则:同著作权行政诉讼案件一般管辖规则。

---

① 《最高人民法院关于商标法修改决定施行后商标案件管辖和法律适用问题的解释》(2014),第 1 条、第 3 条。

② 《最高人民法院关于审理商标民事纠纷案件适用法律若干问题的解释》(2002),第 6 ~ 7 条。

③ 《最高人民法院关于审理不正当竞争民事案件应用法律若干问题的解释》(2007),第 18 条。

(2)植物新品种民事、行政诉讼案件一般管辖规则

①管辖范围:人民法院受理的植物新品种纠纷案件主要包括以下几类:

a. 是否应当授予植物新品种权纠纷案件;

b. 宣告授予的植物新品种权无效或者维持植物新品种权的纠纷案件;

c. 授予品种权的植物新品种更名的纠纷案件;

d. 实施强制许可的纠纷案件;

e. 实施强制许可使用费的纠纷案件;

f. 植物新品种申请权纠纷案件;

g. 植物新品种权权利归属纠纷案件;

h. 转让植物新品种申请权和转让植物新品种权的纠纷案件;

i. 侵犯植物新品种权的纠纷案件;

j. 不服省级以上农业、林业行政管理部门依据职权对侵犯植物新品种权处罚的纠纷案件;

k. 不服县级以上农业、林业行政管理部门依据职权对假冒授权品种处罚的纠纷案件。

②级别管辖:人民法院受理的植物新品种纠纷案件中,第 a ~ e 类案件由北京知识产权法院作为第一审人民法院审理,第 f ~ k 类案件,由各省、自治区、直辖市人民政府所在地和最高人民法院指定的中级人民法院作为第一审人民法院审理。

③地域管辖:a. 以侵权行为地确定人民法院管辖的侵犯植物新品种权的民事案件,其所称的侵权行为地,是指未经品种权所有人许可,以商业目的生产、销售该授权植物新品种的繁殖材料的所在地,或者将该授权品种的繁殖材料重复使用于生产另一品种的繁殖材料的所在地。b. 以被告所在地确定人民法院管辖的侵犯植物新品种权的民事案件,关于是否应当授予植物新品种权的纠纷案件、宣告授予的植物新品种权无效或者维持植物新品种权的纠纷案件、授予品种权的植物新品种更名的纠纷案件,应当以行政主管机关植物新品种复审委员会为被告;关于实施强制许可的纠纷案件,应当以植物新品种审批机关为被告;关于实施强制许可使用费纠纷案件,应当根据原告所请求的事项和

所起诉的当事人确定被告。①

(3)集成电路布图设计民事、行政诉讼案件一般管辖规则

①管辖范围：人民法院受理下列涉及集成电路布图设计(以下简称布图设计)的案件：

a. 布图设计专有权权属纠纷案件；

b. 布图设计专有权转让合同纠纷案件；

c. 侵犯布图设计专有权纠纷案件；

d. 诉前申请停止侵权、财产保全案件；

e. 不服国务院知识产权行政部门驳回布图设计登记申请的复审决定的条件；

f. 不服国务院知识产权行政部门撤销布图设计登记申请决定的案件；

g. 不服国务院知识产权行政部门关于使用布图设计非自愿许可决定的案件；

h. 不服国务院知识产权行政部门关于使用布图设计非自愿许可的报酬的裁决的案件；

i. 不服国务院知识产权行政部门对侵犯布图设计专有权行为处理决定的案件；

j. 不服国务院知识产权行政部门行政复议决定的案件；

k. 其他涉及布图设计的案件。

②管辖法院：人民法院受理的涉及布图设计的案件中，第 e ~ j 类案件，由北京知识产权法院作为第一审人民法院审理；其余各类案件，由各省、自治区、直辖市人民政府所在地，经济特区所在地和大连、青岛、温州、佛山、烟台市的中级人民法院作为第一审人民法院审理。②

---

① 《最高人民法院关于审理植物新品种纠纷案件若干问题的解释》(2001)，第 1 条、第 3 ~ 5 条。

② 《最高人民法院关于开展涉及集成电路布图设计案件审判工作的通知》(2001)，第 1 ~ 2 条。

(二)知识产权刑事诉讼案件一般管辖规则

1. 立案管辖

(1)知识产权刑事案件的立案侦查一般由公安机关进行。

(2)知识产权刑事自诉案件由人民法院直接受理,但严重危害社会秩序和国家利益的除外。[①]

2. 级别管辖

(1)基层人民法院管辖第一审普通刑事案件,但是依照刑事诉讼法由上级人民法院管辖的除外。

(2)中级人民法院管辖下列第一审刑事案件:①危害国家安全、恐怖活动案件;②可能判处无期徒刑、死刑的案件。

(3)高级人民法院管辖的第一审刑事案件,是全省(自治区、直辖市)性的重大刑事案件。

(4)最高人民法院管辖的第一审刑事案件,是全国性的重大刑事案件。[②]

3. 地域管辖

知识产权刑事案件由犯罪地的人民法院管辖,但被告人居住地的人民法院审判更为适宜的,可以由被告人居住地的人民法院管辖。

(1)犯罪地包括犯罪行为发生地和犯罪结果发生地。针对或者利用计算机网络实施的犯罪地包括:①犯罪行为发生地的网站服务器所在地、网络接入地和网站建立者、管理者所在地;②被侵害的计算机信息系统及其管理者所在地;③被告人、被害人使用的计算机信息系统所在地;④被害人财产遭受损失地。

(2)被告人居住地依自然人和单位而定。①被告人是自然人,其居住地为户籍地或经常居住地(与户籍地不一致的),其中经常居住地为被告人被追诉前已连续居住1年以上的地方(住院就医的除外)。②被告人是单位,其居住地为登记的住所地或主要营业地、主要办事机构所在地(与登记的住所地不一

---

① 《中华人民共和国刑事诉讼法》(2018),第19条、第109条;《最高人民法院关于适用〈中华人民共和国刑事诉讼法〉的解释》(2012),第1条。

② 《中华人民共和国刑事诉讼法》(2018),第20~23条。

致的)。[①]

4. 特殊管辖

(1)特殊级别管辖

①上级人民法院在必要的时候,可以审判下级人民法院管辖的第一审刑事案件,但应当向下级人民法院下达改变管辖决定书,并书面通知同级人民检察院。

②下级人民法院认为案情重大、复杂需要由上级人民法院审判的第一审刑事案件,可以请求移送上一级人民法院审判。其中,基层人民法院可以请求移送中级人民法院审判的第一审刑事案件包括:a. 重大、复杂案件;b. 新类型的疑难案件;c. 在法律适用上具有普遍指导意义的案件。基层人民法院对可能判处无期徒刑、死刑的第一审刑事案件,应当移送中级人民法院审判。需要将案件移送中级人民法院审判的,应当在报请院长决定后,至迟于案件审理期限届满15日前书面请求移送。中级人民法院应当在接到申请后10日内作出决定,下达不同意移送或同意移送决定书,其中同意移送的还要书面通知同级人民检察院。

③上级人民法院可以指定下级人民法院审判管辖不明的案件,也可以在必要时指定下级人民法院将其管辖的案件移送其他下级人民法院审判。上级人民法院指定管辖,应当将指定管辖决定书分别送达被指定管辖的人民法院和其他有关的人民法院。

④人民检察院认为可能判处无期徒刑、死刑,向中级人民法院提起公诉的案件,中级人民法院受理后,认为不需要判处无期徒刑、死刑的,应当依法审判,不再交基层人民法院审判。

⑤一人犯数罪、共同犯罪和其他需要并案审理的案件,其中一人或者一罪属于上级人民法院管辖的,全案由上级人民法院管辖。

⑥有管辖权的人民法院因案件涉及本院院长需要回避等原因,不宜行使管辖权的,可以请求移送上一级人民法院管辖。上一级人民法院可以管辖,也

---

① 《中华人民共和国刑事诉讼法》(2018),第25条;《最高人民法院关于适用〈中华人民共和国刑事诉讼法〉的解释》(2012),第2~3条。

可以指定与提出请求的人民法院同级的其他人民法院管辖。

⑦两个以上同级人民法院管辖权发生争议且协商不成的，由争议的人民法院分别层报共同的上级人民法院指定管辖。

⑧原受理案件的人民法院在收到上级人民法院改变管辖决定书、同意移送决定书或者指定其他人民法院管辖决定书后，对公诉案件，应当书面通知同级人民检察院，并将案卷材料退回，同时书面通知当事人；对自诉案件，应当将案卷材料移送被指定管辖的人民法院，并书面通知当事人。

⑨第二审人民法院发回重新审判的案件，人民检察院撤回起诉后，又向原第一审人民法院的下级人民法院重新提起公诉的，下级人民法院应当将有关情况层报原第二审人民法院。原第二审人民法院根据具体情况，可以决定将案件移送原第一审人民法院或者其他人民法院审判。

（2）特殊地域管辖

①几个同级人民法院都有权管辖的案件，由最初受理的人民法院审判，但在必要的时候，可以移送主要犯罪地的人民法院审判。

②在我国领域外的我国船舶内的犯罪，由该船舶最初停泊的中国口岸所在地的人民法院管辖。

③在我国领域外的我国航空器内的犯罪，由该航空器在我国最初降落地的人民法院管辖。

④在国际列车上的犯罪，根据我国与相关国家签订的协定确定管辖；没有协定的，由该列车最初停靠的我国车站所在地或者目的地的铁路运输法院管辖。

⑤我国公民在我国驻外使、领馆内的犯罪，由其主管单位所在地或者原户籍地的人民法院管辖。

⑥我国公民在我国领域外的犯罪，由其入境地或者离境前居住地的人民法院管辖；被害人是我国公民的，也可由被害人离境前居住地的人民法院管辖。

⑦外国人在中华人民共和国领域外对中华人民共和国国家或者公民犯罪，根据《中华人民共和国刑法》应当受处罚的，由该外国人入境地、入境后居住地或者我国被害公民离境前居住地的人民法院管辖。

⑧对中华人民共和国缔结或者参加的国际条约所规定的犯罪，中华人民共和国在所承担条约义务的范围内，行使刑事管辖权的，由被告人被抓获地的人民法院管辖。

⑨正在服刑的罪犯在判决宣告前还有其他罪没有判决的，由原审地人民法院管辖，但由罪犯服刑地或者犯罪地的人民法院审判更为适宜的，可以由罪犯服刑地或犯罪地的人民法院管辖；罪犯在服刑期间又犯罪的，或者在脱逃期间犯罪的，由服刑地的人民法院管辖，但在犯罪地抓获罪犯并发现其在脱逃期间的犯罪的，由犯罪地的人民法院管辖。①

二、知识产权纠纷案件专门管辖规则

截至2019年9月，我国已经设立“1+3+21”家知识产权专门审判机构，其中“1”是最高人民法院知识产权法庭，“3”是北京、上海、广州知识产权法院，“21”是南京、苏州、武汉、成都、杭州、宁波、合肥、福州、济南、青岛、深圳、天津、郑州、长沙、西安、南昌、长春、兰州、乌鲁木齐、海口、厦门知识产权法庭。

（一）最高人民法院知识产权法庭

1. 最高人民法院知识产权法庭的性质和地位

最高人民法院知识产权法庭是最高人民法院派出的常设审判机构，其作出的判决、裁定、调解书和决定是最高人民法院的判决、裁定、调解书和决定。

2. 最高人民法院知识产权法庭的管辖范围

最高人民法院知识产权法庭审理下列案件：

（1）不服高级人民法院、知识产权法院、中级人民法院作出的发明专利、实用新型专利、植物新品种、集成电路布图设计、技术秘密、计算机软件、垄断第一审民事案件判决、裁定而提起上诉的案件；

（2）不服北京知识产权法院对发明专利、实用新型专利、外观设计专利、植物新品种、集成电路布图设计授权确权作出的第一审行政案件判决、裁定而提起上诉的案件；

（3）不服高级人民法院、知识产权法院、中级人民法院对发明专利、实用新

---

① 《中华人民共和国刑事诉讼法》（2018），第24条、第26~27条；《最高人民法院关于适用〈中华人民共和国刑事诉讼法〉的解释》（2012），第4~21条。

型专利、外观设计专利、植物新品种、集成电路布图设计、技术秘密、计算机软件、垄断行政处罚等作出的第一审行政案件判决、裁定而提起上诉的案件；

(4)全国范围内重大、复杂的上述第一审民事和行政案件；

(5)对第(1)~(3)项所称第一审案件已经发生法律效力的判决、裁定、调解书依法申请再审、抗诉、再审等适用审判监督程序的案件；

(6)上述第(1)~(3)项所称第一审案件管辖权争议，罚款、拘留决定申请复议，报请延长审限等案件；

(7)最高人民法院认为应当由知识产权法庭审理的其他案件。①

(二)北部地区知识产权法院、法庭

1. 北京知识产权法院

北京知识产权法院管辖北京市辖区内的下列第一审案件：(1)专利、植物新品种、集成电路布图设计、技术秘密、计算机软件民事和行政案件；(2)对国务院部门或者县级以上地方人民政府所作的涉及著作权、商标、不正当竞争等行政行为提起诉讼的行政案件；(3)涉及驰名商标认定的民事案件。

其中，北京知识产权法院管辖的第一审行政案件具体包括：(1)不服国务院部门作出的有关专利、商标、植物新品种、集成电路布图设计等知识产权的授权确权裁定或者决定的；(2)不服国务院部门作出的有关专利、植物新品种、集成电路布图设计的强制许可决定以及强制许可使用费或者报酬的裁决的；(3)不服国务院部门作出的涉及知识产权授权确权的其他行政行为的。

北京知识产权法院管辖的第一审民事案件具体包括：(1)诉讼标的额在2亿元以下且当事人住所地均在本市的，以及诉讼标的额在1亿元以下且当事人一方住所地不在本市或者涉外、涉港澳台的专利、植物新品种、集成电路布图设计、技术秘密、计算机软件、垄断以及涉及驰名商标认定的第一审知识产权民事案件；(2)诉讼标的额在1亿元以上、2亿元以下且当事人住所地均在本市的，以及诉讼标的额在5000万元以上、1亿元以下且当事人一方住所地不在本

---

① 《最高人民法院关于知识产权法庭若干问题的规定》(2018)，第1~2条。

市或者涉外、涉港澳台的著作权、商标、技术合同、不正当竞争、特许经营合同等第一审知识产权民事案件；(3)在本市有重大影响的其他第一审知识产权民事案件。

另外，北京知识产权法院还管辖下列知识产权民事案件：(1)对各基层人民法院作出的第一审知识产权民事判决、裁定提起上诉的案件；(2)对各基层人民法院已经发生法律效力的知识产权民事判决、裁定、调解书申请再审的案件，但是当事人依法向各基层人民法院申请再审的除外；(3)对北京互联网法院审结而提起的互联网著作权权属纠纷和侵权纠纷、互联网域名纠纷的上诉案件。①

2. 天津知识产权法庭

天津知识产权法庭的管辖范围如下：

(1)发生在天津市辖区内，有关专利、植物新品种、集成电路布图设计、技术秘密、计算机软件、涉及驰名商标认定及垄断纠纷的第一审知识产权民事和行政案件；

(2)发生在天津市第三中级人民法院辖区内有关商标、著作权、不正当竞争、技术合同纠纷的第一审知识产权民事、行政和刑事案件，但由天津市滨海新区人民法院管辖的第一审知识产权民事、行政和刑事案件除外；

(3)不服天津市滨海新区人民法院审理第一审知识产权民事、行政和刑事案件的上诉案件。

3. 西安知识产权法庭

西安知识产权法庭的管辖范围如下：

(1)发生在陕西省辖区内有关专利、技术秘密、计算机软件、植物新品种、集成电路布图设计、涉及驰名商标认定及垄断纠纷的第一审知识产权民事和行政案件；

(2)发生在西安市辖区内除基层人民法院管辖范围之外的第一审知识产

---

① 《最高人民法院关于北京、上海、广州知识产权法院案件管辖的规定》(2014)，第1条、第5条；《北京市高级人民法院关于调整本市法院知识产权民事案件管辖的规定》(2016)，第2条；《北京市高级人民法院关于北京互联网法院案件管辖的规定》(2018)，第4条。

权民事、行政和刑事案件；

(3)不服西安市辖区内基层人民法院审理的第一审知识产权民事、行政和刑事案件的上诉案件。①

4. 兰州知识产权法庭

兰州知识产权法庭的管辖范围如下：

(1)发生在甘肃省辖区内有关专利、植物新品种、集成电路布图设计、技术秘密、计算机软件、涉及驰名商标认定及垄断纠纷的第一审知识产权民事和行政案件；

(2)发生在兰州市辖区内除基层人民法院管辖范围之外的第一审知识产权民事、行政和刑事案件；

(3)不服兰州市辖区内基层人民法院审理的第一审知识产权民事、行政和刑事案件的上诉案件。②

5. 长春知识产权法庭

长春知识产权法庭的管辖范围如下：

(1)发生在吉林省辖区内有关专利、植物新品种、集成电路布图设计、技术秘密、计算机软件、涉及驰名商标认定及垄断纠纷的第一审知识产权民事和行政案件；

(2)发生在长春市辖区内的有关著作权、商标权、不正当竞争、技术合同纠纷的第一审知识产权民事案件；

(3)发生在长春市辖区内除基层人民法院管辖范围之外的第一审知识产权行政和刑事案件；

(4)不服长春市辖区内基层人民法院审理的第一审知识产权行政和刑事案件的上诉案件。③

---

① 《最高人民法院关于同意天津市第三中级人民法院和郑州市、长沙市、西安市中级人民法院内设专门审判机构并跨区域管辖部分知识产权案件的批复》(2018)，第2条、第5条。

② 《最高人民法院关于同意兰州市中级人民法院内设专门审判机构并跨区域管辖部分知识产权案件的批复》(2018)，第2条。

③ 《最高人民法院关于同意长春市中级人民法院内设专门审判机构并跨区域管辖部分知识产权案件的批复》(2018)，第2条。

6. 乌鲁木齐知识产权法庭

乌鲁木齐知识产权法庭的管辖范围如下：

(1)发生在新疆维吾尔自治区辖区内有关专利、植物新品种、集成电路布图设计、技术秘密、计算机软件、涉及驰名商标认定及垄断纠纷的第一审知识产权民事和行政案件；

(2)发生在乌鲁木齐市辖区内有关商标、著作权、不正当竞争、技术合同纠纷的第一审知识产权民事和行政案件；

(3)不服乌鲁木齐市辖区内基层人民法院审理的第一审知识产权刑事案件的上诉案件。①

(三)东部地区知识产权法院、法庭

1. 上海知识产权法院

上海知识产权法院管辖上海市辖区内的下列第一审案件：(1)专利、植物新品种、集成电路布图设计、技术秘密、计算机软件民事和行政案件；(2)对国务院部门或者县级以上地方人民政府所作的涉及著作权、商标、不正当竞争等行政行为提起诉讼的行政案件；(3)涉及驰名商标认定的民事案件。

上海知识产权法院管辖的知识产权民事案件具体包括：(1)诉讼标的额在1亿元以下且当事人一方住所地不在本市或者涉外、涉港澳台的，以及诉讼标的额在2亿元以下且当事人住所地均在本市的专利、植物新品种、集成电路布图设计、技术秘密、计算机软件、垄断等第一审民事案件，以及涉及驰名商标认定的第一审民事案件；(2)对基层人民法院作出的第一审知识产权民事判决、裁定提起上诉的案件；(3)对基层人民法院已经发生法律效力的知识产权民事判决、裁定、调解书申请再审的案件。

上海知识产权法院管辖的知识产权行政案件具体包括：(1)专利、植物新品种、集成电路布图设计、技术秘密、计算机软件、垄断等第一审行政案件；(2)对区以上人民政府所作的涉及知识产权、不正当竞争行政行为提起诉讼的第一审行政案件；(3)对基层人民法院作出的第一审知识产权行政判决、裁定

---

① 《最高人民法院关于同意乌鲁木齐市中级人民法院内设专门审判机构并跨区域管辖部分知识产权案件的批复》(2019)，第2条。

提起上诉的案件。①

2. 南京知识产权法庭

南京知识产权法庭的管辖范围如下：

(1)发生在南京市、镇江市、扬州市、泰州市、盐城市、淮安市、宿迁市、徐州市、连云港市辖区内的专利、技术秘密、计算机软件、植物新品种、集成电路布图设计、涉及驰名商标认定及垄断纠纷的第一审知识产权民事案件；

(2)发生在南京市、镇江市、扬州市、泰州市、盐城市、淮安市、宿迁市、徐州市、连云港市辖区内，诉讼标的额为300万元以上的商标、著作权、不正当竞争、技术合同纠纷的第一审知识产权民事案件；

(3)发生在南京市、镇江市、扬州市、泰州市、盐城市、淮安市、宿迁市、徐州市、连云港市辖区内，对国务院部门或者县级以上地方人民政府所作的著作权、商标、专利、不正当竞争等行政行为提起诉讼的第一审知识产权行政案件；

(4)应当由南京市中级人民法院管辖的第一审知识产权刑事案件；

(5)不服南京市辖区内基层人民法院审理的第一审知识产权民事、刑事、行政案件的上诉案件。

3. 苏州知识产权法庭

苏州知识产权法庭的管辖范围如下：

(1)发生在苏州市、无锡市、常州市、南通市辖区内的专利、技术秘密、计算机软件、植物新品种、集成电路布图设计、涉及驰名商标认定及垄断纠纷的第一审知识产权民事案件；

(2)发生在苏州市、无锡市、常州市、南通市辖区内，诉讼标的额为300万元以上的商标、著作权、不正当竞争、技术合同纠纷的第一审知识产权民事案件；

(3)发生在苏州市、无锡市、常州市、南通市辖区内，对国务院部门或者县

---

① 《最高人民法院关于北京、上海、广州知识产权法院案件管辖的规定》(2014)，第1条；《上海市高级人民法院关于调整本市法院知识产权民事案件管辖的规定》(2016)，第2条；《上海市高级人民法院关于调整基层法院知识产权案件、行政案件和未成年人刑事案件集中管辖的公告》(2018)，第1条第4款。

级以上地方人民政府所作的著作权、商标、专利、不正当竞争等行政行为提起诉讼的第一审知识产权行政案件；

(4)应当由苏州市中级人民法院管辖的第一审知识产权刑事案件；

(5)不服苏州市辖区内基层人民法院审理的第一审知识产权民事、刑事、行政案件的上诉案件。①

4. 杭州知识产权法庭

杭州知识产权法庭的管辖范围如下：

(1)发生在杭州市、嘉兴市、湖州市、金华市、衢州市、丽水市辖区内有关专利、技术秘密、计算机软件、植物新品种、集成电路布图设计、涉及驰名商标认定及垄断纠纷的第一审知识产权民事案件；

(2)发生在杭州市、嘉兴市、湖州市、金华市、衢州市、丽水市辖区内，诉讼标的额为800万元以上的商标权、著作权、不正当竞争、技术合同纠纷的第一审知识产权民事案件；

(3)发生在杭州市、嘉兴市、湖州市、金华市、衢州市、丽水市辖区内，对县级以上地方人民政府所作的著作权、商标、专利、不正当竞争等行政行为提起诉讼的第一审知识产权行政案件；

(4)应当由杭州市中级人民法院管辖的第一审知识产权刑事案件；

(5)不服杭州市辖区内基层人民法院审理的第一审知识产权民事、刑事、行政案件的上诉案件。

5. 宁波知识产权法庭

宁波知识产权法庭的管辖范围如下：

(1)发生在宁波市、温州市、绍兴市、台州市、舟山市辖区内的专利、技术秘密、计算机软件、植物新品种、集成电路布图设计、涉及驰名商标认定及垄断纠纷的第一审知识产权民事案件；

(2)发生在宁波市、温州市、绍兴市、台州市、舟山市辖区内，诉讼标的额为800万元以上的商标权、著作权、不正当竞争、技术合同纠纷的第一审知识产权

---

① 《最高人民法院关于同意南京市、苏州市、武汉市、成都市中级人民法院内设专门审判机构并跨区域管辖部分知识产权案件的批复》(2017)，第2~3条。

民事案件；

(3)发生在宁波市、温州市、绍兴市、台州市、舟山市辖区内，对县级以上地方人民政府所作的著作权、商标、专利、不正当竞争等行政行为提起诉讼的第一审知识产权行政案件；

(4)应当由宁波市中级人民法院管辖的第一审知识产权刑事案件；

(5)不服宁波市辖区内基层人民法院审理的第一审知识产权民事、刑事、行政案件的上诉案件。

6. 合肥知识产权法庭

合肥知识产权法庭的管辖范围如下：

(1)发生在安徽省辖区内有关专利、技术秘密、计算机软件、植物新品种、集成电路布图设计、涉及驰名商标认定及垄断纠纷的第一审知识产权民事和行政案件；

(2)发生在合肥市辖区内除基层人民法院管辖范围之外的第一审知识产权民事、行政和刑事案件；

(3)不服合肥市辖区内基层人民法院审理的第一审知识产权民事、行政和刑事案件的上诉案件。

7. 福州知识产权法庭

福州知识产权法庭的管辖范围如下：

(1)发生在福建省辖区内除厦门市、漳州市、泉州市、龙岩市之外的有关专利、技术秘密、计算机软件、植物新品种、集成电路布图设计、涉及驰名商标认定及垄断纠纷的第一审知识产权民事和行政案件；

(2)发生在福州市辖区内除基层人民法院管辖范围之外的第一审知识产权民事、行政和刑事案件；

(3)不服福州市辖区内基层人民法院审理的第一审知识产权民事、行政和刑事案件的上诉案件。

8. 济南知识产权法庭

济南知识产权法庭的管辖范围如下：

(1)发生在济南市、淄博市、枣庄市、济宁市、泰安市、莱芜市、滨州市、德州市、聊城市、临沂市、菏泽市辖区内有关专利、植物新品种、集成电路布图设计、技术秘密、计算机软件、涉及驰名商标认定及垄断纠纷的第一审知识产权民事和行政案件；

(2)发生在济南市辖区内除基层人民法院管辖范围之外的第一审知识产权民事、行政和刑事案件；

(3)不服济南市辖区内基层人民法院审理的第一审知识产权民事、行政和刑事案件的上诉案件。

9. 青岛知识产权法庭

青岛知识产权法庭的管辖范围如下：

(1)发生在青岛市、东营市、烟台市、潍坊市、威海市、日照市辖区内有关专利、植物新品种、集成电路布图设计、技术秘密、计算机软件、涉及驰名商标认定及垄断纠纷的第一审知识产权民事和行政案件；

(2)发生在青岛市辖区内除基层人民法院管辖范围之外的第一审知识产权民事、行政和刑事案件；

(3)不服青岛市辖区内基层人民法院审理的第一审知识产权民事、行政和刑事案件的上诉案件。①

10. 南昌知识产权法庭

南昌知识产权法庭的管辖范围如下：

(1)发生在江西省辖区内有关专利、技术秘密、计算机软件、植物新品种、集成电路布图设计、涉及驰名商标认定及垄断纠纷的第一审知识产权民事和行政案件；

(2)发生在南昌市辖区内除基层人民法院管辖范围之外的第一审知识产权民事、行政和刑事案件；

(3)不服南昌市辖区内基层人民法院审理的第一审知识产权民事、行政和刑事案件的上诉案件。②

---

① 《最高人民法院关于同意杭州市、宁波市、合肥市、福州市、济南市、青岛市中级人民法院内设专门审判机构并跨区域管辖部分知识产权案件的批复》(2017)，第2~7条。

② 《南昌知识产权法庭挂牌成立》，载《人民法院报》2018年7月6日，第1版。

11. 厦门知识产权法庭

厦门知识产权法庭的管辖范围如下：

(1)发生在福建省厦门市、漳州市、泉州市、龙岩市辖区内的专利、植物新品种、集成电路布图设计、技术秘密、计算机软件、涉及驰名商标认定及垄断纠纷的第一审知识产权民事和行政案件；

(2)发生在福建省厦门市辖区内除基层人民法院管辖范围之外的第一审知识产权民事、行政和刑事案件；

(3)不服福建省厦门市辖区内基层人民法院审理的第一审知识产权民事、行政和刑事案件的上诉案件。①

(四)南部地区知识产权法院、法庭

1. 广州知识产权法院

广州知识产权法院的管辖范围如下：

(1)发生在广东省内(深圳除外)的专利、植物新品种、集成电路布图设计、技术秘密、计算机软件第一审民事和行政案件；

(2)广州市辖区内对县级以上地方人民政府所作的涉及著作权、商标、不正当竞争等行政行为提起诉讼的第一审行政案件；

(3)广东省内(深圳除外)涉及驰名商标认定的第一审民事案件；

(4)不服广州市各基层人民法院第一审著作权、商标、技术合同、不正当竞争等知识产权民事和行政判决、裁定提起的上诉案件。②

2. 武汉知识产权法庭

武汉知识产权法庭的管辖范围如下：

(1)发生在湖北省辖区内的专利、植物新品种、集成电路布图设计、技术秘密、计算机软件、涉及驰名商标认定及垄断纠纷的第一审知识产权民事和行政案件；

(2)发生在武汉市辖区内有关商标、著作权、不正当竞争，技术合同纠纷的

---

① 《厦门知识产权法庭揭牌》，载《法制日报》2019年9月6日，第3版。

② 《最高人民法院关于北京、上海、广州知识产权法院案件管辖的规定》(2014)，第1~2条；《广东省高级人民法院关于广州知识产权法院履职的公告》(2014)，第2条。

第一审知识产权民事和行政案件(由武汉市江岸区人民法院、江汉区人民法院、东湖新技术开发区人民法院管辖的上述第一审知识产权民事和行政案件除外);

(3)不服武汉市江岸区、江汉区、东湖新技术开发区人民法院审理的第一审知识产权民事、行政案件的上诉案件,以及不服武汉市江岸区人民法院审理的一审知识产权刑事案件的上诉案件。

3. 成都知识产权法庭

成都知识产权法庭的管辖范围如下:

(1)发生在四川省辖区内的专利、植物新品种、集成电路布图设计、商业秘密、计算机软件、驰名商标认定及垄断纠纷的第一审知识产权民事和行政案件;

(2)发生在成都市辖区内有关商标、著作权、不正当竞争,技术合同纠纷的第一审知识产权民事、行政案件(由最高人民法院授予管辖权的基层人民法院管辖的上述第一审知识产权民事、行政案件除外);

(3)不服成都市辖区内基层人民法院审理的第一审知识产权民事、行政、刑事案件的上诉案件。①

4. 深圳知识产权法庭

深圳知识产权法庭的管辖范围如下:

(1)发生在深圳市辖区内的专利、植物新品种、集成电路布图设计、驰名商标认定及垄断纠纷的第一审知识产权民事案件;

(2)深圳市辖区内诉讼标的额在500万元人民币以上的技术秘密、计算机软件、著作权、商标权、不正当竞争、技术合同纠纷等第一审一般知识产权民事案件,以及诉讼标的额在1000万元人民币以上且当事人住所地均在深圳市的第一审一般知识产权民事案件;

(3)深圳市辖区内除基层人民法院管辖范围之外的第一审知识产权行政和刑事案件,以及垄断行政案件;

---

① 《最高人民法院关于同意南京市、苏州市、武汉市、成都市中级人民法院内设专门审判机构并跨区域管辖部分知识产权案件的批复》(2017),第4~5条。

(4)不服深圳市辖区内基层人民法院审理的第一审知识产权民事、刑事、行政案件的上诉案件。[①]

5. 郑州知识产权法庭

郑州知识产权法庭的管辖范围如下：

(1)发生在河南省辖区内有关专利、植物新品种、集成电路布图设计、技术秘密、计算机软件、涉及驰名商标认定及垄断纠纷的第一审知识产权民事和行政案件；

(2)发生在郑州市辖区内除基层人民法院管辖范围之外的有关商标、著作权、不正当竞争、技术合同纠纷的第一审知识产权民事和行政案件；

(3)不服郑州市辖区内基层人民法院审理的第一审知识产权刑事案件的上诉案件。

6. 长沙知识产权法庭

长沙知识产权法庭的管辖范围如下：

(1)发生在湖南省辖区内有关专利、植物新品种、集成电路布图设计、技术秘密、计算机软件、涉及驰名商标认定及垄断纠纷的第一审知识产权民事和行政案件；

(2)发生在长沙市辖区内有关商标、著作权、不正当竞争、技术合同纠纷的第一审知识产权民事和行政案件；

(3)不服长沙市辖区内基层人民法院审理的第一审知识产权刑事案件的上诉案件。[②]

7. 海口知识产权法庭

(1)发生在海南省辖区内有关专利、植物新品种、集成电路布图设计、技术秘密、计算机软件、涉及驰名商标认定及垄断纠纷的第一审知识产权民事和行政案件；

---

① 吕绍刚：《深圳知识产权法庭和深圳金融法庭揭牌》，载《人民日报》2017年12月27日，第11版。

② 《最高人民法院关于同意天津市第三中级人民法院和郑州市、长沙市、西安市中级人民法院内设专门审判机构并跨区域管辖部分知识产权案件的批复》(2018)，第3~4条。

(2)发生在海口市辖区内有关商标、著作权、不正当竞争、技术合同纠纷的第一审知识产权民事和行政案件;

(3)不服海口市辖区内基层人民法院审理的第一审知识产权刑事案件的上诉案件。①

① 金昌波、方茜:《海口知识产权法庭和海南涉外民商事法庭获批设立》,载《海南日报》2019年4月16日,第2版。

第三章　知识产权司法保护客体

第一节　知识产权权利本身

一、著作权

（一）著作权的概念

1. 著作权的含义

我国一直沿袭20世纪初所采纳的大陆法系国家的立法理念而使用"著作权"的概念，但在我国1990年、2001年、2010年的《著作权法》中均规定著作权与版权系同义语，对作者的经济权利和精神权利给予同等关注。[①] 由此，著作权包括经济权利和精神权利，是文学、艺术和科学作品的创作者对其所创作的作品享有的各项权利的总称。在理解著作权的这一含义时，应当注意把握以下要点：

（1）著作权是作者首先享有的权利。著作权因作品而产生，而作品因作者的创作而完成，因此，保护著作权的宗旨首先在于保护作者的权利。由于印刷技术的产生和完

---

① 曲三强主编：《现代知识产权法》，北京大学出版社2009年版，第107～108页。

善,当作者创作出作品并试图将作品加以传播时,作品的复制、传播极为迅捷,而作者对此却无能力加以控制。对此,法律负有保护作者权益的使命。

(2)著作权以作者对其作品的财产权利和精神权利为内容。作品的传播必然带来经济上的利益,所以著作权中包含有作者的经济权利。同时,作者还对作品享有精神权利,任何人未经其许可不得任意对作品进行删改或破坏作品的同一性。因此,著作权不同于一般的财产权和人身权,是精神权利和经济权利的聚合。

(3)著作权是一系列权利的总称。著作权不是一种单一的权利,而是包含了有关作者若干精神权利和经济权利的一系列权利的集合,如我国2010年《著作权法》就明确列举了4种人身权和13种财产权。①

著作权有广义和狭义之分,广义的著作权除了包括狭义上的作者就其作品所享有的权利以外,还包括作品传播者的权利,如出版者、表演者、录制者、播放者等对其在传播作品过程中的创造性劳动所享有的权利,这些权利被称为"邻接权"或"相关权"。

2. 著作权的特征

(1)"两权"一体性

著作权是"两权"一体的权利。所谓"两权",是指精神权利(不同于一般人身权)和经济权利(不同于一般财产权)。其中,著作权的经济权利包括复制权、演绎权、传播权等,著作权的精神权利包括作品署名权、保护作品完整权等。"两权"一体是著作权与其他知识产权的主要区别之一,专利权、商标权、制止不正当竞争权、植物新品种权、集成电路布图设计专有权等只包含经济权利,而不包含精神权利。

(2)相对排他性

著作权的排他性是相对的,即著作权的效力只是排斥那些对自己有独创性的作品未经许可的利用,但不能阻碍他人独自创作完成的与其相同或近似的作品也取得著作权。也就是说,就同样的表现形式的作品,允许两个以上的

---

① 费安玲主编:《知识产权法案例教程》,知识产权出版社2006年第2版,第39~44页。

著作权存在。而专利权、商标权、植物新品种权、集成电路布图设计专有权等的排他性是绝对的,只要将一项权利授予某主体,则基本排除了其他有相同构思的主体享有相同权利的可能。①

理解著作权的相对排他性,有利于著作权人正当、正常和正确地行使自己的权利。例如,如果某作者发现某人的作品与其已公开发表的作品相同或近似,尚且无权阻止此人享有和行使其著作权,因为这种相同或近似有可能纯属巧合,只有收集到了此人抄袭或剽窃其作品的证据后,才能对其进行侵权指控,否则不仅会败诉,还可能构成对他人名誉权的侵害。② 1995 年 8 月湖北省第一例楹联著作权纠纷就是这样一起案件。③

(3)自动取得

著作权自动取得,是指作品一旦创作完成,就自动获得著作权,而不论其是否发表,也无须履行任何手续。除著作权和商业秘密以外,其他类别的知识产权都需要依法办理相应的手续后才能取得。例如,专利权、商标权必须由申请人向法定机构提出申请,再由该机构依照法定程序进行形式或实质审查,只有那些符合法律规定的才会被授予相应的权利。

(二)著作权的客体

1. 作品的概念

著作权的客体,是指著作权法律关系中主体的权利义务所共同指向的对象,即作品。所谓"作品",是指文学、艺术和科学领域内具有独创性并能以某种有形形式复制的智力成果。④ 为了正确理解作品的含义,应该注意区分以下两组概念:

(1)作品与思想观念。作品是思想观念的表达,而不是思想观念本身。思想观念是指概念、原则、创意、发明、发现、程序、工艺、方法、系统、运算方式、原理或发现等,而表达则是采用文字、音符、数字、色彩、形体动作等方式对上述

① 姜一春主编:《知识产权法学》,科学出版社 2008 年版,第 15 页。
② 曹新明主编:《知识产权法》,东北财经大学出版社 2006 年版,第 28 ~31 页。
③ 刘国福、管建国编著:《民商法典型案例解评》,法律出版社 1997 年版,第 123 ~128 页。
④ 《中华人民共和国著作权法实施条例》(2013),第 2 条。

思想观念的主观表述。著作权法只保护思想观念的表达,而不保护思想观念本身。

(2)作品与作品的载体。作品必须以一定的客观形式表现出来,即需要一定的载体。许多作品都有特定的载体,这种载体往往可以被复制,且一件作品可以由不同的载体来记载。作品载体所有权的转移,并不意味着作品著作权的转移。

2. 各类作品

(1)文字作品:最传统、最常见、运用最为广泛的作品形式,即小说、诗词、散文、论文等以文字形式表现的作品。这里的"文字"是一个广义的概念,包括文字和等同于文字的各种符号。

(2)口述作品:即兴的演说、授课、法庭辩论等以口头语言形式表现的作品。将口述作品列为著作权的客体,是包括我国在内的少数国家的做法。

(3)音乐作品:歌曲、交响乐等能够演唱或者演奏的带词或者不带词的作品。其中带词的音乐作品与文字作品可能会发生重叠,如果配词不与乐曲一起使用并单独存在的话,应当属于文字作品。

(4)戏剧作品:话剧、歌剧、地方戏曲等供舞台演出的作品。戏剧作品指的是戏剧的剧本,而非戏剧的表演,戏剧表演者的表演由邻接权保护。

(5)曲艺作品:相声、快书、大鼓、评书等以说唱为主要表演形式的作品。曲艺作品也称说唱艺术,是我国独有的艺术形式。曲艺作品同戏剧作品一样,著作权保护的是曲目的说唱脚本而不是曲艺的表演。

(6)舞蹈作品:通过连续的动作、姿势、表情等表现思想情感的作品。舞蹈作品同戏剧作品、曲艺作品一样,著作权保护的是舞蹈设计而不是舞蹈表演者的表演。

(7)杂技艺术作品:杂技、魔术、马戏等通过形体动作和技巧表现的作品。杂技艺术作品是我国独有的著作权客体,著作权保护的是杂技中的艺术成分——动作编排,而非技巧成分。

(8)美术作品:在第二章第一节一、(四)2. 已述,在此不再重述。

(9)建筑作品:以建筑物或者构筑物形式表现的有审美意义的作品。建筑作品既有观赏价值,又有实用价值,属于实用美术作品。只为实用目的而建造的房屋不是建筑作品。

(10)摄影作品:借助器械在感光材料或者其他介质上记录客观物体形象的艺术作品。纯粹复制的照片没有独创性,不是摄影作品。

(11)电影作品和以类似摄制电影的方法创作的作品:在第二章第一节一、(四)1.已述,在此不再重述。

(12)图形作品:为施工、生产绘制的工程设计图、产品设计图以及反映地理现象、说明事物原理或者结构的地图、示意图等作品。图形作品包括工程设计图、产品设计图、地图、示意图等。

(13)模型作品:为展示、试验或者观测等用途,根据物体的形状和结构,按照一定比例制成的立体作品。模型作品与图形作品的区别在于,图形作品是二维平面作品,而模型作品是三维立体作品。①

(14)计算机软件作品:计算机程序及其有关文档,其中程序是指为了得到某种结果而可以由计算机等具有信息处理能力的装置执行的代码化指令序列,或者可被自动转换成代码化指令序列的符号化指令序列或者符号化语句序列;文档是指用自然语言或者形式化语言所编写的文字资料和图表,用来描述程序的内容、组成、设计、功能规格、开发情况、测试结果及使用方法,如程序设计说明书、流程图、用户手册等。②

(15)民间文学艺术作品:构成作品的民间文学艺术,包括民间故事、传说、寓言、谚语、民乐、歌谣、舞蹈、戏剧、曲艺、叙事诗、编年史、断代史、造型艺术、建筑艺术等,其特点是世代相传,长期演变,没有固定的物质载体,没有确定的作者,但能够反映某一社会群体的生活历史、风俗习惯、自然环境、心理特征。

3. 作品的排除

根据我国2010年《著作权法》第5条规定,下列创作成果被排除在受保护的作品之外:

(1)官方文件:包括法律、法规,国家机关的决议、决定、命令和其他具有立

---

① 《中华人民共和国著作权法实施条例》(2013),第4条。

② 《计算机软件保护条例》(2013),第2~3条。

法、行政、司法性质的文件及其官方正式译文。虽然官方文件都属于作品的范畴，但如果限制这些文件的复制和使用，就会阻碍它们的迅速、广泛传播，不利于公众知悉和贯彻执行。

(2)时事新闻：通过报纸、期刊、广播电台、电视台等传播媒介报道的单纯事实消息。① 由于时事新闻具有时效性而缺乏独创性，且社会公众对时事新闻有知情权，因而时事新闻不能成为著作权保护的作品。但如果传播媒介刊载或者使用新闻评论、新闻综述等材料，就应当尊重这些材料作者的著作权。

(3)通用材料：包括历法、通用表格和公式等。著作权不予保护通用材料的原因是它们缺乏独创性，或者只属于一般常识，或者其本身只是记录知识而不是对知识的表达，而且已经成为人们在生产和生活中普遍使用的工具，需要尽快为社会公众所掌握，应当鼓励其传播和推广应用。

(三)著作权的条件

1. 著作权的实质条件

著作权取得的实质条件，即作品的实质要件，只有一个：独创性。独创性是区分一项智力活动成果是否构成作品从而得到著作权保护的核心与关键。

所谓独创性(originality)，又称原创性或初创性，是指作品由作者独立创作完成而区别于其他作品的特异性或差异性。其中，"独"即独立完成，强调作品的完成是作者自己的选择、取舍、安排、设计、综合的结果，既不是依已有的形式复制而来，也不是依既定的程序推演而来；"创"即创作，强调作品体现了作者的精神劳动和智力判断，应当具有作者的个性特征，而非简单地临摹或材料的堆集。

需要注意的是，独创性是指作者表达的独创，而非思想观念的独创；作品的独创性不具有排他效力，由不同作者就同一题材创作的作品，作品的表达系独立完成并且有创作性的，应当认定作者各自享有独立著作权；②独创性要求因作品的性质而有所不同，虚构性作品的独创性要求高一些，事实性和功能性

---

① 《中华人民共和国著作权法实施条例》(2013)，第5条第1项。

② 《最高人民法院关于审理著作权民事纠纷案件适用法律若干问题的解释》(2002)，第15条。

作品的独创性要求低一些。

2.著作权的形式条件

著作权取得的形式条件,即作品的形式要件,是指法律对作品的形式要求,主要有两个:

(1)表达。特定的思想观念只有被赋予一定的文学、艺术或科学形式,才能构成作品从而获得著作权的保护。作品的主要表达形式有二:①符号,在文字作品中表现为语言,在美术作品中表现为线条、色彩、明暗,在音乐作品中表现为节奏、和声、旋律;②结构,是对作品总体的组织和安排,作者利用结构布局使语言、色彩、线条、旋律和节奏等通过不同的形式和体裁来展示作品的内容。①

(2)载体。思想观念的表达只有能够通过物质载体固定下来,才能被人直接或间接感知,才能通过印刷、复印、临摹、拓印、录音、录像、翻录、翻拍等方式进行复制,从而获得著作权法保护。其中,“固定”“复制”都只要求可能性,而不要求结果。因此,像即兴朗诵、即兴演唱、法庭辩论等口头作品以及冰雕等,都可以得到著作权法保护。

(四)著作权的内容

在我国,著作权与版权是同义语,包括经济权利和精神权利,是文学、艺术和科学作品的作者对其所创作的作品享有的各项权利的总称。在学理上,著作权有广义和狭义之分,广义的著作权除了包括狭义上的作者就其作品所享有的权利以外,还包括作品传播者的权利,即“邻接权”或“相关权”。

1.作者的精神权利

这里的著作权是指狭义的著作权,即作者就其作品所享有的权利。

(1)发表权

发表权是决定作品是否公之于众的权利,其中“公之于众”是指著作权人自行或者经著作权人许可将作品向不特定的人公开,但不以公众知晓为构成条件。发表权应当由作者或者其授权的人享有,但作者生前未发表的作品,如

---

① 张玉敏、张今、张平:《知识产权法》,中国人民大学出版社2009年版,第78~79页。

果作者未明确表示不发表，作者死亡后 50 年内，其发表权可由继承人或者受遗赠人行使；没有继承人又无人受遗赠的，由作品原件的所有人行使。需要注意的是，发表权的期间与著作权中的经济权利相同，而与其他精神权利不同，详见“著作权的保护期”。

(2)署名权

署名权是表明作者身份，在作品上署名的权利。如无相反证明，在作品上署名的公民、法人或其他组织为作者。因作品署名顺序发生的纠纷，人民法院按照下列原则处理：有约定的按约定确定署名顺序；没有约定的，可以按照创作作品付出的劳动、作品排列、作者姓氏笔画等确定署名顺序。作者死亡后，其著作权中的署名权由作者的继承人或者受遗赠人保护；无人继承又无人受遗赠的，其署名权由著作权行政管理部门保护。

(3)修改权

修改权是修改或者授权他人修改作品的权利。图书出版者经作者许可，可以对作品修改、删节；报社、期刊社可以对作品作文字性修改、删节，但对内容的修改应当经作者许可。作者死亡后，其著作权中的修改权由作者的继承人或者受遗赠人保护；无人继承又无人受遗赠的，其修改权由著作权行政管理部门保护。

(4)保护作品完整权

保护作品完整权是保护作品不受歪曲、篡改的权利，其构成要件有二：①作品有歪曲、篡改之虞；②有损作者声誉。作者死亡后，其著作权中的保护作品完整权由作者的继承人或者受遗赠人保护；无人继承又无人受遗赠的，其保护作品完整权由著作权行政管理部门保护。①

2. 作者的经济权利

这里的著作权也是指狭义的著作权。我国 2010 年《著作权法》第 10 条规定了 13 种经济权利，为了记忆和使用的方便，可以归纳为复制权、演绎权、传播

---

① 《中华人民共和国著作权法》(2010)，第 10 条第 1 款第 1 ~ 4 项、第 11 条第 4 款、第 34 条；《中华人民共和国著作权法实施条例》(2013)，第 15 条、第 17 条；《最高人民法院关于审理著作权民事纠纷案件适用法律若干问题的解释》(2002)，第 9 条、第 11 条。

权三大类。①

(1)复制权

包括我国2010年《著作权法》第10条第1款第5～7项规定的复制权、发行权和出租权。

①复制权:是以印刷、复印、拓印、录音、录像、翻录、翻拍等方式将作品制作一份或者多份的权利。复制是最原始、最基本、最重要、最普遍的作品利用形式。需要注意的是,2001年修改著作权法时,将“临摹”从复制方式中删除。

②发行权:是以出售或者赠与方式向公众提供作品的原件或者复制件的权利。发行应当具备四个要件:发行的方式限定为出售和赠与;发行的对象应该是社会公众,即不特定的多数人;发行的客体应当是作品的原件或者复制件;发行者必须是著作权人或者经著作权人授权的人。

③出租权:是有偿许可他人临时使用电影作品和以类似摄制电影的方法创作的作品、计算机软件的权利,计算机软件不是出租的主要标的的除外。需要注意的是,出租权只涉及电影作品和以类似摄制电影的方法创作的作品、计算机软件。

(2)演绎权

包括我国2010年《著作权法》第10条第1款第13～16项规定的摄制权、改编权、翻译权、汇编权以及注释权与整理权。

①摄制权:是以摄制电影或者以类似摄制电影的方法将作品固定在载体上的权利。摄制权的权利人是作品的著作权人或者经著作权人授权的人,相对人是电影作品和以类似摄制电影的方法创作的作品的著作权人。

②改编权:是改变作品,创作出具有独创性的新作品的权利。需要注意的是,改编权和改编者权不同,前者属于原作品的著作权,后者是改编作品的著作权。

③翻译权:是将作品从一种语言文字转换成另一种语言文字的权利。需要注意的是,翻译权和翻译者权不同,前者属于原作品的著作权,后者是翻译

① 李明德:《知识产权法》,社会科学文献出版社2007年版,第101页。

作品的著作权。

④汇编权:是将作品或者作品的片段通过选择或者编排,汇集成新作品的权利。需要注意的是,汇编权和汇编者权不同,前者属于原作品的著作权,后者是汇编作品的著作权。

⑤注释权与整理权:注释是对作品中的内容、用语、含义、风格等进行的说明或者解释,整理是对内容零散、层次不清、字迹模糊的已有作品进行条理化、系统化的加工。[①] 未经著作权人许可,以注释、整理等方式使用作品,属于侵权行为,应当承担停止侵害、消除影响、赔礼道歉、赔偿损失等民事责任。

(3)传播权

包括我国2010年《著作权法》第10条第1款第8~12项规定的展览权、表演权、放映权、广播权、信息网络传播权。

①展览权:是公开陈列美术作品、摄影作品的原件或者复制件的权利,也称为公开展览权或展示权。需要注意的是,展览权的客体仅限于美术作品、摄影作品;美术作品原件的展览权由原件所有人(而非著作权人)享有;以公民的肖像为内容的美术作品、摄影作品,其以营利为目的的展览必须征得本人的同意,否则构成侵犯公民肖像权。

②表演权:是公开表演作品,以及用各种手段公开播送作品的表演的权利。表演的形式可以分为3种:a. 舞台表演,即在舞台上直接面对观众的现场表演,如朗诵、演奏、演唱、舞蹈等;b. 机械表演,即借助技术设备将舞台表演传播给现场以外的观众,如表演实况转播;c. 复制表演,即将舞台表演复制在物质载体上发行。需要注意的是,表演权和邻接权中的表演者权不同,详见下文邻接权部分。

③放映权:是通过放映机、幻灯机等技术设备公开再现美术、摄影、电影和以类似摄制电影的方法创作的作品等的权利。需要注意的是,放映权的客体仅限于美术作品、摄影作品、电影作品和以类似摄制电影的方法创作的作品。

④广播权:是以无线方式公开广播或者传播作品,以有线传播或者转播的

---

① 孙国瑞、郑瑞琨主编:《知识产权法教程》,对外经济贸易大学出版社2007年版,第34~35页。

方式向公众传播广播的作品，以及通过扩音器或者其他传送符号、声音、图像的类似工具向公众传播广播的作品的权利。播放他人未发表的作品，应当取得著作权人的许可，并支付报酬；播放他人已经发表的作品，可以不经著作权人的许可，但应当支付报酬；播放他人已经出版的录音制品，可以不经著作权人的许可，但应当支付报酬。

⑤信息网络传播权：是以有线或者无线方式向公众提供作品，使公众可以在其个人选定的时间和地点获得作品的权利。需要注意的是，广义的信息网络传播权的客体除了作品以外，还包括表演、录音录像制品，后两者分别是邻接权中表演者权、录音录像制作者权的客体。①

3. 邻接权或相关权

邻接权又称为作品传播者权、著作权相关权，是作品的传播者就其传播作品的过程中付出的创造性劳动和投资所享有的权利，包括出版者对其出版的图书和期刊的版式设计享有的权利，表演者对其表演享有的权利，录音录像制作者对其制作的录音录像制品享有的权利，广播电台、电视台对其播放的广播、电视节目享有的权利。②

(1)出版者权

出版者权是我国特有的邻接权。所谓"出版"，是指作品的复制、发行。

①出版者的权利

我国2010年《著作权法》第31条规定了图书出版者的专有出版权，第34条规定了图书、报纸、期刊出版者的修改权，第36条规定了图书、期刊出版者的版式设计权。

➢图书出版者的专有出版权

图书出版者对著作权人交付出版的作品，按照合同约定享有的专有出版权受法律保护，他人不得出版该作品。图书出版合同中约定图书出版者享有专有出版权但没有明确其具体内容的，视为图书出版者享有在合同有效期

---

① 《中华人民共和国著作权法》(2010)，第10条第1款第8~12项、第18条、第43~44条、第47条第6项；《中华人民共和国民法通则》(2009)，第100条。

② 《中华人民共和国著作权法实施条例》(2013)，第26条。

限内和在合同约定的地域范围内以同种文字的原版、修订版出版图书的专有权利。但图书脱销后，图书出版者拒绝重印、再版的，著作权人有权终止合同。

➢图书、报纸、期刊出版者的修改权

图书出版者经作者许可，可以对作品修改、删节；报社、期刊社可以对作品作文字性修改、删节，但对内容的修改应当经作者许可。

➢图书、期刊出版者的版式设计权

出版者有权许可或者禁止他人使用其出版的图书、期刊的版式设计。

②出版者的义务

➢图书出版者出版图书应当和著作权人订立出版合同，并支付报酬；应当按照合同约定的出版质量、期限出版图书，否则应当依法承担民事责任；重印、再版作品的，应当通知著作权人，并支付报酬。

➢出版改编、翻译、注释、整理、汇编已有作品而产生的作品，应当取得改编、翻译、注释、整理、汇编作品的著作权人和原作品的著作权人许可，并支付报酬。

➢出版者行使权利，不得损害被使用作品和原作品著作权人的权利。

➢出版者对其出版行为的授权、稿件来源和署名、所编辑出版物的内容等应当尽到合理注意义务，对著作权人交付出版的作品不得丢失、毁损致使出版合同不能履行。[①]

(2)表演者权

表演者是指演员、演出单位或者其他表演文学、艺术作品的人，表演者权是表演者对其表演享有的权利。

①表演者的权利

根据我国2010年《著作权法》第38条第1款规定，表演者对其表演享有下列权利：

---

① 《中华人民共和国著作权法》(2010)，第30～32条、第34～36条、第58条；《中华人民共和国著作权法实施条例》(2013)，第27～28条；《最高人民法院关于审理著作权民事纠纷案件适用法律若干问题的解释》(2002)，第20条、第23条。

➢表明表演者身份；

➢保护表演形象不受歪曲；

➢许可他人从现场直播和公开传送其现场表演，并获得报酬；

➢许可他人录音录像，并获得报酬；

➢许可他人复制、发行录有其表演的录音录像制品，并获得报酬；

➢许可他人通过信息网络向公众传播其表演，并获得报酬。

②表演者的义务

➢使用他人作品演出，表演者（演员、演出单位）应当取得著作权人许可，并支付报酬。演出组织者组织演出，由该组织者取得著作权人许可，并支付报酬。

➢使用改编、翻译、注释、整理已有作品而产生的作品进行演出，应当取得改编、翻译、注释、整理作品的著作权人和原作品的著作权人许可，并支付报酬。

➢表演者行使权利，不得损害被使用作品和原作品著作权人的权利。①

（3）录音录像制作者权

所谓录音录像制作者，是指录音制品、录像制品的首次制作人，其中，录音制品是指任何对表演的声音和其他声音的录制品，录像制品是指电影作品和以类似摄制电影的方法创作的作品以外的任何有伴音或者无伴音的连续相关形象、图像的录制品。录音录像制作者权是录音录像制作者对其制作的录音录像制品享有的权利。

①录音录像制作者的权利

根据我国2010年《著作权法》第42条第1款规定，录音录像制作者对其制作的录音录像制品，享有许可他人复制、发行、出租、通过信息网络向公众传播并获得报酬的权利。

②录音录像制作者的义务

➢录音录像制作者使用他人作品制作录音录像制品，应当取得著作权人许可，并支付报酬。

① 《中华人民共和国著作权法》（2010），第37条、第38条第1款；《中华人民共和国著作权法实施条例》（2013），第5条第6项、第26～27条。

➢录音录像制作者使用改编、翻译、注释、整理已有作品而产生的作品，应当取得改编、翻译、注释、整理作品的著作权人和原作品著作权人许可，并支付报酬。

➢录音制作者使用他人已经合法录制为录音制品的音乐作品制作录音制品，可以不经著作权人许可，但应当按照规定支付报酬；著作权人声明不许使用的不得使用。

➢录音录像制作者制作录音录像制品，应当同表演者订立合同，并支付报酬。

➢录音录像制作者行使权利，不得损害被使用作品和原作品著作权人的权利。①

(4)广播电视组织权

广播电视组织包括广播电台、电视台，广播电视组织权是广播电台、电视台对其播放的广播、电视节目享有的权利。

①广播电视组织的权利

根据我国2010年《著作权法》第45条第1款规定，广播电台、电视台有权禁止未经其许可的下列行为：

➢将其播放的广播、电视转播；

➢将其播放的广播、电视录制在音像载体上以及复制音像载体。

②广播电视组织的义务

➢广播电台、电视台播放他人未发表的作品，应当取得著作权人许可，并支付报酬；播放他人已发表的作品，可以不经著作权人许可，但应当支付报酬；播放已经出版的录音制品，可以不经著作权人许可，但应当支付报酬(当事人另有约定的除外)。

➢电视台播放他人的电影作品和以类似摄制电影的方法创作的作品、录像制品，应当取得制片者或者录像制作者许可，并支付报酬；播放他人的录像制品，还应当取得著作权人许可，并支付报酬。

---

①《中华人民共和国著作权法》(2010)，第40～41条、第42条第1款；《中华人民共和国著作权法实施条例》(2013)，第5条第2～5项、第26～27条。

➢广播电台、电视台行使权利,不得损害被使用作品和原作品著作权人的权利。①

(五)著作权的限制

1. 著作权的保护期

著作权的保护期是指著作权受法律保护的时间界限。法律只在一定的期限内对著作权给予保护,超过一定的期限,有关作品就成为社会公共财富,任何人都可以自由、无偿地使用。著作权的性质、主体和作品性质不同,其保护期限有所不同:

(1)作者的署名权、修改权、保护作品完整权的保护期不受限制。作者死亡后,其著作权中的署名权、修改权和保护作品完整权由作者的继承人或者受遗赠人保护;著作权无人继承又无人受遗赠的,其署名权、修改权和保护作品完整权由著作权行政管理部门保护。

(2)公民的作品,其发表权、复制权、发行权、出租权、展览权、表演权、放映权、广播权、信息网络传播权、摄制权、改编权、翻译权、汇编权、注释权与整理权等权利的保护期为作者终生及其死亡后50年,截至作者死亡后第50年的12月31日;如果是合作作品,截至最后死亡的作者死亡后第50年的12月31日。

(3)法人或者其他组织的作品、著作权(署名权除外)由法人或者其他组织享有的职务作品,其发表权、复制权、发行权、出租权、展览权、表演权、放映权、广播权、信息网络传播权、摄制权、改编权、翻译权、汇编权、注释权与整理权等权利的保护期为50年,截至作品首次发表后第50年的12月31日,但作品自创作完成后50年内未发表的,法律不再保护。

(4)电影作品和以类似摄制电影的方法创作的作品、摄影作品,其发表权、复制权、发行权、出租权、展览权、表演权、放映权、广播权、信息网络传播权、摄制权、改编权、翻译权、汇编权、注释权与整理权等权利的保护期为50年,截至作品首次发表后第50年的12月31日,但作品自创作完成后50年内未发表的,法律不再保护。

---

① 《中华人民共和国著作权法》(2010),第43条、第44条、第45条第1款、第46条;《中华人民共和国著作权法实施条例》(2013),第26~27条。

（5）作者身份不明的作品，其复制权、发行权、出租权、展览权、表演权、放映权、广播权、信息网络传播权、摄制权、改编权、翻译权、汇编权、注释权与整理权等权利的保护期截至作品首次发表后第50年的12月31日。

（6）图书、期刊出版者许可或者禁止他人使用其出版的图书、期刊的版式设计权的保护期为10年，截至使用该版式设计的图书、期刊首次出版后第10年的12月31日。

（7）表演者的表明其身份、保护其表演形象不受歪曲的权利保护期不受限制；表演者的许可他人从现场直播和公开传送其现场表演并获得报酬，许可他人录音录像并获得报酬，许可他人复制、发行录有其表演的录音录像制品并获得报酬，许可他人通过信息网络向公众传播其表演并获得报酬等，其权利保护期为50年，截至该表演发生后第50年的12月31日。

（8）录音录像制作者的许可他人复制、发行、出租、通过信息网络向公众传播并获得报酬的权利保护期为50年，截至该制品首次制作完成后第50年的12月31日。

（9）广播电台、电视台的转播、录制和复制等权利的保护期为50年，截至该广播、电视首次播放后第50年的12月31日。①

2.作品的合理使用

合理使用是指在法律规定的具体的特殊情况下，基于正当目的而使用他人的作品，只要尊重作者的精神权利，不影响该作品的正常使用，也没有不合理地损害著作权人的合法利益，就可以既不必经过著作权人的许可，又不必向其支付报酬。我国2010年《著作权法》第22条规定的合理使用的具体情形如下：

（1）为个人学习、研究或者欣赏，使用他人已经发表的作品。其中，“已经发表的作品”是指著作权人自行或者许可他人公之于众的作品。

（2）为介绍、评论某一作品或者说明某一问题，在作品中适当引用他人已经发表的作品。

---

① 《中华人民共和国著作权法》（2010），第20～21条、第36条、第39条、第42条第1款、第45条第2款；《中华人民共和国著作权法实施条例》（2013），第15条、第18条。

(3)为报道时事新闻,在报纸、期刊、广播电台、电视台等媒体中不可避免地再现或者引用已经发表的作品。其中,“时事新闻”是指通过报纸、期刊、广播电台、电视台等媒体报道的单纯事实消息。

(4)报纸、期刊、广播电台、电视台等媒体刊登或者播放其他报纸、期刊、广播电台、电视台等媒体已经发表的关于政治、经济、宗教问题的时事性文章,但作者声明不许刊登、播放的除外。

(5)报纸、期刊、广播电台、电视台等媒体刊登或者播放在公众集会上发表的讲话,但作者声明不许刊登、播放的除外。

(6)为学校课堂教学或者科学研究,翻译或者少量复制已经发表的作品,供教学或者科研人员使用,但不得出版发行。其中,“学校课堂教学”专指面授教学,不包括函授、刊授、广播电视大学、互联网上的远程教育和带有营利性的培训班等。

(7)国家机关为执行公务在合理范围内使用已经发表的作品。其中,“国家机关”是指国家立法机关、司法机关、行政机关、军事机关等,不得作任何扩大的解释。

(8)图书馆、档案馆、纪念馆、博物馆、美术馆等为陈列或者保存版本的需要,复制本馆收藏的作品。其中,“本馆收藏的作品”包括已经发表和未发表的作品,其复制不得用于借阅、出租、出售、出版、广播或上网。

(9)免费表演已经发表的作品,该表演未向公众收取费用,也未向表演者支付报酬。需要注意的是,免费表演过程中应当指明表演作品的名称、作者的姓名。

(10)对设置或者陈列在室外公共场所的艺术作品进行临摹、绘画、摄影、录像。其中,“室外公共场所的艺术作品”是指设置或者陈列在室外社会公众活动处所的雕塑、绘画、书法等艺术作品。①

(11)将我国公民、法人或其他组织已经发表的以汉语言文字创作的作品

---

①　《中华人民共和国著作权法》(2010),第5条第1项、第22条;《中华人民共和国著作权法实施条例》(2013),第20条;《最高人民法院关于审理著作权民事纠纷案件适用法律若干问题的解释》(2002),第18条。

翻译成少数民族语言文字作品在国内出版发行。需要注意的是，翻译的作品不包括外国人的作品、电影电视等文字以外的作品。

(12)将已经发表的作品改成盲文出版。需要注意的是，盲文的翻译人应当享有新的独立的著作权。

另外，以上对他人作品著作权合理使用的情形，同样适用于对出版者、表演者、录音录像制作者、广播电台、电视台的权利的限制。

3. 作品的法定许可

法定许可是指在法律规定的具体的特殊情况下，基于正当目的而使用他人的作品，可以不必经过著作权人的许可，但应当向其支付报酬，且要尊重作者的精神权利，不影响该作品的正常使用，也不得不合理地损害著作权人的合法利益。

合理使用和法定许可的共同点主要在于使用他人作品均无须征得权利人的许可，其区别表现在：(1)法定许可的使用者只能是表演者、录音制作者、广播电视台和报社，而合理使用无主体范围的限制；(2)法定许可须向权利人支付报酬，而合理使用无须支付报酬；(3)适用法定许可时，若权利人声明不许使用的则不得使用，而合理使用无此条件的限制。

法定许可的具体情形如下：

(1)为实施九年制义务教育和国家教育规划而编写出版教科书，除作者事先声明不许使用的外，可以不经著作权人许可，在教科书中汇编已经发表的作品片段或者短小的文字作品、音乐作品或者单幅的美术作品、摄影作品，但应当按照规定支付报酬，指明作者姓名、作品名称，并且不得侵犯著作权人依照本法享有的其他权利。这种情形同样适用于对出版者、表演者、录音录像制作者、广播电台、电视台的权利的限制。

(2)著作权人向报社、期刊社投稿的，作品刊登后，除著作权人声明不得转载、摘编的外，其他报刊可以转载或者作为文摘、资料刊登，但应当按照规定向著作权人支付报酬。其中，“转载”是指报纸、期刊登载其他报刊已发表作品的行为。

(3)除著作权人声明不许使用的以外，录音制作者使用他人已经合法录制为录音制品的音乐作品制作录音制品，可以不经著作权人许可，但应当按照规定支付报酬。

(4)广播电台、电视台播放他人已发表的作品，可以不经著作权人许可，但应当支付报酬。但是，电视台播放他人的电影作品和以类似摄制电影的方法创作的作品、录像制品，应当取得制片者或者录像制作者许可，并支付报酬；播放他人的录像制品，还应当取得著作权人许可，并支付报酬。

(5)广播电台、电视台播放已经出版的录音制品，可以不经著作权人许可，但应当支付报酬。当事人另有约定的除外。①

二、专利权

(一)专利权的概念

1. 专利权的含义

我国“专利”一词很早就出现了。在《国语》中有“荣公好专利”“匹夫专利，犹谓之盗”等用法，但其中的“专利”一词没有“公开”“显著”之意，仅有独占、垄断之意。尽管如此，“专利”一词在我国的使用已经相当广泛和久远，逐渐成为具有专门法律意义的概念。但在不同的条件下，“专利”一词具有四种不同的含义：

(1)专利是专利权的简称，即发明人或设计人或者其权利继受者将发明创造向国家专利主管机关提出专利申请，并按照审查程序要求将申请专利的发明创造公之于众，经依法审查合格后，享有在规定的时间内对其发明创造的独占实施权。

(2)专利是指受专利法保护的发明创造，即专利的客体。根据我国2008年《专利法》第2条第1款规定，受专利法保护的发明创造包括发明、实用新型和外观设计。

(3)专利是指政府主管部门依据申请人申请而颁发的，说明被授予专利的发明创造是什么、专利权人是谁的用来保护该发明的文件，即专利证书。

---

① 《中华人民共和国著作权法》(2010)，第23条、第33条第2款、第40条第3款、第43条第2款、第44条、第46条；《最高人民法院关于审理著作权民事纠纷案件适用法律若干问题的解释》(2002)，第17条。

(4)专利是指记载着授予专利权的发明创造之说明书及其摘要、权利要求书、表示外观设计的图片或照片等,即专利文献。

2. 专利权的特征

(1)独占性

专利权的独占性表现为两个方面。第一,同样的发明创造只能被授予一项专利权。如两人出于巧合先后独立完成了相同的发明创造,而其中一人先申请并获得了专利权,则另一人不能获得专利权。即使因疏忽或者其他原因,相同的发明创造被授予了专利权,也会被宣告无效。即使一项专利权丧失了法律效力,相同的发明创造也不能取得专利权。第二,专利权被授予后,完全置于专利权人的控制之下,除法律另有规定的以外,任何单位或者个人未经专利权人许可,都不得实施其专利,即不得为生产经营目的制造、使用、许诺销售、销售、进口其专利产品,或者使用其专利方法以及使用、许诺销售、销售、进口依照该专利方法直接获得的产品。①

(2)公开性

发明人、设计人要想获得专利权,必须向社会公开其技术方案或设计。我国2008年《专利法》对发明专利实行"早期公开、迟延审查"制度,申请专利的技术方案自申请起满18个月即会向社会公开,而此后该申请完全有可能因不符合新颖性、创造性或实用性的要求而被驳回,导致申请人既无法将该技术方案作为商业秘密保护,也无法再次就相同的技术方案申请专利。这种近乎苛刻的公开性是与专利权近乎绝对的独占性相适应的,法律要求发明创造人以向社会公开其技术方案来换取专利权。这样,其他人虽然不能未经许可实施受到专利保护的技术,但却可以从公开的技术方案中获得技术信息和启示,从而促进技术的进步与发展。

(3)法定性

专利权不能自动取得,而是基于专利申请人依据法律规定向国家专利机关提出专利申请,由国家专利机关依照法定程序进行审查,确认其符合法律规

① 《中华人民共和国专利法》(2008),第11条。

定的授权条件之后,才能被授予专利权。这一特征也是与专利权近乎绝对的独占性相适应的。如果不依法提出申请、接受审查、获取授权,无论多么重大的发明创造,都不能自然受到近乎绝对的独占性的专利保护,而是进入人人都可以随意使用的公共领域。如果专利权也像著作权那样在发明创造完成之时就自动产生,在无法确认技术方案能够对社会产生重大利益的情况下就使发明创造人获得近乎绝对的市场垄断权,无疑对他人和社会是不公平的。①

(二)专利权的客体

专利权的客体是指专利权人的权利和义务所共同指向的对象,即专利。在美国、欧洲、日本等多数国家和地区,专利专指发明;而在我国,专利包括发明、实用新型和外观设计。

1. 发明

(1)发明的概念和特征

发明是指对产品、方法或者其改进所提出的新的技术方案。发明具有以下特征:

①必须利用自然规律。发明中的技术方案是对要解决的技术问题所采取的利用了自然规律的技术手段的集合,科学发现、智力活动的规则和方法由于未采用技术手段解决技术问题,以获得符合自然规律的技术效果的方案,不属于专利法意义上的发明。

②必须是具体技术方案。发明必须是采用技术手段解决特定技术问题并能产生一定技术效果的具体技术方案,要求清楚、完整,充分公开其技术内容,对所属领域普通技术人员来说能够实现。

③必须包含技术创新。发明必须具有新颖性和创造性。新颖性要求发明与现有技术和抵触申请不同,创造性要求这种不同必须达到一定高度。②

(2)发明的种类

①按照发明的对象或载体分类,发明可分为产品发明和方法发明。a. 产品

---

① 王迁:《知识产权法教程》,中国人民大学出版社2007年版,第327~329页。

② 《中华人民共和国专利法》(2008),第2条第2款、第22条、第25~26条;国家知识产权局:《专利审查指南》(2019),第2部分第1章第2节、第4.1~4.2节,第2章第2.2.4节。

发明;关于新产品或新物质的发明,可以细分为物品发明、物质发明和材料发明;b. 方法发明:为解决某特定技术问题而采用的手段和步骤的发明,包括制作方法发明、化学方法发明、生物方法发明和其他的方法发明。

②根据发明与现有技术之间的区别分类,发明可分为开拓性发明和改进性发明。a. 开拓性发明:又称为首创性发明,它是一种全新的技术方案,在技术史上未曾有过先例;b. 改进性发明:指对已有的产品或方法做出实质性技术革新的发明,包括组合发明、选择发明、转用和用途发明以及要素变更的发明。

2. 实用新型

(1)实用新型的概念和特征

实用新型是指对产品的形状、构造或者其结合所提出的适于实用的新的技术方案。其中,产品的形状是指产品所具有的、可以从外部观察到的确定的空间形状,产品的构造是指产品的各个组成部分的安排、组织和相互关系。实用新型具有以下特征:

①必须是一种产品,且应当是经过产业方法制造的,有确定形状、构造且占据一定空间的实体,一切方法以及未经人工制造的自然存在的物品不属于实用新型专利保护的客体;

②必须具有一定形状、构造或者两者结合,不可以是气态、液态、粉末状、颗粒状等不确定的形状,也不可以是物质的分子结构、组分、金相结构。①

(2)实用新型与发明的区别

①创造性要求不同。实用新型的创造性要求低于发明,发明与现有技术相比有突出的实质性特点和显著进步,而实用新型与现有技术相比有实质性特点和进步。

②保护范围和期限不同。实用新型专利的保护范围比发明专利的保护范围窄,后者涵盖产品和方法,但前者仅限于具有形状、构造或者其结合的产品;实用新型专利的保护期限比发明专利的保护期限短,发明专利的保护期限为

---

① 《中华人民共和国专利法》(2008),第 2 条第 3 款;国家知识产权局:《专利审查指南》(2019),第 1 部分第 2 章第 6.1 ~ 6.2 节。

20 年，实用新型专利的保护期限为 10 年。①

③审查程序、期限和费用不同。实用新型专利申请无须进行实质审查，经国务院专利行政部门初步审查认为符合专利法要求即可作出授权决定，审查程序简单、期限较短、费用较低；而发明专利申请要经过初步审查、早期公开和实质审查后才能作出授权决定，审查程序复杂、期限较长、费用较高。②

3. 外观设计

(1)外观设计的概念和特征

外观设计是指对产品的形状、图案或者其结合以及色彩与形状、图案的结合所作出的富有美感并适于工业应用的新设计。其中，形状、图案、色彩称为外观设计要素。外观设计具有以下特征：

①必须以产品为依托，不能重复生产的手工艺品、农产品、畜产品、自然物不能作为外观设计的载体；

②必须是形状、图案或者其结合以及色彩与形状、图案的结合，产品的色彩不能独立构成外观设计，除非产品色彩变化的本身已形成一种图案；

③必须是适合于工业上应用的新设计。能够应用于产业上并形成批量生产，且不属于现有设计和抵触设计；

④必须富有美感，关注产品的外观给人的视觉感受，而不是产品的功能特性或者技术效果。③

(2)外观设计与立体商标、实用美术作品

①外观设计与立体商标。二者之间的联系在于可以相互转换，即外观设计可以作为立体商标注册，立体商标也可以申请外观设计专利。二者之间的区别在于：a. 实质要件不同，外观设计的实质要件包括新颖性、创造性、不与在先权利相冲突，而立体商标的实质要件只是显著性或识别性，相对要低一些；b. 附加要求不同，外观设计必须以产品为载体，且能够批量生产，而立体商标

---

① 《中华人民共和国专利法》(2008)，第 22 条第 3 款、第 42 条。

② 管荣齐：《对实用新型实质条件改革的思考》，载《知识产权》2015 年第 9 期。

③ 《中华人民共和国专利法》(2008)，第 2 条第 4 款；国家知识产权局：《专利审查指南》(2019)，第 1 部分第 3 章第 7.1 ~ 7.3 节。

没有这些附加要求。

②外观设计与实用美术作品。二者之间的联系在于实用美术作品既可以获得外观设计专利保护,也可以获得著作权保护。二者之间的区别在于:a. 实质要件不同,外观设计的实质要件包括新颖性、创造性、不与在先权利相冲突,而实用美术作品的实质要件只是独创性,相对要低一些;b. 关注重点不同,外观设计的关注重点是其实用性,而实用美术作品的关注重点是其艺术性。

4. 排除的客体

(1)不符合相应发明创造的定义

①不符合发明定义的客体

➢申请文件仅描述某些技术指标、优点和效果,而对解决技术问题的技术方案未作任何描述,甚至未描述任何技术内容;

➢未采用技术手段解决技术问题,以获得符合自然规律的技术效果的方案;

➢气味或者诸如声、光、电、磁、波等信号或者能量。

②不符合实用新型定义的客体

➢一切方法以及未经人工制造的自然存在的物品;

➢权利要求中既包含形状、构造特征,又包含对方法本身提出的改进;

➢以生物的或自然形成的形状作为产品的形状特征,或者无确定形状的产品;

➢以物质的分子结构、组分、金相结构等为构造特征的产品;

➢权利要求中既包含形状、构造特征,又包含对材料本身提出的改进;

➢未采用技术手段解决技术问题,以获得符合自然规律的技术效果的方案;

➢产品的形状以及表面的图案、色彩或者其结合的新方案,没有解决技术问题。

③不符合外观设计定义的客体

➢取决于特定地理条件、不能重复再现的固定建筑物、桥梁等。例如,包括特定的山水在内的山水别墅。

➢因其包含有气体、液体及粉末状等无固定形状的物质而导致其形状、图案、色彩不固定的产品。

➢产品的不能分割或者不能单独出售且不能单独使用的局部设计，例如袜跟、帽檐、杯把等。

➢对于由多个不同特定形状或者图案的构件组成的产品，如果构件本身不能单独出售且不能单独使用，则该构件不属于外观设计专利保护的客体。例如，一组由不同形状的插接块组成的拼图玩具，只有将所有插接块共同作为一项外观设计申请时，才属于外观设计专利保护的客体。

➢不能作用于视觉或者肉眼难以确定，需要借助特定的工具才能分辨其形状、图案、色彩的物品。例如，其图案是在紫外灯照射下才能显现的产品。

➢要求保护的外观设计不是产品本身常规的形态，例如手帕扎成动物形态的外观设计。

➢以自然物原有形状、图案、色彩作为主体的设计，通常指两种情形：一种是自然物本身；另一种是自然物仿真设计。

➢纯属美术、书法、摄影范畴的作品。

➢仅以在其产品所属领域内司空见惯的几何形状和图案构成的外观设计。

➢文字和数字的字音、字义不属于外观设计保护的内容。

➢产品通电后显示的图案。例如，电子表表盘显示的图案、手机显示屏上显示的图案、软件界面等。

(2)违反公序良俗

①违反法律的发明创造。在这里，法律是指由全国人民代表大会或者全国人民代表大会常务委员会依照立法程序制定和颁布的法律，不包括行政法规和规章。如果发明创造与法律相违背的，则不能被授予专利权。但是，发明创造本身并没有违反法律，只是由于其被滥用而违反法律的，例如用于医疗的各种毒药、麻醉品、镇静剂、兴奋剂和用于娱乐的棋牌等；仅其实施即产品的生产、销售或使用受到法律的限制或约束的，例如用于国防的各种武器的生产、销售及使用，则该产品及其制造方法都不属于违反法律的发明创造。

②违反社会公德的发明创造。社会公德是指公众普遍认为是正当的、并

被接受的伦理道德观念和行为准则,其内涵基于一定的文化背景,随着时间的推移和社会的进步不断地发生变化,而且因地域不同而各异。发明创造与社会公德相违背的,不能被授予专利权,例如,带有暴力凶杀或者淫秽的图片或者照片的外观设计,非医疗目的的人造性器官或者其替代物,人与动物交配的方法,改变人生殖系遗传同一性的方法或改变了生殖系遗传同一性的人,克隆的人或克隆人的方法,人工胚胎的工业或商业目的的应用,可能导致动物痛苦而对人或动物的医疗没有实质性益处的改变动物遗传同一性的方法等。

③妨害公共利益的发明创造。妨害公共利益是指发明创造的实施或使用会给公众或社会造成危害,或者会使国家和社会的正常秩序受到影响。如果发明创造妨害公共利益的,则不能被授予专利权,例如,发明创造以致人伤残或损害财物为手段的,发明创造的实施或使用会严重污染环境、严重浪费能源或资源、破坏生态平衡、危害公众健康的,专利申请的文字或者图案涉及国家重大政治事件或宗教信仰、伤害人民感情或民族感情或者宣传封建迷信的。但是,如果发明创造因滥用而可能造成妨害公共利益的,或者发明创造在产生积极效果的同时存在某种缺点的,例如对人体有某种副作用的药品,则不能以“妨害公共利益”为理由拒绝授予专利权。

④非法获取或利用遗传资源的发明创造。如果遗传资源的获取或者利用未按照有关法律、行政法规的规定事先获得有关行政管理部门的批准或者相关权利人的许可,并利用了该遗传资源对其遗传功能单位进行分离、分析、处理等而完成的发明创造,则不能被授予专利权。其中,遗传资源是指取自人体、动物、植物或者微生物等含有遗传功能单位并具有实际或者潜在价值的材料。例如,某发明创造的完成依赖于我国向境外出口的列入我国畜禽遗传资源保护名录的某畜禽遗传资源,未按照《畜牧法》和《畜禽遗传资源进出境和对外合作研究利用审批办法》的规定办理相关审批手续的,该发明创造不能被授予专利权。[①]

---

① 《中华人民共和国专利法》(2008),第5条;国家知识产权局:《专利审查指南》(2019),第1部分第1章第7.1节、第2章第6节、第3章第6.1节,第2部分第1章第2~3节。

(3)法定排除的客体

①科学发现

科学发现包括科学理论,是对自然界中客观存在的物质、现象、过程、特性和规律的认识,它不同于改造客观世界的技术方案,没有利用自然规律和采用技术手段以解决技术问题,不是专利法意义上的发明创造,因此不能被授予专利权。例如,从自然界找到一种以前未知的以天然形态存在的物质,仅仅是一种发现,而不能被授予专利权。

另外,发明和发现虽有本质不同,但很多发明是建立在发现的基础之上的,进而发明又促进了发现。发明与发现的这种密切关系在化学物质的"用途发明"上表现最为突出,当发现某种化学物质的特殊性质之后,利用这种性质的"用途发明"则应运而生。

②智力活动的规则和方法

智力活动的规则和方法是指导人们进行思维、表述、判断和记忆的规则和方法,由于其没有采用技术手段或者利用自然规律,也未解决技术问题和产生技术效果,因而不构成技术方案,不能被授予专利权。例如,生产管理制度,体育比赛规则,图书分类方法,乐谱、食谱、棋谱,计算机程序本身等。

但是,如果一项发明创造既包含智力活动的规则和方法,又包含技术特征,则该发明创造就整体而言并不是一种智力活动的规则和方法,不应当排除其获得专利权的可能性。

③疾病的诊断和治疗方法

疾病的诊断和治疗方法是指以有生命的人体或者动物体为直接实施对象,进行识别、确定或消除病因或病灶的过程。不授予其专利权的主要原因有二:a. 出于人道主义的考虑和社会伦理的原因,医生在诊断和治疗过程中应当有选择各种方法和条件的自由;b. 这类方法直接以有生命的人体或动物体为实施对象,无法在产业上利用,不属于专利法意义上的发明创造。① 但是,用于实施疾病诊断和治疗方法的仪器或装置,以及在疾病诊断和治疗方法中使用

---

① 管荣齐:《从TPP知识产权谈判审视医疗方法的可专利性》,载《知识产权》2014年第7期。

的物质或材料属于可被授予专利权的客体。

疾病的诊断和治疗方法包括诊断方法和治疗方法。诊断方法是指为识别、研究和确定有生命的人体或动物体病因或病灶状态的过程，例如血压测量法、诊脉法、X 光诊断法、内窥镜诊断法、基因筛查诊断法。诊断方法的构成要件有二：一是以有生命的人体或动物体为对象；二是以获得疾病诊断结果或健康状况为直接目的。治疗方法是指为使有生命的人体或者动物体恢复或获得健康或减少痛苦，进行阻断、缓解或者消除病因或病灶的过程，包括以治疗为目的或者具有治疗性质的各种方法，如以治疗为目的的外科手术方法。

④动物和植物品种

这里的动物和植物不包括人和微生物。动物是指不能自己合成，而只能靠摄取自然的碳水化合物及蛋白质来维系其生命的生物。植物是指可以借助光合作用，以水、二氧化碳和无机盐等无机物合成碳水化合物、蛋白质来维系生存，并通常不发生移动的生物。动物和植物品种可以通过专利法以外的其他法律法规保护，如植物新品种可以通过《植物新品种保护条例》给予保护。

对动物和植物品种的生产方法，可以授予专利权。但这里所说的生产方法是指非生物学的方法，不包括生产动物和植物主要是生物学的方法。一种方法是否属于“主要是生物学的方法”，取决于在该方法中人的技术介入程度。如果人的技术介入对该方法所要达到的目的或者效果起了主要的控制作用或者决定性作用，则这种方法不属于“主要是生物学的方法”。例如，采用辐照饲养法生产高产牛奶的乳牛的方法，改进饲养方法生产瘦肉型猪的方法等属于可被授予发明专利权的客体。

⑤原子核变换方法和用该方法获得的物质

原子核变换方法以及用该方法所获得的物质关系到国家的经济、国防、科研和公共生活的重大利益，不宜为单位或私人垄断，因此不能被授予专利权。

原子核变换方法是指使一个或几个原子核经分裂或者聚合，形成一个或几个新原子核的过程，例如，完成核聚变反应的磁镜阱法、封闭阱法以及实现核裂变的各种方法等。为实现原子核变换而增加粒子能量的粒子加速方法（如电子行波加速法、电子驻波加速法、电子对撞法、电子环形加速法等），为实现核变换方法的各种设备、仪器及其零部件等，均不属于原子核变换方法，可以被授予专利权。

用原子核变换方法所获得的物质，主要是指用加速器、反应堆以及其他核反应装置生产、制造的各种放射性同位素，这些同位素不能被授予发明专利权。但是这些同位素的用途以及使用的仪器、设备属于可被授予专利权的客体。

⑥对平面印刷品的图案、色彩或者二者的结合作出的主要起标识作用的设计

这类外观设计的构成要件有三：a. 使用外观设计的产品属于平面印刷品；b. 该外观设计是针对图案、色彩或者二者的结合而作出的，由于不考虑形状要素，所以任何二维产品的外观设计均可认为是针对图案、色彩或者二者的结合而作出的；c. 该外观设计主要起标识作用，即所述外观设计的主要用途在于使公众识别所涉及的产品、服务的来源等。①

（三）专利权的条件

1. 发明和实用新型的实质条件

（1）新颖性

①新颖性的概念

新颖性是指授予专利权的发明或者实用新型不属于现有技术和抵触申请，其中现有技术是指申请日以前在国内外为公众所知的技术，抵触申请是指申请日以前任何单位和个人就同样的发明或者实用新型向国务院专利行政部门提出、并记载在申请日以后公布的专利申请文件或者公告的专利文件中的专利申请。

②现有技术

现有技术包括在申请日（有优先权的，指优先权日）以前在国内外出版物上公开发表、在国内外公开使用或者以其他方式为公众所知的技术。现有技术应当是在申请日以前公众能够得知的技术内容，即现有技术应当在申请日

---

① 《中华人民共和国专利法》(2008)，第25条；国家知识产权局：《专利审查指南》(2019)，第1部分第3章第6.2节、第2部分第1章第4节。

以前处于能够为公众获得的状态，并包含能够使公众从中得知实质性技术知识的内容。处于保密状态的技术内容不属于现有技术，其中保密状态包括受保密规定或协议约束的情形，还包括社会观念或者商业习惯上被认为应当承担保密义务的情形，即默契保密的情形。然而，如果负有保密义务的人违反规定、协议或者默契泄露秘密，导致技术内容公开，使公众能够得知这些技术，这些技术也就构成了现有技术的一部分。

a. 现有技术的时间界限

现有技术的时间界限是申请日，享有优先权的，则指优先权日。广义上说，申请日以前公开的技术内容都属于现有技术，但申请日当天公开的技术内容不包括在现有技术范围内。

b. 现有技术的公开方式

现有技术公开方式包括出版物公开、使用公开和以其他方式公开三种，均无地域限制。

专利法意义上的出版物是指记载有技术或设计内容的独立存在的传播载体，并且应当表明或者有其他证据证明其公开发表或出版的时间。符合这一含义的出版物可以是各种印刷的、打字的纸件，如杂志、书籍、专业文献等，也可以是用电、光、磁、照相等方法制成的视听资料，例如胶片、磁带、光盘等，还可以是以其他形式存在的资料，例如存在于互联网或其他在线数据库中的资料等。出版物不受地理位置、语言、获得方式和年代的限制，其出版发行量多少、是否有人阅读过、申请人是否知道是无关紧要的。但是，印有“内部资料”“内部发行”等字样的出版物，确系在特定范围内发行并要求保密的，不属于公开出版物。除非有其他证据证明，出版物的印刷日视为公开日，只写明年月或者年份的以所写月份的最后一日或者所写年份的 12 月 31 日为公开日。

使用公开是指由于使用而导致技术方案的公开，或者导致技术方案处于公众可以得知的状态，包括能够使公众得知其技术内容的制造、使用、销售、进口、交换、馈赠、演示、展出等方式。只要通过上述方式使有关技术内容处于公众想得知就能够得知的状态，就构成使用公开，而不取决于是否有公众得知。但是，未给出任何有关技术内容的说明，以致所属技术领域的技术人员无法得知其结构和功能或材料成分的产品展示,不属于使用公开。如果使用公开的是一种产品,即使所使用的产品或者装置需要经过破坏才能够得知其结构和功能,也仍然属于使用公开。此外,使用公开还包括放置在展台上、橱窗内公众可以阅读的信息资料及直观资料,例如招贴画、图纸、照片、样本、样品等。使用公开是以公众能够得知该产品或者方法之日为公开日。

为公众所知的其他方式,主要是指口头公开等。例如,口头交谈、报告、讨论会发言、广播、电视、电影等能够使公众得知技术内容的方式。口头交谈、报告、讨论会发言以其发生之日为公开日。公众可接收的广播、电视或电影的报道,以其播放日为公开日。

③抵触申请

a. 抵触申请的范围:抵触申请不仅包括国内专利申请,还包括进入了我国国家阶段的国际专利申请,即申请日以前由任何单位或个人提出、并在申请日之后(含申请日)由专利局作出公布或公告的且为同样的发明或实用新型的国际专利申请。其中,同样的发明或实用新型是指技术领域、所解决的技术问题、技术方案和预期效果实质上相同的发明或实用新型。

b. 抵触申请的确定:确定是否存在抵触申请,应当以权利要求书、说明书(包括附图)等专利申请文件的全文内容为准。

c. 抵触申请的时限:抵触申请仅指在申请日以前提出的,不包含在申请日提出的同样的发明或实用新型专利申请。

④优先权

a. 优先权的概念:优先权是指申请人自发明创造第一次提出专利申请之日起的法定期限内,又就相同主题提出的专利申请,视为在第一次申请的申请日提出。其中,"自发明创造第一次提出专利申请之日起的法定期限"称为优先权期限。优先权包括外国优先权和本国优先权。

b. 外国优先权:申请人自发明或实用新型在外国第一次提出专利申请之日起12个月内,或者自外观设计在外国第一次提出专利申请之日起6个月内,又在我国就相同主题提出专利申请的,依照该外国同我国签订的协议或者共同参加的国际条约,或者依照相互承认优先权的原则,可以享有优先权。这种优先权，称为外国优先权。享有外国优先权的专利申请应当满足以下条件：一是申请人就相同主题的发明创造在外国第一次提出专利申请（以下简称外国首次申请）后又在我国提出专利申请（以下简称我国在后申请）；二是就发明和实用新型而言，我国在后申请之日不得迟于外国首次申请之日起 12 个月，就外观设计而言，我国在后申请之日不得迟于外国首次申请之日起 6 个月；三是申请人提出首次申请的国家或政府间组织应当是同我国签有协议或者共同参加国际条约，或者相互承认优先权原则的国家或政府间组织。

c. 本国优先权：申请人就相同主题的发明或者实用新型在我国第一次提出专利申请之日起 12 个月内，又以该发明专利申请为基础向专利局提出发明专利申请或者实用新型专利申请的，或者又以该实用新型专利申请为基础向专利局提出实用新型专利申请或者发明专利申请的，可以享有优先权。这种优先权称为本国优先权。享有本国优先权的专利申请应当满足以下条件：一是只适用于发明或实用新型专利申请；二是申请人就相同主题的发明或实用新型在我国第一次提出专利申请（以下简称我国首次申请）后又向专利局提出专利申请（以下简称我国在后申请）；三是我国在后申请之日不得迟于我国首次申请之日起 12 个月；四是我国首次申请的主题尚未授予专利权，且没有要求过外国优先权或本国优先权，或者虽然要求过外国优先权或本国优先权，但未享有优先权。

d. 优先权声明和撤回：申请人要求优先权的，应当在申请的时候提出书面声明，写明作为优先权基础的首次申请的申请日、申请号和原受理机构名称，并且在 3 个月内提交第一次提出的专利申请文件的副本；未提出书面声明或者逾期未提交专利申请文件副本的，视为未要求优先权。申请人要求优先权之后，可以撤回优先权要求；申请人要求撤回优先权要求的，应当提交全体申请人签字或者盖章的撤回优先权声明。

⑤宽限期

a. 宽限期的含义：是指申请专利的发明创造在公开后至申请日前不丧失新颖性的法定期限。

b. 不丧失新颖性的情形。申请专利的发明创造在申请日以前 6 个月内，有下列情形之一的，不丧失新颖性：一是在我国政府主办或者承认的国际展览会上首次展出，其中“我国政府主办的国际展览会”是指国务院及其各部委主办或者国务院批准由其机关或地方政府举办的国际展览会，“我国政府承认的国际展览会”是指国际展览会公约规定的由国际展览局注册或者认可的国际展览会；二是在规定的学术会议或者技术会议上首次发表，其中“规定的学术会议或者技术会议”是指国务院有关主管部门或者全国性学术团体组织召开的学术会议或者技术会议；三是他人未经申请人同意而泄露发明创造的内容，包括他人未遵守明示或者默示的保密信约而将发明创造的内容公开，也包括他人用威胁、欺诈或者间谍活动等手段从发明人或者申请人那里得知发明创造的内容而后造成的公开。

c. 宽限期的效力：宽限期仅仅是把申请人（包括发明人）的某些公开，或者第三人从申请人或发明人那里以合法手段或者不合法手段得来的发明创造的某些公开，认为是不损害该专利申请新颖性的公开。实际上，发明创造公开以后已经成为现有技术，从公开之日至提出申请的期间，如果第三人独立地作出了同样的发明创造，而且在申请人提出专利申请以前提出了专利申请，那么根据先申请原则，申请人就不能取得专利权，同时由于申请人（包括发明人）的公开，使该发明创造成为现有技术，故第三人的申请没有新颖性，也不能取得专利权。另外，在宽限期内，申请人提出申请之前，发明创造再次被公开的，如果该公开不属于不丧失新颖性的三种情形，则该申请将由于此在后公开而丧失新颖性；如果再次公开属于不丧失新颖性的三种情形的，该申请不会因此而丧失新颖性，但宽限期自发明创造的第一次公开之日起计算。

d. 宽限期的证据：申请人要求不丧失新颖性宽限期的，应当在提出申请时在请求书中声明，并在自申请日起两个月内提交证明材料。申请人未按照规定提出声明和提交证明文件的，其申请不能享受新颖性宽限期。对宽限期的适用发生争议时，主张宽限期效力的一方有责任举证或者作出使人信服的说明。①

---

① 《中华人民共和国专利法》(2008)，第22条第2款、第22条第5款、第24条、第29～30条；国家知识产权局：《专利审查指南》(2019)，第1部分第1章第6.2节、第6.3节，第2部分第3章第2.1节、第2.2节、第3.1节、第4～5节。

(2)创造性

①创造性的概念

创造性是指与现有技术相比,该发明具有突出的实质性特点和显著的进步,该实用新型具有实质性特点和进步。[①] 其中,发明具有突出的实质性特点,实用新型具有实质性特点,是指对所属技术领域的技术人员来说,发明或实用新型相对于现有技术是非显而易见的;发明具有显著的进步,实用新型具有进步,是指发明或实用新型与现有技术相比能够产生有益的技术效果。

②创造性的要素

创造性的要素主要有现有技术、技术领域、技术人员、技术启示和技术效果。

a. 现有技术

关于现有技术的含义、时间界限、公开方式,已经在新颖性部分详述,在此不再重述。需要注意的是,用以判断创造性、新颖性的现有技术的范围不同,判断新颖性的现有技术不受技术领域的限制,而判断创造性的现有技术必须属于相同或相关技术领域。

b. 技术领域

发明创造的技术方案所属或相关的技术领域,是判断创造性必须首先界定的要素。技术领域往往与发明创造在国际专利分类表中可能分入的最低位置有关。按照国际专利分类表确定技术领域的步骤如下:第一,查阅国际专利分类表每个部开始部分的"部的内容"栏,按类名选择可能的分部和大类;第二,阅读所选定分部和大类下面的类名,从中选择最适合于覆盖检索的主题内容的小类;第三,参看小类开始部分的"小类索引",阅读大组完整的类名及附注和参见,选择最适合于覆盖检索的主题的大组;第四,阅读所选择的大组下面全部带一个圆点的小组,确定一个最适合于覆盖检索的主题的小组,如果该小组有附注和参见部分,则应当根据它们考虑其他分类位置,以便找到一个或者多个更适合于检索的主题的分类位置;第五,选择带一个以上圆点的,但仍

---

① 《中华人民共和国专利法》(2008),第22条第3款。

旧覆盖检索的主题的小组;第六,用上述方法考虑同一小类中可能的其他大组或小组,以及通过步骤二选择的其他小类。

c.技术人员

发明是否具备创造性,应当基于所属技术领域的技术人员的知识和能力进行评价。所属技术领域的技术人员,也可称为本领域的技术人员,是指一种假设的"人",假定他知晓申请日或者优先权日之前发明所属技术领域所有的普通技术知识,能够获知该领域中所有的现有技术,并且具有应用该日期之前常规实验手段的能力,但他不具有创造能力。如果所要解决的技术问题能够促使本领域的技术人员在其他技术领域寻找技术手段,他也应具有从该其他技术领域中获知该申请日或优先权日之前的相关现有技术、普通技术知识和常规实验手段的能力。

d.技术启示

现有技术整体上是否存在某种技术启示,是指现有技术中是否给出将发明创造的区别特征应用到最接近的现有技术以解决其存在的技术问题(发明实际解决的技术问题)的启示,这种启示会使本领域的技术人员在面对所述技术问题时,有动机改进该最接近的现有技术并获得要求保护的发明。如果现有技术存在这种技术启示,则发明是显而易见的,不具有突出的实质性特点。下述情况,通常认为现有技术中存在上述技术启示:一是所述区别特征为公知常识;二是所述区别特征为与最接近的现有技术相关的技术手段;三是所述区别特征为另一份对比文件中披露的相关技术手段,该技术手段在该对比文件中所起的作用与该区别特征在要求保护的发明中为解决该重新确定的技术问题所起的作用相同。

e.技术效果

技术效果主要包括有益的技术效果和预料不到的技术效果。只要与现有技术相比能够产生有益的技术效果,就表明发明具有创造性之显著的进步,实用新型具有创造性之进步。以下情况,通常应当认为发明具有有益的技术效果:一是发明或实用新型与现有技术相比具有更好的技术效果,例如,质量改善、产量提高、节约能源、防治环境污染等;二是发明或实用新型提供了一种技术构思不同的技术方案，其技术效果能够基本上达到现有技术的水平；三是发明或实用新型代表某种新技术发展趋势；四是尽管发明或实用新型在某些方面有负面效果，但在其他方面具有明显积极的技术效果。

预料不到的技术效果是判断创造性时需考虑的其他因素之一。发明创造取得了预料不到的技术效果，是指发明创造同现有技术相比，其技术效果产生"质"的变化，具有新的性能；或者产生"量"的变化，超出人们预期的想象。这种"质"的或者"量"的变化，对所属领域普通技术人员来说，事先无法预测或者推理出来。当发明创造产生了预料不到的技术效果时，一方面说明发明创造具有显著的进步，另一方面也反映出发明创造的技术方案是非显而易见的，具有突出的实质性特点，该发明创造具备创造性。但是，如果以通常方法可以判断出发明创造的技术方案对本领域的技术人员来说是非显而易见的，且能够产生有益的技术效果，则发明创造具有突出的实质性特点和显著的进步，具备创造性，此种情况不应强调发明创造是否具有预料不到的技术效果。

③创造性的判断

a. 判断原则

➢整体判断原则。在评价发明创造是否具备创造性时，不仅要考虑发明创造的技术方案本身，还要考虑发明创造所属技术领域、所解决的技术问题和所产生的技术效果，将发明创造作为一个整体看待。

➢多项对比原则。与新颖性"单独对比"的判断原则不同，判断创造性时，将一份或者多份现有技术中的不同的技术内容组合在一起对要求保护的发明创造进行评价。

➢避免"事后诸葛亮"原则。判断创造性时，由于是在了解了发明创造内容之后才作出判断，因而容易对创造性估计偏低，从而犯"事后诸葛亮"的错误。应当牢记的是，创造性评价是由所属领域普通技术人员依据申请日以前的现有技术与发明创造进行比较而作出的，以减少和避免主观因素的影响。

b. 判断方法

判断要求保护的发明创造相对于现有技术是否显而易见，通常可按照以下三个步骤进行：

➢确定最接近的现有技术。最接近的现有技术,是指现有技术中与要求保护的发明创造最密切相关的一个技术方案,例如可以是,与要求保护的发明创造技术领域相同,所要解决的技术问题、技术效果或者用途最接近和/或公开了发明创造的技术特征最多的现有技术,或者虽然与要求保护的发明创造技术领域不同,但能够实现发明创造的功能,并且公开发明创造的技术特征最多的现有技术。应当注意的是,在确定最接近的现有技术时,应首先考虑技术领域相同或相近的现有技术。

➢确定发明创造的区别特征和发明创造实际解决的技术问题。首先应当分析要求保护的发明创造与最接近的现有技术相比有哪些区别特征,然后根据该区别特征所能达到的技术效果确定发明创造实际解决的技术问题。发明创造实际解决的技术问题是指为获得更好的技术效果而需对最接近的现有技术进行改进的技术任务,可能不同于说明书中所描述的技术问题,且要依据每项发明创造的具体情况而定。作为一个原则,发明创造的任何技术效果都可以作为确定发明创造实际解决的技术问题的基础,只要本领域的技术人员从该申请说明书中所记载的内容能够得知该技术效果即可。

➢判断要求保护的发明创造对本领域的技术人员来说是否显而易见。在该步骤中,要从最接近的现有技术和发明创造实际解决的技术问题出发,判断要求保护的发明创造对本领域的技术人员来说是否显而易见。判断过程中,要确定的是现有技术整体上是否存在某种技术启示。

c. 需考虑的其他因素

➢发明创造解决了人们一直渴望解决但始终未能获得成功的技术难题。如果发明创造解决了人们一直渴望解决但始终未能获得成功的技术难题,这种发明创造具有突出的实质性特点和显著的进步,具备创造性。

➢发明创造克服了技术偏见。技术偏见,是指在某段时间内、某个技术领域中,技术人员对某个技术问题普遍存在的、偏离客观事实的认识,它引导人们不去考虑其他方面的可能性,阻碍人们对该技术领域的研究和开发。如果发明创造克服了这种技术偏见,采用了人们由于技术偏见而舍弃的技术手段,从而解决了技术问题,则这种发明创造具有突出的实质性特点和显著的进步,具备创造性。

➢发明创造取得了预料不到的技术效果。关于预料不到的技术效果，在创造性的要素之技术效果部分已详述，在此不再重述。

➢发明创造在商业上获得成功。当发明创造的产品在商业上获得成功时，如果这种成功是由于发明创造的技术特征直接导致的，则一方面反映了发明创造具有有益效果，另一方面也说明了发明创造是非显而易见的，因而这类发明创造具有突出的实质性特点和显著的进步，具备创造性。但是，如果商业上的成功是由于其他原因所致，例如由于销售技术的改进或者广告宣传造成的，则不能作为判断创造性的依据。

④不同类型发明的创造性

a. 开拓性发明

开拓性发明，是指一种全新的技术方案，在技术史上未曾有过先例，它为人类科学技术在某个时期的发展开创了新纪元。开拓性发明同现有技术相比，具有突出的实质性特点和显著的进步，具备创造性。例如，我国的四大发明——指南针、造纸术、活字印刷术和火药。此外，作为开拓性发明的例子还有蒸汽机、白炽灯、收音机、雷达、激光器、利用计算机实现汉字输入等。

b. 组合发明

组合发明，是指将某些技术方案进行组合，构成一项新的技术方案，以解决现有技术客观存在的技术问题。在进行组合发明创造性的判断时通常需要考虑：组合后的各技术特征在功能上是否彼此相互支持、组合的难易程度、现有技术中是否存在组合的启示以及组合后的技术效果等。

➢显而易见的组合。如果要求保护的发明仅仅是将某些已知产品或方法组合或连接在一起，各自以其常规的方式工作，而且总的技术效果是各组合部分效果之总和，组合后的各技术特征之间在功能上无相互作用关系，仅仅是一种简单的叠加，则这种组合发明不具备创造性。此外，如果组合仅仅是公知结构的变型，或者组合处于常规技术继续发展的范围之内，而没有取得预料不到的技术效果，则这样的组合发明不具备创造性。

➢非显而易见的组合。如果组合的各技术特征在功能上彼此支持，并取得了新的技术效果;或者说组合后的技术效果比每个技术特征效果的总和更优越,则这种组合具有突出的实质性特点和显著的进步,发明具备创造性。其中组合发明的每个单独的技术特征本身是否完全或部分已知并不影响对该发明创造性的评价。

c. 选择发明

选择发明,是指从现有技术中公开的宽范围中,有目的地选出现有技术中未提到的窄范围或个体的发明。在进行选择发明创造性的判断时,选择所带来的预料不到的技术效果是考虑的主要因素。如果发明仅是从一些已知的可能性中进行选择,或者发明仅仅是从一些具有相同可能性的技术方案中选出一种,而选出的方案未能取得预料不到的技术效果,则该发明不具备创造性。如果发明是在可能的、有限的范围内选择具体的尺寸、温度范围或者其他参数,而这些选择可以由本领域的技术人员通过常规手段得到并且没有产生预料不到的技术效果,则该发明不具备创造性。如果发明是可以从现有技术中直接推导出来的选择,则该发明不具备创造性。如果选择使得发明取得了预料不到的技术效果,则该发明具有突出的实质性特点和显著的进步,具备创造性。

d. 转用发明

转用发明,是指将某一技术领域的现有技术转用到其他技术领域中的发明。在进行转用发明的创造性判断时通常需要考虑:转用的技术领域的远近、是否存在相应的技术启示、转用的难易程度、是否需要克服技术上的困难、转用所带来的技术效果等。如果转用是在类似的或者相近的技术领域之间进行的,并且未产生预料不到的技术效果,则这种转用发明不具备创造性。如果这种转用能够产生预料不到的技术效果,或者克服了原技术领域中未曾遇到的困难,则这种转用发明具有突出的实质性特点和显著的进步,具备创造性。

e. 已知产品的新用途发明

已知产品的新用途发明,是指将已知产品用于新的目的的发明。在进行已知产品新用途发明的创造性判断时通常需要考虑:新用途与现有用途技术领域的远近、新用途所带来的技术效果等。如果新的用途仅仅是使用了已知材料的已知的性质,则该用途发明不具备创造性。如果新的用途是利用了已知产品新发现的性质,并且产生了预料不到的技术效果,则这种用途发明具有突出的实质性特点和显著的进步,具备创造性。

f. 要素变更的发明

要素变更的发明,包括要素关系改变的发明、要素替代的发明和要素省略的发明。在进行要素变更发明的创造性判断时通常需要考虑:要素关系的改变、要素替代和省略是否存在技术启示、其技术效果是否可以预料等。

➢要素关系改变的发明

要素关系改变的发明,是指发明与现有技术相比,其形状、尺寸、比例、位置及作用关系等发生了变化。如果要素关系的改变没有导致发明效果、功能及用途的变化,或者发明效果、功能及用途的变化是可预料到的,则发明不具备创造性。如果要素关系的改变导致发明产生了预料不到的技术效果,则发明具有突出的实质性特点和显著的进步,具备创造性。

➢要素替代的发明

要素替代的发明,是指已知产品或方法的某一要素由其他已知要素替代的发明。如果发明是相同功能的已知手段的等效替代,或者是为解决同一技术问题,用已知最新研制出的具有相同功能的材料替代公知产品中的相应材料,或者是用某一公知材料替代公知产品中的某材料,而这种公知材料的类似应用是已知的,且没有产生预料不到的技术效果,则该发明不具备创造性。如果要素的替代能使发明产生预料不到的技术效果,则该发明具有突出的实质性特点和显著的进步,具备创造性。

➢要素省略的发明

要素省略的发明,是指省去已知产品或者方法中的某一项或多项要素的发明。如果发明省去一项或多项要素后其功能也相应地消失,则该发明不具备创造性。如果发明与现有技术相比,发明省去一项或多项要素(例如,一项产品发明省去了一个或多个零部件或者一项方法发明省去一步或多步工序)后,依然保持原有的全部功能,或者带来预料不到的技术效果,则具有突出的实质性特点和显著的进步，该发明具备创造性。[①]

⑤实用新型创造性的特殊性

实用新型与发明的主要区别之一是创造性要求不同，实用新型创造性的标准应当低于发明创造性的标准。两者在创造性判断标准上的不同，主要体现在现有技术中是否存在“技术启示”。在判断现有技术中是否存在技术启示时，发明与实用新型存在区别，体现在下述两个方面：

a. 现有技术的领域。对于发明专利而言，不仅要考虑该发明专利所属的技术领域，还要考虑其相近或者相关的技术领域，以及该发明所要解决的技术问题能够促使本领域的技术人员到其中去寻找技术手段的其他技术领域。对于实用新型专利而言，一般着重于考虑该实用新型专利所属的技术领域。但是现有技术中给出明确的启示，例如，现有技术中有明确的记载，促使本领域的技术人员到相近或者相关的技术领域寻找有关技术手段的，可以考虑其相近或者相关的技术领域。

b. 现有技术的数量。对于发明专利而言，可以引用一项、两项或者多项现有技术评价其创造性。对于实用新型专利而言，一般情况下可以引用一项或者两项现有技术评价其创造性，对于由现有技术通过“简单的叠加”而成的实用新型专利，可以根据情况引用多项现有技术评价其创造性。[②]

(3) 实用性

①实用性的概念

实用性是指该发明或者实用新型能够制造或者使用，并且能够产生积极效果。其中，“能够制造或者使用”是指发明或者实用新型的技术方案具有在产业中被制造或使用的可能性，所谓产业包括工业、农业、林业、水产业、畜牧业、交通运输业以及文化体育、生活用品和医疗器械等行业；“能够产生积极效果”是指发明或实用新型产生的经济、技术和社会的效果是所属技术领域的技

① 管荣齐：《发明专利的创造性》，知识产权出版社2012年版，第62～239页。

② 国家知识产权局：《专利审查指南》(2019)，第2部分第2章第2.2.2节，第4章第2.1～2.4节、第3.1节、第3.2.1.1节、第3.2.2节、第4～5节、第6.2～6.3节，第7章第5.3.2节；第4部分第6章第4节。

术人员可以预料到的，应当是积极的和有益的。

②实用性的判断

判断一件发明或实用新型专利申请是否具有实用性，应以申请日提交的说明书（包括附图）和权利要求书所公开的整体技术内容为依据，而不仅仅局限于权利要求所记载的内容，并综合考虑以下几个方面：

a. 可实施性：即“能够制造或者使用”，其中“能够制造”是指产品在产业中能够制造，并且能够解决技术问题；“能够使用”是指方法在产业中能够使用，并且能够解决技术问题。可实施性并不意味着发明或实用新型已经在产业上制造或者使用，而是强调其现实可能性。实用性与所申请专利的发明或者实用新型是怎样创造出来的或者是否已经实施无关。因此，发明或实用新型必须是一项完整的、成熟的且不违反自然规律的技术方案。尚未完成的发明创造，不具有可实施性，因而没有实用性。

b. 可再现性：即发明或实用新型的实施具有能够重复多次的可能性，包括重复制造和重复使用。这种重复不得依赖任何随机的因素，在数量上也不应有限制，且无论何时实施具有相同的结果。那些利用发明创造客体本身所具有的特殊条件以及只能在独一无二的自然条件下才能实施的技术方案，都不具有可再现性，因而不能授予专利权。

c. 有益性：是指发明或实用新型实施后“能够产生积极效果”，包括三个方面的含义：第一，能够产生积极的社会效果，不损害社会公共道德，不危害人类生存、安全、环境；第二，能够产生积极的技术效果，有利于促进科学技术的发展；第三，能够产生积极的经济效果，给专利权人及其利害关系人、社会公众带来良好的经济效益，例如节省原材料、节约能源、增加财富和提高收入等。需要注意的是，允许发明创造存在缺陷，只要整体上具有有益性即可。①

③实用性与创造性

a. 实用性与创造性在内涵和外延上具有相关性。实用性与创造性在内涵上都有“效果”，其共同点在于两个“效果”都是正向的、包含技术因素的，其区

---

① 《中华人民共和国专利法》（2008），第22条第4款；国家知识产权局：《专利审查指南》（2019），第2部分第5章第2～3节。

别在于：实用性之“积极效果”是预料之内的，而创造性之“有益的技术效果”通常是出乎预料的；实用性之“积极效果”不仅是技术方面的，还有经济和社会方面的，其外延大于创造性之“有益的技术效果”。

b. 实用性与创造性在审查的顺序和方式上有所不同。发明或实用新型专利申请是否具备实用性，应当在新颖性和创造性审查之前首先进行判断。实用性相对于与创造性而言，审查起来比较简单，只要申请专利的发明创造不属于否定性列举的情形就具有实用性。①

2. 外观设计的实质条件

(1)新颖性

①新颖性的概念

外观设计的新颖性是指授予专利权的外观设计不属于现有设计和抵触申请，其中现有设计是指申请日以前在国内外为公众所知的设计，抵触申请是指申请日以前任何单位和个人就同样的外观设计向国务院专利行政部门提出，并记载在申请日以后公告的专利文件中。②

②新颖性的要素

现有设计与现有技术在时间界限、公开方式上完全相同，外观设计抵触申请的范围、确定和时限与发明或实用新型的类似，发明和实用新型新颖性的优先权、宽限期同样适用于外观设计，在此都不再重述。

③新颖性的判断

a. 判断主体

在判断外观设计新颖性时，应当基于涉案专利产品的一般消费者的知识水平和认知能力进行评价。不同种类的产品具有不同的消费者群体，作为某种类外观设计产品的一般消费者应当具备下列特点：

➢对涉案专利申请日之前相同种类或者相近种类产品的外观设计及其常用设计手法具有常识性的了解。例如，对于汽车，其一般消费者应当对市场上销售的汽车以及诸如大众媒体中常见的汽车广告中所披露的信息等有所了

---

① 管荣齐：《发明专利的创造性》，知识产权出版社2012年版，第57~59页。

② 《中华人民共和国专利法》(2008)，第23条第1款、第4款。

解。常用设计手法包括设计的转用、拼合、替换等类型。

➢对外观设计产品之间在形状、图案以及色彩上的区别具有一定的分辨力，但不会注意到产品的形状、图案以及色彩的微小变化。

b.判断基准

判断外观设计的新颖性，就是判断该外观设计是否属于现有设计和抵触申请。所谓“不属于现有设计”，是指在现有设计中，既没有与涉案专利相同的外观设计，也没有与涉案专利实质相同的外观设计。抵触申请中“同样的外观设计”，是指外观设计相同或者实质相同。由此可见，外观设计新颖性判断的基准点在于外观设计相同或实质相同。

➢外观设计相同：指涉案专利与对比设计是相同种类产品的外观设计，并且涉案专利的全部外观设计要素与对比设计的相应设计要素相同，其中外观设计要素是指形状、图案以及色彩。如果涉案专利与对比设计仅属于常用材料的替换，或者仅存在产品功能、内部结构、技术性能或者尺寸的不同，而未导致产品外观设计的变化，二者仍属于相同的外观设计。在确定产品的种类时，可以参考产品的名称、国际外观设计分类以及产品销售时的货架分类位置，但是应当以产品的用途是否相同为准。相同种类产品是指用途完全相同的产品。例如，机械表和电子表尽管内部结构不同，但是它们的用途是相同的，所以属于相同种类的产品。

➢外观设计实质相同。外观设计实质相同的判断仅限于相同或者相近种类的产品外观设计。对于产品种类不相同也不相近的外观设计，不进行涉案专利与对比设计是否实质相同的比较和判断，即可认定涉案专利与对比设计不构成实质相同。相近种类的产品是指用途相近的产品，即使部分用途相同而其他用途不同，也属于相近种类的产品。如果一般消费者经过对涉案专利与对比设计的整体观察可以看出，二者的区别仅属于下列情形，则涉案专利与对比设计实质相同：一是其区别在于施以一般注意力不能察觉到的局部的细微差异，例如，百叶窗的外观设计仅有具体叶片数不同；二是其区别在于使用时不容易看到或者看不到的部位，但有证据表明在不容易看到部位的特定设计对于一般消费者能够产生引人瞩目的视觉效果的情况除外；三是其区别在于将某一设计要素整体置换为该类产品的惯常设计的相应设计要素，例如，将带有图案和色彩的饼干桶的形状由正方体置换为长方体；四是其区别在于将对比设计作为设计单元按照该种类产品的常规排列方式作重复排列或者将其排列的数量作增减变化，例如，将影院座椅成排重复排列或者将其成排座椅的数量作增减；五是其区别在于互为镜像对称。

c. 判断方式

➢单独对比

一般应当用一项对比设计与涉案专利进行单独对比，而不能将两项或者两项以上对比设计结合起来与涉案专利进行对比。如果涉案专利包含有若干项具有独立使用价值的产品的外观设计的，例如，成套产品外观设计或者同一产品两项以上的相似外观设计，则可以用不同的对比设计与其所对应的各项外观设计分别进行单独对比。如果涉案专利是由组装在一起使用的至少两个构件构成的产品的外观设计的，则可以将与其构件数量相对应的明显具有组装关系的构件结合起来作为一项对比设计与涉案专利进行对比。

➢直接观察

在对比时应当通过视觉进行直接观察，不能借助放大镜、显微镜、化学分析等其他工具或者手段进行比较，不能由视觉直接分辨的部分或者要素不能作为判断的依据。例如，有些纺织品用视觉观看其形状、图案和色彩是相同的，但在放大镜下观察，其纹路有很大的不同。

➢仅以产品的外观作为判断的对象

在对比时应当仅以产品的外观作为判断的对象，考虑产品的形状、图案、色彩这三个要素产生的视觉效果。在涉案专利仅以部分要素限定其保护范围的情况下，其余要素在与对比设计比较时不予考虑。在涉案专利为产品零部件的情况下，仅将对比设计中与涉案专利相对应的零部件部分作为判断对象，其余部分不予考虑。对于外表使用透明材料的产品而言，通过人的视觉能观察到的其透明部分以内的形状、图案和色彩，应当视为该产品的外观设计的一部分。

➢整体观察、综合判断

对比时应当采用整体观察、综合判断的方式。所谓整体观察、综合判断是指由涉案专利与对比设计的整体来判断，而不从外观设计的部分或者局部出发得出判断结论。

第一，确定对比设计公开的信息。对比设计的图片或者照片未反映产品各面视图的，应当依据一般消费者的认知能力来确定对比设计所公开的信息。依据一般消费者的认知能力，根据对比设计图片或者照片已经公开的内容即可推定出产品其他部分或者其他变化状态的外观设计的，则该其他部分或者其他变化状态的外观设计也视为已经公开。例如在轴对称、面对称或者中心对称的情况下，如果图片或者照片仅公开了产品外观设计的一个对称面，则其余对称面也视为已经公开。

第二，确定涉案专利。在确定涉案专利时，应当以外观设计专利授权文本中的图片或者照片表示的外观设计为准。简要说明可以用于解释图片或者照片所表示的该产品的外观设计。

第三，涉案专利与对比设计的对比。在进行涉案专利与对比设计的对比时，应当采用整体观察、综合判断的方式。如果对比设计图片或者照片未公开的部位属于该种类产品使用状态下不会被一般消费者关注的部位，并且涉案专利在相应部位的设计的变化也不足以对产品的整体视觉效果产生影响，则不影响对二者进行整体观察、综合判断。如果涉案专利中对应于对比设计图片或者照片未公开的内容仅仅是该种类产品的惯常设计并且不受一般消费者关注，也不影响对二者进行整体观察、综合判断。

➢组件产品和变化状态产品的判断

组件产品是指由多个构件相结合构成的一件产品。对于组装关系唯一的组件产品，应当以组合状态下的整体外观设计为对象，而不是以所有单个构件的外观为对象进行判断。对于组装关系不唯一的组件产品，应当以组件产品的所有单个构件的外观为对象，而不是以组件产品整体的外观设计为对象进行判断。对于各构件之间无组装关系的组件产品，应当以所有单个构件的外观为对象进行判断。

变化状态产品是指在销售和使用时呈现不同状态的产品。对于对比设计而言,所述产品在不同状态下的外观设计均可用作与涉案专利进行比较的对象。对于涉案专利而言,应当以其使用状态所示的外观设计作为与对比设计进行比较的对象,其判断结论取决于对产品各种使用状态的外观设计的综合考虑。

➢设计要素的判断

设计要素主要包括形状、图案和色彩。

对于产品外观设计整体形状而言,圆形和三角形、四边形相比,其形状有较大差异,通常不能认定为实质相同,但产品形状是惯常设计的除外。对于包装盒这类产品,应当以其使用状态下的形状作为判断依据。

图案不同包括题材、构图方法、表现方式及设计纹样等因素的不同,色彩的不同也可能使图案不同。如果题材相同,但其构图方法、表现方式、设计纹样不相同,则通常也不构成图案的实质相同。产品外表出现的包括产品名称在内的文字和数字应当作为图案予以考虑,而不应当考虑字音、字义。

对色彩的判断要根据颜色的色相、纯度和明度三个属性以及两种以上颜色的组合、搭配进行综合判断。色相指各类色彩的相貌称谓,例如朱红、湖蓝、柠檬黄、粉绿等;纯度即彩度,指色彩的鲜艳程度;明度指色彩的亮度。白色明度最高,黑色明度最低。单一色彩的外观设计仅作色彩改变,两者仍属于实质相同的外观设计。①

(2)创造性

①创造性的概念

创造性是指授予专利权的外观设计与现有设计或者现有设计特征的组合相比,应当具有明显区别。② 其中,现有设计特征是指现有设计的部分设计要素或者其结合,如现有设计的形状、图案、色彩要素或者其结合,或者现有设计的某组成部分的设计,如整体外观设计产品中的零部件的设计;明显区别是将申请专利的外观设计与相同或者相近种类产品现有设计相比而得出的。

---

① 国家知识产权局:《专利审查指南》(2019),第4部分第5章第2节、第4~5节。

② 《中华人民共和国专利法》(2008),第23条第2款。

②创造性的要素

外观设计创造性的要素主要有现有设计、一般消费者、设计启示和独特视觉效果，其中现有设计、一般消费者已经在新颖性部分详述，在此不再重述。但需要注意的是，用以判断创造性、新颖性的现有设计的范围不同，判断新颖性的现有设计不受产品种类的限制，而判断创造性的现有设计仅限于相同或相近种类产品。

a. 设计启示

设计启示是指一般消费者基于现有设计容易想到，将具体的转用和/或组合手法应用于相同或相近种类的产品，能够获得与现有设计或现有设计特征相同或者仅存在细微差别的外观设计专利申请。如果现有设计存在这种设计启示，则申请专利的外观设计和现有设计之间不具有明显区别。

以下几种类型的转用属于明显存在转用手法的启示的情形，由此得到的外观设计与现有设计相比不具有明显区别：第一，单纯采用基本几何形状或者对其仅作细微变化得到的外观设计；第二，单纯模仿自然物、自然景象的原有形态得到的外观设计；第三，单纯模仿著名建筑物、著名作品的全部或者部分形状、图案、色彩得到的外观设计；第四，由其他种类产品的外观设计转用得到的玩具、装饰品、食品类产品的外观设计；第五，对于包括图形用户界面的产品外观设计，如果涉案专利其余部分的设计为惯常设计，其图形用户界面对整体视觉效果更具有显著的影响。

以下几种类型的组合属于明显存在组合手法的启示的情形，由此得到的外观设计属于与现有设计或者现有设计特征的组合相比没有明显区别的外观设计：第一，将相同或者相近种类产品的多项现有设计原样或者作细微变化后进行直接拼合得到的外观设计；第二，将产品外观设计的设计特征用另一项相同或相近种类产品的设计特征原样或者作细微变化后替换得到的外观设计；第三，将产品现有的形状设计与现有的图案、色彩或其结合通过直接拼合得到该产品的外观设计，或者将现有设计中的图案、色彩或其结合替换成其他现有设计的图案、色彩或其结合得到的外观设计。

b. 独特视觉效果

独特视觉效果是指涉案专利相对于现有设计产生了预料不到的视觉效果。在组合后的外观设计中，如果各项现有设计或设计特征在视觉效果上并未产生呼应关系，而是各自独立存在、简单叠加，通常不会形成独特视觉效果。外观设计如果具有独特视觉效果，则与现有设计或现有设计特征的组合相比具有明显区别。

③创造性的判断

a. 与相同或者相近种类产品现有设计对比

如果一般消费者经过对涉案专利与现有设计的整体观察可以看出，二者的差别对于产品外观设计的整体视觉效果不具有显著影响，则涉案专利与现有设计相比不具有明显区别。显著影响的判断仅限于相同或者相近种类的产品外观设计。

在确定涉案专利与相同或者相近种类产品现有设计相比是否具有明显区别时，一般还应当综合考虑如下因素：

➢对涉案专利与现有设计进行整体观察时，应当更关注使用时容易看到的部位，使用时容易看到部位的设计变化相对于不容易看到或者看不到部位的设计变化，通常对整体视觉效果更具有显著影响。

➢当产品上某些设计被证明是该类产品的惯常设计时，其余设计的变化通常对整体视觉效果更具有显著的影响。

➢由产品的功能唯一限定的特定形状对整体视觉效果通常不具有显著的影响。

➢若区别点仅在于局部细微变化，则其对整体视觉效果不足以产生显著影响，二者不具有明显区别。

b. 现有设计的转用、现有设计及其特征的组合

➢判断方法：在判断现有设计的转用以及现有设计及其特征的组合时，通常可以按照以下步骤进行判断：第一，确定现有设计的内容，包括形状、图案、色彩或者其结合；第二，将现有设计或者现有设计特征与涉案专利对应部分的设计进行对比；第三，在现有设计或者现有设计特征与涉案专利对应部分的设

计相同或者仅存在细微差别的情况下，判断在与涉案专利相同或者相近种类产品的现有设计中是否存在具体的转用和/或组合手法的启示。

➢现有设计的转用：转用是指将产品的外观设计应用于其他种类的产品。模仿自然物、自然景象以及将无产品载体的单纯形状、图案、色彩或者其结合应用到产品的外观设计中，也属于转用。

➢现有设计及其特征的组合：组合包括拼合和替换，是指将两项或者两项以上设计或者设计特征拼合成一项外观设计，或者将一项外观设计中的设计特征用其他设计特征替换。以一项设计或者设计特征为单元重复排列而得到的外观设计属于组合设计。上述组合也包括采用自然物、自然景象以及无产品载体的单纯形状、图案、色彩或者其结合进行的拼合和替换。①

(3)合法性

授予专利权的外观设计不得与他人在申请日以前已经取得的合法权利相冲突。② 其中，“他人”是指专利权人以外的民事主体，包括自然人、法人或者其他组织；“在申请日以前已经取得”简称在先取得，是指在先合法权利的取得日在涉案专利申请日之前；“合法权利”是指依照中华人民共和国法律享有并且在涉案专利申请日仍然有效的权利或者权益，包括商标权、著作权、企业名称权(包括商号权)、肖像权以及知名商品特有包装或者装潢使用权等；“相冲突”是指未经权利人许可，外观设计专利使用了在先合法权利的客体，从而导致专利权的实施将会损害在先权利人的相关合法权利或者权益。

①商标权

在先商标权是指在涉案专利申请日之前，他人在中华人民共和国法域内依法受到保护的商标权。未经商标所有人许可，在涉案专利中使用了与在先商标相同或者相似的设计，专利的实施将会误导相关公众或者导致相关公众产生混淆，损害商标所有人的相关合法权利或者权益的，应当判定涉案专利权与在先商标权相冲突。在先商标与涉案专利中含有的相关设计的相同或者相似的认定，原则上适用商标相同、相似的判断标准。对于在我国境内为相关公

① 国家知识产权局：《专利审查指南》(2019)，第4部分第5章第6节。

② 《中华人民共和国专利法》(2008)，第23条第3款。

众广为知晓的注册商标，在判定权利冲突时可以适当放宽产品种类。

②著作权

在先著作权，是指在涉案专利申请日之前，他人通过独立创作完成作品或者通过继承、转让等方式合法享有的著作权。其中作品是指受中华人民共和国著作权法及其实施条例保护的客体。在接触或者可能接触他人享有著作权的作品的情况下，未经著作权人许可，在涉案专利中使用了与该作品相同或者实质性相似的设计，从而导致涉案专利的实施将会损害在先著作权人的相关合法权利或者权益的，应当判定涉案专利权与在先著作权相冲突。①

（四）专利权的内容

我国专利权的内容区分发明、实用新型、外观设计而有所不同。

1. 发明和实用新型专利权的内容

（1）产品发明和实用新型专利权的内容

①制造权：防止他人利用自己的专利技术制造相关产品的权利。

②使用权：防止他人使用含有自己专利技术的产品的权利。这里的“使用”，可能是为了展示的使用，也可能是为了发挥其技术功能的使用；可能是一次使用，也可能是多次使用。

③许诺销售权：防止他人以广告、展示等表达销售意思的方式，准备销售含有专利技术的产品的权利。

④销售权：防止他人销售含有专利技术的产品的权利。

⑤进口权：防止他人进口含有专利技术的产品的权利。

（2）方法发明专利权的内容

①使用权：防止他人使用自己的专利方法和依照专利方法直接获得的产品的权利。

②许诺销售权：防止他人以广告、展示等表达销售意思的方式，准备销售依照专利方法直接获得的产品的权利。

③销售权：防止他人销售依照专利方法直接获得的产品的权利。

---

①　国家知识产权局：《专利审查指南》（2019），第4部分第5章第7节。

④进口权:防止他人进口依照专利方法直接获得的产品的权利。

2. 外观设计专利权的内容

(1)制造权:防止他人制造含有自己的外观设计专利之产品的权利。

(2)许诺销售权:防止他人以广告、展示等表达销售意思的方式,准备销售含有自己的外观设计专利之产品的权利。

(3)销售权:防止他人销售含有自己的外观设计专利之产品的权利。

(4)进口权:防止他人进口含有自己的外观设计专利之产品的权利。①

(五)专利权的限制

1. 指定许可

国有企业事业单位的发明专利,对国家利益或者公共利益具有重大意义的,国务院有关主管部门和省、自治区、直辖市人民政府报经国务院批准,可以决定在批准的范围内推广应用,允许指定的单位实施,由实施单位按照国家规定向专利权人支付使用费。②

2. 强制许可

强制许可亦称为非自愿许可,是国务院专利行政部门在具体情况下,根据第三人的申请或法律的规定,不经专利权人的同意,通过行政程序许可符合法定条件的第三人实施专利的法律制度。

(1)强制许可的类型

①防止专利权滥用的强制许可。有下列情形之一的,国务院专利行政部门根据具备实施条件的单位或者个人的申请,可以给予实施发明专利或者实用新型专利的强制许可:a. 专利权人自专利权被授予之日起满 3 年,且自提出专利申请之日起满 4 年,无正当理由未实施或者未充分实施其专利的;b. 专利权人行使专利权的行为被依法认定为垄断行为,为消除或者减少该行为对竞争产生的不利影响的。其中,"未充分实施其专利"是指专利权人及其被许可人实施其专利的方式或者规模不能满足国内对专利产品或者专利方法的需求。

---

① 《中华人民共和国专利法》(2008),第 11 条。

② 《中华人民共和国专利法》(2008),第 14 条。

②为公共利益或者公共健康目的的强制许可。a. 在国家出现紧急状态或者非常情况时，或者为了公共利益的目的，国务院专利行政部门可以给予实施发明专利或者实用新型专利的强制许可。b. 为了公共健康目的，对取得专利权的药品，国务院专利行政部门可以给予制造并将其出口到符合中华人民共和国参加的有关国际条约规定的国家或者地区的强制许可。其中，“取得专利权的药品”是指解决公共健康问题所需的医药领域中的任何专利产品或者依照专利方法直接获得的产品，包括取得专利权的制造该产品所需的活性成分以及使用该产品所需的诊断用品。

③从属专利的强制许可。一项取得专利权的发明或者实用新型比前已经取得专利权的发明或者实用新型具有显著经济意义的重大技术进步，其实施又有赖于前一发明或者实用新型的实施的，国务院专利行政部门根据后一专利权人的申请，可以给予实施前一发明或者实用新型的强制许可。在上述给予实施强制许可的情形下，国务院专利行政部门根据前一专利权人的申请，也可以给予实施后一发明或者实用新型的强制许可。[①]

(2)强制许可的程序

请求给予强制许可的，应当向国务院专利行政部门提交强制许可请求书，说明理由并附具有关证明文件。

国务院专利行政部门应当将强制许可请求书的副本送交专利权人，专利权人应当在国务院专利行政部门指定的期限内陈述意见；期满未答复的，不影响国务院专利行政部门作出决定。

国务院专利行政部门在作出驳回强制许可请求的决定或者给予强制许可的决定前，应当通知请求人和专利权人拟作出的决定及其理由。

国务院专利行政部门依法作出给予实施强制许可的决定，应当及时通知专利权人，并予以登记和公告。国务院专利行政部门依法作出给予强制许可的决定，应当同时符合我国缔结或者参加的有关国际条约关于为了解决公共

① 《中华人民共和国专利法》(2008)，第 48 ~ 51 条；《中华人民共和国专利法实施细则》(2010)，第 73 条。

健康问题而给予强制许可的规定,但我国作出保留的除外。[①]

(3)强制许可的效力

①强制许可涉及的发明创造是半导体技术的,其实施仅限于公共利益目的,或者为了消除或减少垄断行为对竞争产生的不利影响;除法律另有规定外,强制许可的实施应当主要为了供应国内市场。

②给予实施强制许可的决定,应当根据强制许可的理由规定实施的范围和时间。强制许可的理由消除并不再发生时,国务院专利行政部门应当根据专利权人的请求,经审查后作出终止实施强制许可的决定。

③取得实施强制许可的单位或者个人不享有独占的实施权,并且无权允许他人实施。

④取得实施强制许可的单位或者个人应当付给专利权人合理的使用费,或者依照中华人民共和国参加的有关国际条约的规定处理使用费问题。付给使用费的,其数额由双方协商;双方不能达成协议的,由国务院专利行政部门裁决。请求国务院专利行政部门裁决使用费数额的,当事人应当提出裁决请求书,并附具双方不能达成协议的证明文件。国务院专利行政部门应当自收到请求书之日起3个月内作出裁决,并通知当事人。[②]

(4)强制许可的救济

专利权人对国务院专利行政部门关于实施强制许可的决定不服的,专利权人和取得实施强制许可的单位或者个人对国务院专利行政部门关于实施强制许可的使用费的裁决不服的,可以自收到通知之日起3个月内向人民法院起诉。[③]

3.不视为侵权

(1)权利用尽

专利产品或者依照专利方法直接获得的产品,由专利权人或者经其许可

---

① 《中华人民共和国专利法》(2008),第55条第1款,《中华人民共和国专利法实施细则》(2010),第74条。

② 《中华人民共和国专利法》(2008),第52～53条、第55条第2款、第56～57条;《中华人民共和国专利法实施细则》(2010),第75条。

③ 《中华人民共和国专利法》(2008),第58条。

的单位、个人售出后,使用、许诺销售、销售、进口该产品的,不视为侵犯专利权。

(2)先用权

在专利申请日前已经制造相同产品、使用相同方法或者已经作好制造、使用的必要准备,并且仅在原有范围内继续制造、使用的,不视为侵犯专利权。其中,“已经作好制造、使用的必要准备”包括下列情形:①已经完成实施发明创造所必需的主要技术图纸或者工艺文件;②已经制造或者购买实施发明创造所必需的主要设备或者原材料。“原有范围”包括专利申请日前已有的生产规模以及利用已有的生产设备或者根据已有的生产准备可以达到的生产规模。

(3)临时过境

临时通过我国领陆、领水、领空的外国运输工具,依照其所属国同我国签订的协议或者共同参加的国际条约,或者依照互惠原则,为运输工具自身需要而在其装置和设备中使用有关专利的,不视为侵犯专利权。

(4)非营利性实施

专为科学研究或实验目的而使用有关专利的;为提供行政审批所需要的信息,制造、使用、进口专利药品或者专利医疗器械的,以及专门为其制造、进口专利药品或者专利医疗器械的,不视为侵犯专利权。[①]

4. 善意侵权

为生产经营目的使用、许诺销售或者销售不知道是未经专利权人许可而制造并售出的专利侵权产品,能证明该产品合法来源的,不承担赔偿责任。[②]

三、商标权

(一)商标权的概念

1. 商标权的含义

商标权有广义和狭义之分。广义上的商标权包括注册商标权和未注册商标权,狭义上的商标权仅指注册商标权。注册商标权与未注册商标权具有明显不同,注册商标权是专有使用权,其所有人可以禁止他人在同种或类似商品

---

① 《中华人民共和国专利法》(2008),第69条;《最高人民法院关于审理侵犯专利权纠纷案件应用法律若干问题的解释》(2009),第15条。

② 《中华人民共和国专利法》(2008),第70条。

或服务上使用相同或近似的商标；而未注册商标权不是专有使用权，他人可以在同种或类似商品或服务上使用相同或近似的商标。但如果未注册商标经过长期使用达到了有一定影响甚至驰名的程度，则该未注册商标权人可以禁止他人在同种或类似商品或服务上使用和注册相同或近似的商标。①

狭义的商标权的观点，即认为商标权仅指注册商标权而不包括未注册商标权，存在不准确、不完整的问题。这是因为：第一，商标的价值在于其所包含的商誉，而不在于其是否注册，所以注册商标连续3年不使用，任何人可以申请撤销；②第二，商标所包含的商誉来自商标的使用，而非商标的注册，所以通过使用产生的商标权并非注册商标权。③ 因此，应当对商标权做广义的认识和理解，即认为商标权包括注册商标权和未注册商标权，是指注册所有人依法对其注册商标享有的专有权及未注册商标所有人在法律规定的条件下对未注册商标享有的专有权。

2. 商标权的特征

（1）相对永久性

商标权的时间性不同于著作权、专利权、植物新品种权、集成电路布图设计专有权，有效期届满可以进行续展注册。著作权、专利权、植物新品种权、集成电路布图设计专有权的时间性是绝对的，其保护期一旦届满就丧失权利，进入公有领域。而商标权人则可通过履行一定法律手续继续享有商标权，这就是续展。只要商标所有人需要继续使用其注册商标，就可以在有效期届满时申请续展，而且不受次数限制地续展下去，从而使商标权实际上成了一种永久权。当然商标权人要获得这种永久权，就应依照法律规定及时提出续展申请，否则自动丧失商标权。正是由于商标权具有成为永久权的极大可能性和商标所有人不及时续展或续展不被核准从而丧失商标权的特征，才使它成为一种相对的永久权。

---

① 《中华人民共和国反不正当竞争法》（2019），第6条；《中华人民共和国商标法》（2019），第13条第2款。

② 《中华人民共和国商标法》（2019），第49条第2款。

③ 吴汉东：《知识产权基本问题研究》，中国人民大学出版社2005年版，第568页。

(2)效力范围较大

商标权具有不同于著作权、专利权等其他知识产权的较大的效力范围。著作权、专利权、商标权等知识产权都分为使用权和禁止权,其中著作权人、专利权人享有的禁止权不但不能超出其享有的使用权范围,而且还受到一定的限制,如合理使用、法定许可、强制许可等。而商标权有所不同,尽管商标权人有权禁止他人在相同或类似商品或服务上使用与其注册商标相同或近似的商标,但其本人却无权在类似商品或服务上使用相同或近似的商标,在相同商品或服务上使用近似的商标。这是因为,商标权的效力不仅及于作为相对方的他人,还及于容易产生误认和混淆的广大消费者,法律赋予商标权人超出其使用权效力范围的禁止权,目的在于维护消费者的合法权益。

(3)权利基础不同

商标权产生的基础或前提与著作权、专利权等差别甚大。著作权、专利权等产生的前提和基础是创造作品、专利等智力成果,而商标权产生的基础和前提并不在于创作商标,而在于将商标与特定的商品或服务相联系。[①] 如果只注册了商标,而没有在商标与特定商品或服务之间建立起必要的联系,则该商标是没有权利可言的。我国2019年《商标法》第49条规定,注册商标连续3年停止使用的,任何单位或者个人可以向商标局申请撤销该注册商标。商标与特定商品或服务之间的联系媒介是"商誉"。商标中只有包含了一定商誉,才具有法律保护的价值,否则只是一个空壳。商标之商誉,不仅来自对商标的使用,还来自使用商标的商品或服务的质量,同时来自对商标以及商品或服务的宣传。

(二)商标权的客体

1. 商标的概念

(1)商标的含义

商标是指由文字、图形、字母、数字、三维标志、颜色组合和声音等要素以及这些要素的组合构成的,能够将自然人、法人或其他组织的商品或服务与他

① 刘春田主编:《知识产权法》,中国人民大学出版社2006年版,第274~276页。

人的商品或服务区别开的标志。

(2)商标的特征

①商标的使用主体是商品生产者、商品经营者或服务提供者,具有经济性。商标是商品生产者、商品经营者或服务提供者等经济活动主体为了标示自己生产、经营或提供的商品或服务而使用的,区别于事业单位或官方机构为了公益事业而使用的标记。

②商标是用于商品或服务上的标记,具有依附性。商标依赖于商品或服务,离开了商品或服务,商标就失去了存在的价值,这正是商标注册后长期不使用而被撤销的原因。商标在商品或服务上使用的方式包括:a. 直接用在商品或服务上;b. 用在商品或服务的包装或者容器上;c. 用在商品或服务的说明书、商品交易文书或者其他附着物上;d. 用在广告宣传、展览以及其他商业活动中。

③商标是区别商品或服务来源的标记,具有识别性。消费者在购买商品或接受服务时,可以轻易地通过辨认商标而确认商品或服务的生产者、经营者或提供者,从而购买或接受称心如意的商品或服务。其他标记,如校徽、团体标记,"CCC"(我国强制性认证)标志,不是用于区别商品或服务来源的。

④商标的构成要素包括文字、图形、字母、数字、三维标志、颜色组合、声音、气味等,具有可感知性。仅由商品自身的性质产生的形状、为获得技术效果而需有的商品形状或者使商品具有实质性价值的形状等三维标志,不得注册。

(3)商标的功能

商标的基本功能包括来源识别、品质保证和广告宣传,具体如下:

①来源识别功能。商标的首要功能是区分商品或服务来源,使消费者通过商标将同类或类似商品或服务的生产者、经营者或提供者区别开来,以降低消费者识别商品或服务来源所需要的信息成本,并促进商品生产者、商品经营者和服务提供者保障商品或服务的质量和展开正当、公平的市场竞争。

②品质保证功能。相同的商标代表着相同的商品生产者、商品经营者或服务提供者,在其商品或服务质量稳定提高的情况下,也就意味着相同或更好的商品或服务质量。

③广告宣传功能。商标具有精致醒目、易记上口等特点,天生具有广告宣

传效应。如果商标所有人注重对商标的广告宣传，一方面通过商标使其商品或服务家喻户晓、广为欢迎，另一方面也将商标推上了地方著名商标、国家驰名商标的平台，获得更高级别、更高效应的宣传推广。①

2. 商标的种类

根据不同的分类标准，可以对商标做出不同的种类划分。以构成要素为标准，可以将商标划分为文字（包括字母、数字）商标、图形商标、声音商标、颜色组合商标、三维立体商标、多要素组合商标等；以显著性为标准，可以将商标划分为显著性较强的商标和显著性较弱的商标；以注册为标准，可以将商标划分为注册商标和未注册商标；以驰名为标准，可以将商标划分为驰名商标和非驰名商标；以使用对象为标准，可以将商标划分为商品商标和服务商标；以权利人数为标准，可以将商标划分为集体商标和单一主体商标；以使用动机为标准，可以将商标划分为证明商标、防御商标和联合商标。最有价值的商标种类划分，不是按照单一标准，而是从商标法的角度，将比较常用和典型的商标分为商品商标、服务商标、集体商标、证明商标。

（1）商品商标

商品商标是指依附于商品、商品包装或相关文字材料，表明商品来源并借以区别不同生产者、经营者的商品的标志。商品商标是商标的主要类型，也是商标的最初形式。使用注册商标，可以在商品、商品包装、说明书或者其他附着物上标明"注册商标"或者注册标记。商品分类适用《商标注册用商品和服务国际分类尼斯协定》（以下简称《尼斯协定》），将商品分为 34 类。

（2）服务商标

服务商标是指服务提供者用于表明自己的服务并区别他人同类服务的标志。其中，使用服务商标的服务必须是针对他人的，必须与商品销售相分离。商标用服务的分类也适用《尼斯协定》，将服务分为 11 类，包括广告与实业、保险与金融、建筑与修理、通信、运输与贮藏、材料处理、教育与娱乐、科学技术研究、网站服务、餐饮住宿、医疗园艺、社会服务等。

---

① 《中华人民共和国商标法》（2019），第 1 条、第 7 条第 2 款、第 8～9 条、第 12 条、第 48 条；《中华人民共和国商标法实施条例》（2014），第 63 条第 1 款。

(3)集体商标

集体商标是指以团体、协会或者其他组织名义注册,供该组织成员在商事活动中使用,以表明使用者在该组织中的成员资格的标志。

申请集体商标注册必须具备3个形式要件:①提交依法成立的主体资格证明文件,包括企业营业执照、事业单位或社会团体依法成立的批准文件等;②提交集体组织成员名称、地址的详细说明材料,其中以地理标志作为集体商标申请注册的,还包括其所具有的或其委托的机构具有的专业技术人员、专业检测设备等情况的详细说明,和管辖该地理标志所标示地区的人民政府或者行业主管部门的批准文件,以及外国人或外国企业地理标志以其名义在原属国受法律保护的证明,并要求集体组织的成员来自该地理标志标示的地区;③提交集体商标使用管理规则,其内容包括:使用集体商标的宗旨,使用该集体商标的商品的品质,使用该集体商标的手续,使用该集体商标的权利、义务,成员违反其使用管理规则应当承担的责任,注册人对使用该集体商标商品的检验监督制度。

集体商标与单一主体商标相比,同样使用于商品和服务,但在商标功能、使用范围上有其特殊性。①集体商标除了具有来源识别、品质保证、广告宣传等基本功能以外,还向消费者表明,所提供的商品或服务具有集体组织共同特点或达到集体组织共同标准。②集体商标的使用范围有明确规定,仅供集体组织成员使用,集体组织本身和任何他人都不得使用。

(4)证明商标

证明商标是指由对某种商品或者服务具有监督能力的组织所控制,而由该组织以外的单位或者个人使用于其商品或者服务,用于证明该商品或者服务的原产地、原料、制造方法、质量或者其他特定品质的标志。

申请证明商标注册必须具备3个形式要件:①提交依法成立的主体资格证明文件,包括企业营业执照、事业单位或社会团体依法成立的批准文件等;②提交主体所拥有的或委托的机构所拥有的专业技术人员、专业检测设备等情况的详细说明,其中以地理标志作为证明商标申请注册的,还包括管辖该地理标志所标示地区的人民政府或者行业主管部门的批准文件,以及外国人或外国企业地理标志以其名义在原属国受法律保护的证明;③提交证明商标使用管理规则,其内容包括:使用证明商标的宗旨,该证明商标证明的商品的特定品质,使用该证明商标的条件,使用该证明商标的手续,使用该证明商标的权利、义务,使用人违反该使用管理规则应当承担的责任,注册人对使用该证明商标商品的检验监督制度。

证明商标同样使用于商品或服务,但在主体、功能、使用上有其特殊性:①证明商标的注册人、受让人必须是依法成立的具有法人资格的组织,且对商品和服务的特定品质具有检测、监督的能力和职责。②证明商标除了具有来源识别、品质保证、广告宣传等基本功能以外,还表明商品或服务具有某种特定品质、原产地、原料、制作工艺和质量。③证明商标只能供他人使用,注册人自己不能使用,在这一点上其与集体商标的区别在于:集体商标是封闭的,而证明商标是开放的。①

3. 商标的排除

(1)禁止用作为商标的标志(不得作为商标使用的标志)

①同中华人民共和国的国家名称、国旗、国徽、国歌、军旗、军徽、军歌、勋章等相同或者近似的,以及同中央国家机关的名称、标志、所在地特定地点的名称或者标志性建筑物的名称、图形相同的。其中,"国家名称"包括全称、简称和缩写,我国国家名称的全称是"中华人民共和国",简称为"中国""中华",英文简称或者缩写为"CN""CHN""P. R. C""CHINA""P. R. CHINA";"国旗"是五星红旗;国徽的中间是五星照耀下的天安门,周围是谷穗和齿轮;"军旗"是中国人民解放军的"八一"军旗,军旗为红底,左上角缀金黄色五角星和"八一"两字;"勋章"是国家有关部门授给对国家、社会有贡献的人或者组织的表示荣誉的证章;"中央国家机关所在地特定地点或者标志性建筑物"包括"中南海""钓鱼台""天安门""新华门""紫光阁""怀仁堂""人民大会堂"等。

②同外国的国家名称、国旗、国徽、军旗等相同或者近似的,但经该国政府

---

① 《中华人民共和国商标法》(2019),第3条;《中华人民共和国商标法实施条例》(2014),第63条;国家工商行政管理总局:《集体商标、证明商标注册和管理办法》(2003),第4~6条、第8条、第10~11条、第17~18条、第20条。

同意的除外。其中,国家名称包括中文和外文的全称、简称和缩写;国旗是指由国家正式规定的代表本国的旗帜;国徽是由国家正式规定的代表本国的标志;军旗是国家正式规定的代表本国军队的旗帜。

③同政府间国际组织的名称、旗帜、徽记等相同或者近似的,但经该组织同意或者不易误导公众的除外。其中,政府间国际组织是指由若干国家和地区的政府为了特定目的通过条约或者协议建立的有一定规章制度的团体,如联合国、欧洲联盟、东南亚国家联盟、非洲统一组织、世界贸易组织、世界知识产权组织等。国际组织的名称包括全称、简称或者缩写,如联合国的英文全称为 United Nations,缩写为 UN;欧洲联盟的中文简称为欧盟,英文全称为 European Union,缩写为 EU。

④与表明实施控制、予以保证的官方标志、检验印记相同或者近似的,但经授权的除外。其中,官方标志、检验印记,是指官方机构用以表明其对商品质量、性能、成分、原料等实施控制,予以保证或者进行检验的标志或印记。

⑤同"红十字""红新月"的标志、名称相同或者近似的。其中,"红十字"标志是白底红十字,它是国际人道主义保护标志,是武装力量医疗机构的特定标志,是红十字会的专用标志;"红新月"是向右弯曲或者向左弯曲的红新月,它是阿拉伯国家和部分伊斯兰国家红新月会专用的,性质和功能与红十字标志相同的标志。

⑥带有民族歧视性的。民族歧视性是指商标的文字、图形或者其他构成要素带有对特定民族进行丑化、贬低或者其他不平等看待该民族的内容。我国《宪法》第 4 条规定:"中华人民共和国各民族一律平等。"如果商标带有民族歧视,有伤民族风尚、习惯、尊严,不得使用。

⑦带有欺骗性,容易使公众对商品的质量等特点或者产地产生误认的。带有欺骗性是指商标对其指定使用商品或者服务的质量等特点作了超过固有程度的表示,容易使公众对商品或者服务的质量等特点产生错误的认识。商标的文字或者图形对其指定商品或者服务的质量等特点作了夸大表示,从而欺骗公众的,判定为带有欺骗性,如使用于白酒的"国酒",使用于矿泉水的"极品",使用于烟草制品的"健康""益寿"等。

⑧有害于社会主义道德风尚的或者有其他不良影响的。其中,社会主义道德风尚是指我国人民共同生活及其行为的准则、规范以及在一定时期内社会上流行的良好风气和习惯。其他不良影响是指商标的文字、图形或者其他构成要素对我国政治、经济、文化、宗教、民族等社会公共利益和公共秩序产生消极的、负面的影响,包括:具有政治上不良影响的;有害于种族尊严或者感情的;有害于宗教信仰、宗教感情或者民间信仰的;与我国各党派、政府机构、社会团体等单位或者组织的名称、标志相同或者近似的;与我国党政机关的职务或者军队的行政职务和职衔的名称相同的;与各国法定货币的图案、名称或者标记相同或者近似的,容易误导公众的;商标由企业名称构成或者包含企业名称,该名称与申请人名义存在实质性差异,容易使公众发生商品或者服务来源误认的;等等。

⑨县级以上行政区划的地名或者公众知晓的外国地名。但是,地名具有其他含义或者作为集体商标、证明商标组成部分的除外;已经注册的使用地名的商标继续有效。其中,"县级以上行政区划"包括县级的县、自治县、县级市、市辖区,地级的市、自治州、地区、盟,省级的省、直辖市、自治区,两个特别行政区即香港特别行政区、澳门特别行政区以及我国台湾地区;"县级以上行政区划的地名"以我国民政部编辑出版的《中华人民共和国行政区划简册》为准,包括全称、简称以及县级以上的省、自治区、直辖市、省会城市、计划单列市、著名的旅游城市的拼音形式;"公众知晓的外国地名"是指我国公众知晓的我国以外的其他国家和地区的地名;"地名"包括全称、简称、外文名称和通用的中文译名;"地名具有其他含义"是指地名作为词汇具有确定含义且该含义强于作为地名的含义,不会误导公众的。①

(2)不得作为商标注册的标志

①商品的通用名称、图形、型号。"通用名称、图形、型号"是指国家标准、行业标准规定的或者约定俗成的名称、图形、型号,其中名称包括全称、简称、缩写、俗称。

---

① 《中华人民共和国商标法》(2019),第10条;国家工商行政管理总局:《商标审查标准》(2009),第1部分第3~11条。

②仅直接表示商品的质量、主要原料、功能、用途、重量、数量及其他特点的标志。其中,“仅仅直接表示”是指商标仅由对指定使用商品的质量、主要原料、功能、用途、重量、数量及其他特点具有直接说明性和描述性的标志构成。

③缺乏显著性的三维标志。仅由商品自身的性质产生的形状、为获得技术效果而需有的商品形状或者使商品具有实质性价值的形状,不得作为商标注册。其中,“由商品自身的性质产生的形状”是指为实现商品固有的功能和用途所必需采用的或者通常采用的形状;“为获得技术效果而需有的商品形状”是指为使商品具备特定的功能,或者使商品固有的功能更容易地实现所必需使用的形状;使商品具有实质性价值的形状,是指为使商品的外观和造型影响商品价值所使用的形状。

④复制、摹仿或翻译驰名商标的标志。就相同或类似商品申请注册的商标是复制、摹仿或者翻译他人未在我国注册的驰名商标,容易导致混淆的,不予注册并禁止使用。就不相同或不相类似商品申请注册的商标是复制、摹仿或者翻译他人已经在我国注册的驰名商标,误导公众,致使该驰名商标注册人的利益可能受到损害的,不予注册并禁止使用。

⑤欺诈性注册的商标。未经授权,代理人或代表人以自己的名义将被代理人或者被代表人的商标进行注册,被代理人或者被代表人提出异议的,不予注册并禁止使用。就同一种商品或者类似商品申请注册的商标与他人在先使用的未注册商标相同或者近似,申请人与该他人具有合同、业务往来关系或者其他关系而明知该他人商标存在,该他人提出异议的,不予注册。商标中有商品的地理标志,而该商品并非来源于该标志所标示的地区,误导公众的,不予注册并禁止使用,但已经善意取得注册的继续有效。其中,“地理标志”是指标示某商品来源于某地区,该商品的特定质量、信誉或者其他特征,主要由该地区的自然因素或者人文因素所决定的标志。

⑥其他缺乏显著特征的标志。包括:过于简单的线条、普通几何图形;过于复杂的文字、图形、数字、字母或上述要素的组合;一个或者两个普通表现形式的字母;普通形式的阿拉伯数字指定使用于习惯以数字做型号或货号的商品上;指定使用商品的常用包装、容器或者装饰性图案;单一颜色;非独创的表

示商品或者服务特点的短语或者句子;本行业或者相关行业常用的贸易场所名称;本行业或者相关行业通用的商贸用语或者标志;企业的组织形式、本行业名称或者简称。①

(三)商标权的条件

1.显著性

(1)商标显著性的含义

在商标权取得的实质条件中,最主要的是显著性。商标的显著性又称为商标的显著特征,是指商标应当具备的足以使相关公众区分商品来源的特征。

(2)缺乏显著性的标志

①仅有指定使用商品的通用名称、图形、型号的标志。详见上文"(二)商标权的客体"之"3.商标的排除"之"(2)不得作为商标注册的标志"之①。

②仅仅直接表示指定使用商品的质量、主要原料、功能、用途、重量、数量及其他特点的标志。其中,"仅仅直接表示"详见上文"(二)商标权的客体"之"3.商标的排除"之"(2)不得作为商标注册的标志"之②;"其他特点"包括特定消费对象、价格、内容、风格或风味、使用方式或方法、生产工艺、生产地点或时间、形态、有效期限(保质期或服务时间)、销售场所或地域范围、技术特点。

③其他缺乏显著特征的标志,指依照社会通常观念其本身或者作为商标使用在指定使用商品上不具备表示商品来源作用的其他标志,详见上文"(二)商标权的客体"之"3.商标的排除"之"(2)不得作为商标注册的标志"之⑥。

(3)商标显著性的判定

商标显著性的判定应当综合考虑构成商标的标志本身(含义、呼叫和外观构成)、商标指定使用商品或服务、商标指定使用商品或服务的相关公众的认知习惯、商标指定使用商品或服务所属行业的实际使用情况等因素,具体如下:

①商标由不具备显著特征的标志和其他要素构成,其中不具备显著特征的标志应当与其指定使用商品的特点相一致,或者依据商业惯例和消费习惯,不会造成相关公众误认。商标含有不具备显著特征部分的标志,申请人可以

---

① 《中华人民共和国商标法》(2019),第11~13条、第15~16条;国家工商行政管理总局:《商标审查标准》(2009),第2部分第3~5条、第4部分。

在《商品和服务分类表》的基础上对指定使用商品进行限定，从而使商标中非显著特征的标志所描述的内容与指定使用商品的特点相一致。

②商标由不具备显著特征的标志和其他要素构成，使用在其指定的商品上容易使相关公众对商品的特点产生误认的，即使申请人声明放弃专用权的，仍应适用《商标法》第 10 条第 1 款第 8 项的规定予以驳回。其中，“商品的特点”包括商品的种类、型号、质量、原料、功能、用途、重量、数量、风味、价格、生产时间、技术特点。

③商标由不具备显著特征的标志和其他要素构成，但相关公众难以通过该其他要素或者商标整体识别商品来源的，判定为缺乏显著特征，适用《商标法》第 11 条第 1 款第 3 项的规定予以驳回。但是，该其他要素或者商标整体能够起到区分商品来源作用的除外。

④本身不具备显著特征的标志经过使用取得商标显著特征，起到区分商品来源作用的，可以作为商标注册。对经过使用取得显著特征的商标的审查，应考虑相关公众对该商标的认知情况、申请人实际使用该商标的情况以及该商标经使用取得显著特征的其他因素。①

2. 合法性

申请注册的商标除了应当具备显著性以外，还不得与他人在先取得的合法权利相冲突，即不得损害他人现有的在先权利。其中，“在先权利”包括以不正当手段抢先注册他人已经使用并有一定影响的商标，②以及在先取得的著作权、外观设计专利权、地理标志权、姓名(名称)或肖像等人身权和知名商品特有的包装、装潢等。

（四）商标权的内容

1. 专用权

商标专用权是指商标权人对自己的注册商标享有的专用使用的权利。他人未经商标权人许可，不得使用其注册商标。商标专用权是商标权的核心，也

---

① 《中华人民共和国商标法》(2019)，第 9 条；国家工商行政管理总局：《商标审查标准》(2009)，第 2 部分。

② 《中华人民共和国商标法》(2019)，第 9 条、第 32 条。

是商标权保护的核心。①

商标专用权有其特定的范围，以核准注册的商标和核定使用的商品或服务为限。② 商标权人只能在核定使用的商品或服务上使用核准注册的商标，既不能在同类商品或服务上使用近似的商标，又不能在类似商品或服务上使用相同的商标，还不能在类似商品或服务上使用近似的商标，即不得随意改变已经核准注册的商标，也不得超出核定使用的商品或服务，否则会造成消费者在商品或服务来源上的混淆。

2. 禁止权

(1)商标禁止权的含义

商标禁止权是指商标权人可以禁止他人在同类或类似商品或服务上使用与自己的注册商标相同或近似的商标的权利。未经商标注册人的许可，在同一种商品上使用与其注册商标相同的商标的；在同一种商品上使用与其注册商标近似的商标，或者在类似商品上使用与其注册商标相同或者近似的商标，容易导致混淆的，属于侵犯注册商标专用权的行为。③

(2)商标相同或近似的认定

所谓“商标相同”，是指被控侵权的商标与原告的注册商标相比较，二者在视觉上基本无差别；所谓商标近似，是指被控侵权的商标与原告的注册商标相比较，其文字的字形、读音、含义或者图形的构图及颜色，或者其各要素组合后的整体结构相似，或者其立体形状、颜色组合近似，易使相关公众对商品的来源产生误认或者认为其来源与原告注册商标的商品有特定的联系。人民法院依法认定商标相同或者近似按照以下原则进行：①以相关公众的一般注意力为准；②既要进行对商标的整体比对，又要进行对商标主要部分的比对，比对应当在比对对象隔离的状态下分别进行；③判断商标是否近似，应当考虑请求保护注册商标的显著性和知名度。

---

① 李明德：《知识产权法》，社会科学文献出版社2007年版，第362～364页。

② 《中华人民共和国商标法》(2019)，第56条。

③ 《中华人民共和国商标法》(2019)，第57条第1～2项。

(3)商品或服务类似的认定

所谓“类似商品”,是指在功能、用途、生产部门、销售渠道、消费对象等方面相同,或者相关公众一般认为其存在特定联系、容易造成混淆的商品;所谓“类似服务”,是指在服务的目的、内容、方式、对象等方面相同,或者相关公众一般认为存在特定联系、容易造成混淆的服务;所谓“商品与服务类似”,是指商品和服务之间存在特定联系,容易使相关公众混淆。人民法院依法认定商品或者服务是否类似,应当以相关公众对商品或者服务的一般认识综合判断;《商标注册用商品和服务国际分类表》《类似商品和服务区分表》可以作为判断类似商品或者服务的参考。①

(4)商标禁止权与专用权的关系

尽管商标禁止权与专用权是相对应的,但是禁止权的范围却大大超出专用权的范围。商标专用权的范围仅包括在同类商品或服务上使用相同商标,商标禁止权的范围还包括在同类商品或服务上使用近似商标,在类似商品或服务上使用相同商标,在类似商品或服务上使用近似商标。这主要是为了防止消费者在商品或服务来源上发生混淆,因为实践中不正当竞争者总是将近似商标使用在同类或类似商品或服务上“搭车”,既想利用他人商标所代表的商誉,又想逃避侵权的指控。②

(五)商标权的限制

1. 商标权的期限

商标权的期限也称为商标权的保护期,是指商标权受到法律保护的期限。对于注册商标而言,商标权的期限就是注册商标的有效期,即注册商标具有法律效力的期限。与所有的知识产权一样,商标权的保护也是有期限的,如我国2019年《商标法》第39条规定:“注册商标的有效期为10年,自核准注册之日起计算。”

但是,商标权的保护期与著作权和专利权不同,只要商标权人愿意,商标

① 《最高人民法院关于审理商标民事纠纷案件适用法律若干问题的解释》(2002),第9~12条。

② 李明德:《知识产权法》,社会科学文献出版社2007年版,第364页。

权可以永久使用，即没有期限限制。这是因为，商标的基本功能是指示商品或服务的来源，且商标权产生以后还需要对商标所体现的商誉进行持续性的投入，而著作权、专利权则不需要。因此，注册商标有效期满，需要继续使用的，可以办理续展注册，每次续展注册的有效期为10年，且续展次数不限。

注册商标的续展注册，应当在期满前12个月内提出申请，向商标局提交商标续展注册申请书，并缴纳商标续展注册费。商标局核准商标注册续展申请后，发给相应证明，并予以公告。续展注册商标有效期自该商标上一届有效期满次日起计算。在注册商标的有效期满前12个月内未能办理续展注册的，可以给予6个月的宽展期。在宽展期内提出商标续展注册申请的，除了缴纳商标续展注册费以外，还需缴纳续展注册迟延费。宽展期满仍未提出申请的，注销其注册商标。①

2. 商标权合理使用

注册商标中含有的本商品的通用名称、图形、型号，或者直接表示商品的质量、主要原料、功能、用途、重量、数量及其他特点，或者含有的地名，注册商标专用权人无权禁止他人正当使用。

3. 善意侵犯商标权

销售不知道是侵犯注册商标专用权的商品，能证明该商品是自己合法取得并说明提供者的，不承担赔偿责任。②

四、其他知识产权

（一）制止不正当竞争权

1. 制止不正当竞争权的客体

制止不正当竞争权的客体是不正当竞争行为和相应的智力活动成果，与知识产权有关的主要有以下四种：

（1）假冒

假冒是指经营者未经许可而使用他人的商业标识从事市场交易，损害竞

① 《中华人民共和国商标法》（2019），第39～40条；《中华人民共和国商标法实施条例》（2014），第33条。

② 《中华人民共和国商标法》（2019），第59条、第64条第2款。

争对手并造成消费者在商品、服务或商业活动来源上混淆的不正当竞争行为。

(2)虚假宣传

虚假宣传是指经营者利用广告或者其他方法,对其商品、服务或商业活动等作不符合事实的描述,引人误解的不正当竞争行为。其中,对商品进行虚假宣传的对象包括但不限于商品的质量、制作成分、性能、用途、生产者、有效期限、产地等。

(3)商业诋毁

商业诋毁是指经营者针对他人的商品、服务或商业活动等捏造、散布虚伪事实,损害竞争对手的商业信誉、商品声誉的不正当竞争行为。

(4)商业秘密

商业秘密是指不为公众所知悉、具有商业价值并经权利人采取保密措施的技术信息、经营信息等商业信息。① 其中,技术信息称为技术秘密,经营信息称为经营秘密。经营秘密中的客户名单,一般是指客户的名称、地址、联系方式以及交易的习惯、意向、内容等构成的区别于相关公知信息的特殊客户信息,包括汇集众多客户的客户名册,以及保持长期稳定交易关系的特定客户。

2. 制止不正当竞争权的条件

(1)假冒的构成要件

①未经许可而使用他人的商业标识。

②损害竞争对手。

③造成消费者在商品、服务或商业活动来源上混淆。

(2)虚假宣传的构成要件

①对自己的商品、服务或商业活动等作不符合事实的描述。

②引人误解。

(3)商业诋毁的构成要件

①针对他人的商品、服务或商业活动等捏造、散布虚伪事实。

②损害竞争对手的商业信誉、商品声誉。

---

① 《中华人民共和国反不正当竞争法》(2019),第9条第4款。

（4）商业秘密的构成要件

①“不为公众所知悉”：指有关信息不为其所属领域的相关人员普遍知悉和容易获得。

②“能为权利人带来经济利益、具有实用性”：指有关信息具有现实的或者潜在的商业价值，能为权利人带来竞争优势。

③“保密措施”：指权利人为防止信息泄露所采取的与其商业价值等具体情况相适应的合理保护措施。①

3.制止不正当竞争权的内容

与知识产权有关的制止不正当竞争权的内容包括：

（1）制止假冒的权利：指经营者在工商业活动中制止其他经营者假冒其商业标识的权利。

（2）制止虚假宣传的权利：指经营者在工商业活动中制止其他经营者对自己的商品、服务或商业活动作引人误解的虚假宣传的权利。

（3）制止商业诋毁的权利：指经营者在工商业活动中制止其他经营者对其商品、服务或商业活动进行商业诋毁的权利。

（4）保护商业秘密的权利：指经营者在工商业活动中保护其商业秘密不受其他经营者侵犯的权利。

4.制止不正当竞争权的限制

（1）在不同地域范围内使用相同或者近似的知名商品特有的名称、包装、装潢，在后使用者能够证明其善意使用的，不构成假冒。

（2）知名商品特有的名称、包装、装潢中含有本商品的通用名称、图形、型号，或者直接表示商品的质量、主要原料、功能、用途、重量、数量以及其他特点，或者含有地名，他人因客观叙述商品而正当使用的，不构成假冒。

（3）商品的名称、包装、装潢属于商标法规定不得作为商标使用的标志，当事人请求依照反不正当竞争法予以保护的，人民法院不予支持。

（4）通过自行开发研制或者反向工程等方式获得的商业秘密，不认定为侵

① 《最高人民法院关于审理不正当竞争民事案件应用法律若干问题的解释》（2007），第9条第1款、第10条、第11条第1款、第13条。

犯商业秘密行为。其中“反向工程”是指通过技术手段对从公开渠道取得的产品进行拆卸、测绘、分析等而获得该产品的有关技术信息。①

（二）植物新品种权

1. 植物新品种权的客体

植物新品种权的客体即植物新品种，其中农业植物新品种包括粮食、棉花、油料、麻类、糖料、蔬菜（含西甜瓜）、烟草、桑树、茶树、果树（干果除外）、观赏植物（木本除外）、草类、绿肥、草本药材、食用菌、藻类和橡胶树等，林业植物新品种包括林木、竹、木质藤本、木本观赏植物（含木本花卉）、果树（干果部分）及木本油料、饮料、调料、木本药材等。②

2. 植物新品种权的条件

（1）新颖性

授予品种权的植物新品种应当具备新颖性。新颖性，是指申请品种权的植物新品种在申请日前该品种繁殖材料未被销售，或者经育种者许可，在我国境内销售该品种繁殖材料未超过 1 年；在我国境外销售藤本植物、林木、果树和观赏树木品种繁殖材料未超过 6 年，销售其他植物品种繁殖材料未超过 4 年。

所谓“销售”，包括下列情形：①以买卖方式将申请品种的繁殖材料转移他人；②以易货方式将申请品种的繁殖材料转移他人；③以入股方式将申请品种的繁殖材料转移他人；④以申请品种的繁殖材料签订生产协议；⑤以其他方式销售的情形。

所谓“育种者许可销售”，包括下列情形：①育种者自己销售；②育种者内部机构销售；③育种者的全资或者参股企业销售；④其他情形。③

（2）特异性

授予品种权的植物新品种应当具备特异性。特异性，是指申请品种权的

---

① 《最高人民法院关于审理不正当竞争民事案件应用法律若干问题的解释》（2007），第 1 条第 2 款、第 2 条第 3 款、第 5 条、第 12 条。

② 《中华人民共和国植物新品种保护条例实施细则（农业部分）》（2014），第 2 条；《中华人民共和国植物新品种保护条例实施细则（林业部分）》（2011），第 2 条。

③ 《中华人民共和国植物新品种保护条例》（2014），第 14 条；《中华人民共和国植物新品种保护条例实施细则（农业部分）》（2014），第 15 条。

植物新品种应当明显区别于在递交申请以前已知的植物品种。其中,“已知的植物品种”包括品种权申请初审合格公告、通过品种审定或者已推广应用的品种。①

(3)一致性

授予品种权的植物新品种应当具备一致性。一致性,是指申请品种权的植物新品种经过繁殖,除可以预见的变异外,其相关的特征或者特性一致。其中,“相关的特征或者特性”是指至少包括用于特异性、一致性和稳定性测试的性状或者授权时进行品种描述的性状。②

(4)稳定性

授予品种权的植物新品种应当具备稳定性。稳定性,是指申请品种权的植物新品种经过反复繁殖后或者在特定繁殖周期结束时,其相关的特征或者特性保持不变。③

3. 植物新品种权的内容

完成育种的单位或者个人对其授权品种,享有排他的独占权。任何单位或者个人未经品种权人许可,不得为商业目的生产或者销售该授权品种的繁殖材料,不得为商业目的将该授权品种的繁殖材料重复使用于生产另一品种的繁殖材料,但我国《植物新品种保护条例》另有规定的除外。其中,繁殖材料是指可繁殖植物的种植材料或植物体的其他部分,包括整株植物、籽粒、果实和根、茎、苗、芽、叶、花等。④

4. 植物新品种权的限制

(1)权利期限

品种权的保护期限,自授权之日起,藤本植物、林木、果树和观赏树木为20

---

① 《中华人民共和国植物新品种保护条例》(2014),第15条;《中华人民共和国植物新品种保护条例实施细则(农业部分)》(2014),第16条。

② 《中华人民共和国植物新品种保护条例》(2014),第16条;《中华人民共和国植物新品种保护条例实施细则(农业部分)》(2014),第17条。

③ 《中华人民共和国植物新品种保护条例》(2014),第17条。

④ 《中华人民共和国植物新品种保护条例》(2014),第6条;《中华人民共和国植物新品种保护条例实施细则(农业部分)》(2014),第5条;《中华人民共和国植物新品种保护条例实施细则(林业部分)》(2011),第4条。

年,其他植物为15年。有下列情形之一的,品种权在其保护期限届满前终止:①品种权人以书面声明放弃品种权的;②品种权人未按照规定缴纳年费的;③品种权人未按照审批机关的要求提供检测所需的该授权品种的繁殖材料的;④经检测该授权品种不再符合被授予品种权时的特征和特性的。品种权的终止,由审批机关登记和公告。①

(2)合理使用

在下列情况下使用授权品种的,可以不经品种权人许可,不向其支付使用费,但是不得侵犯品种权人依法享有的其他权利:①利用授权品种进行育种及其他科研活动;②农民自繁自用授权品种的繁殖材料。②

(3)强制许可

有下列情形之一的,审批机关可以作出实施植物新品种强制许可的决定,并予以登记和公告:①为了国家利益或者公共利益的需要;②品种权人无正当理由自己不实施,又不许可他人以合理条件实施的;③品种权人虽已实施,但明显不能满足国内市场需求,又不许可他人以合理条件实施的。申请强制许可的,应当向审批机关提交强制许可请求书,说明理由并附具有关证明文件各一式两份。

取得实施强制许可的单位或者个人应当付给品种权人合理的使用费,其数额由双方商定;双方不能达成协议的,由审批机关裁决。申请裁决使用费数额的,当事人应当提交裁决申请书,并附具未能达成协议的证明文件。审批机关自收到申请书之日起3个月内作出裁决并通知当事人。品种权人对强制许可决定或者强制许可使用费的裁决不服的,可以自收到通知之日起3个月内向人民法院提起诉讼。③

(4)善意侵权

以农业或者林业种植为业的个人、农村承包经营户接受他人委托代为繁

---

① 《中华人民共和国植物新品种保护条例》(2014),第34条、第36条。

② 《中华人民共和国植物新品种保护条例》(2014),第10条。

③ 《中华人民共和国植物新品种保护条例》(2014),第11条;《中华人民共和国植物新品种保护条例实施细则(农业部分)》(2014),第12条第1~2款、第13条;《中华人民共和国植物新品种保护条例实施细则(林业部分)》(2011),第9~10条。

殖侵犯品种权的繁殖材料，不知道代繁物是侵犯品种权的繁殖材料并说明委托人的，不承担赔偿责任。①

(三)集成电路布图设计专有权

1. 集成电路布图设计专有权的客体

集成电路布图设计专有权的客体即集成电路布图设计，是指集成电路中至少有一个是有源元件的两个以上元件和部分或者全部互联线路的三维配置，或者为制造集成电路而准备的上述三维配置。其中，集成电路是指半导体集成电路，即以半导体材料为基片，将至少有一个是有源元件的两个以上元件和部分或者全部互联线路集成在基片之中或者基片之上，以执行某种电子功能的中间产品或者最终产品。

2. 集成电路布图设计专有权的条件

受保护的布图设计应当具有独创性，即该布图设计是创作者自己的智力劳动成果，并且在其创作时该布图设计在布图设计创作者和集成电路制造者中不是公认的常规设计。如果受保护的由常规设计组成的布图设计，其组合作为整体应当符合独创性条件。

3. 集成电路布图设计专有权的内容

布图设计权利人享有下列专有权：

(1)对受保护的布图设计的全部或者其中任何具有独创性的部分进行复制；

(2)将受保护的布图设计、含有该布图设计的集成电路或者含有该集成电路的物品投入商业利用。

4. 集成电路布图设计专有权的限制

(1)合理使用

下列行为可以不经布图设计权利人许可，不向其支付报酬：

①为个人目的或者单纯为评价、分析、研究、教学等目的而复制受保护的布图设计的；

---

① 《最高人民法院关于审理侵犯植物新品种权纠纷案件具体应用法律问题的若干规定》(2007)，第8条。

②在依据前项评价、分析受保护的布图设计的基础上，创作出具有独创性的布图设计的；

③对自己独立创作的与他人相同的布图设计进行复制或者将其投入商业利用的。

(2)权利用尽

受保护的布图设计、含有该布图设计的集成电路或者含有该集成电路的物品，由布图设计权利人或者经其许可投放市场后，他人再次商业利用的，可以不经布图设计权利人许可，并不向其支付报酬。

(3)非自愿许可

在国家出现紧急状态或者非常情况时，或者为了公共利益的目的，或者经人民法院、不正当竞争行为监督检查部门依法认定布图设计权利人有不正当竞争行为而需要给予补救时，国务院知识产权行政部门可以给予使用其布图设计的非自愿许可。

国务院知识产权行政部门作出给予使用布图设计非自愿许可的决定，应当及时通知布图设计权利人。给予使用布图设计非自愿许可的决定，应当根据非自愿许可的理由，规定使用的范围和时间，其范围应当限于为公共目的非商业性使用，或者限于经人民法院、不正当竞争行为监督检查部门依法认定布图设计权利人有不正当竞争行为而需要给予的补救。非自愿许可的理由消除并不再发生时，国务院知识产权行政部门应当根据布图设计权利人的请求，经审查后作出终止使用布图设计非自愿许可的决定。

取得使用布图设计非自愿许可的自然人、法人或者其他组织不享有独占的使用权，并且无权允许他人使用，但应当向布图设计权利人支付合理的报酬。取得使用布图设计非自愿许可的人向布图设计权利人支付报酬的数额由双方协商；双方不能达成协议的，由国务院知识产权行政部门裁决。

布图设计权利人对国务院知识产权行政部门关于使用布图设计非自愿许可的决定不服的，布图设计权利人和取得非自愿许可的自然人、法人或者其他组织对国务院知识产权行政部门关于使用布图设计非自愿许可的报酬的裁决不服的，可以自收到通知之日起 3 个月内向人民法院起诉。

(4)善意侵权

在获得含有受保护的布图设计的集成电路或者含有该集成电路的物品时,不知道也没有合理理由应当知道其中含有非法复制的布图设计,而将其投入商业利用的,不视为侵权。行为人得到其中含有非法复制的布图设计的明确通知后,可以继续将现有的存货或者此前的订货投入商业利用,但应当向布图设计权利人支付合理的报酬。①

第二节　知识产权行政行为

一、知识产权民事纠纷的行政处理

(一)著作权侵权行为的行政处罚

1.给予行政处罚的著作权侵权行为

(1)给予行政处罚的著作权侵权行为的构成要件

①构成著作权侵权行为。

②同时损害公共利益的。

(2)给予行政处罚的著作权侵权行为的具体情形

①未经著作权人许可,复制、发行、表演、放映、广播、汇编、通过信息网络向公众传播其作品的,属于合理使用、法定许可使用情形的除外;

②出版他人享有专有出版权的图书的;

③未经表演者许可,复制、发行录有其表演的录音录像制品,或者通过信息网络向公众传播其表演的,属于合理使用、法定许可使用情形的除外;

④未经录音录像制作者许可,复制、发行、通过信息网络向公众传播其制作的录音录像制品的,属于合理使用、法定许可使用情形的除外;

⑤未经许可,播放或者复制广播、电视的,属于合理使用、法定许可使用情形的除外;

---

①《集成电路布图设计保护条例》(2001),第2条第1~2项、第4条、第7条、第23~29条、第33条。

⑥未经著作权人或者与著作权有关的权利人许可，故意避开或者破坏权利人为其作品、录音录像制品等采取的保护著作权或者与著作权有关的权利的技术措施的，法律、行政法规另有规定的除外；

⑦未经著作权人或者与著作权有关的权利人许可，故意删除或者改变作品、录音录像制品等的权利管理电子信息的，法律、行政法规另有规定的除外；

⑧制作、出售假冒他人署名的作品的。①

2. 著作权侵权行为的行政处罚机关

（1）一般的承担行政责任的著作权侵权行为，由地方人民政府著作权行政管理部门负责查处。

（2）在全国有重大影响的承担行政责任的著作权侵权行为，国务院著作权行政管理部门可以查处。②

3. 著作权侵权行为的行政处罚措施

（1）责令停止侵权行为，没收违法所得，没收、销毁侵权复制品，并可处以罚款。非法经营额5万元以上的，著作权行政管理部门可处非法经营额1倍以上5倍以下的罚款；没有非法经营额或者非法经营额5万元以下的，著作权行政管理部门根据情节轻重，可处25万元以下的罚款。

（2）情节严重的，著作权行政管理部门还可以没收主要用于制作侵权复制品的材料、工具、设备等。③

4. 著作权侵权行为的行政处罚救济

当事人对行政处罚不服的，可以自收到行政处罚决定书之日起3个月内向人民法院起诉，期满不起诉又不履行的，著作权行政管理部门可以申请人民法院执行。④

---

① 《中华人民共和国著作权法》（2010），第48条。

② 《中华人民共和国著作权法实施条例》（2013），第37条。

③ 《中华人民共和国著作权法》（2010），第48条；《中华人民共和国著作权法实施条例》（2013），第36条。

④ 《中华人民共和国著作权法》（2010），第56条。

（二）专利民事纠纷的行政处理

1. 专利民事纠纷的行政处理部门

(1)部门及其职责

①管理专利工作的部门：指由省、自治区、直辖市人民政府以及专利管理工作量大又有实际处理能力的设区的市人民政府设立的管理专利工作的部门。管理专利工作的部门开展专利行政执法，即处理专利侵权纠纷、调解专利纠纷以及查处假冒专利行为。

②国务院专利行政部门：对管理专利工作的部门处理专利侵权纠纷、查处假冒专利行为、调解专利纠纷进行业务指导。

(2)管辖分工

当事人请求处理专利侵权纠纷或者调解专利纠纷的，由被请求人所在地或者侵权行为地的管理专利工作的部门管辖。两个以上管理专利工作的部门都有管辖权的专利纠纷，当事人可以向其中一个管理专利工作的部门提出请求；当事人向两个以上有管辖权的管理专利工作的部门提出请求的，由最先受理的管理专利工作的部门管辖。管理专利工作的部门对管辖权发生争议的，由其共同的上级人民政府管理专利工作的部门指定管辖；无共同上级人民政府管理专利工作的部门的，由国务院专利行政部门指定管辖。

对有重大影响的专利侵权纠纷案件、假冒专利案件，国家知识产权局在必要时可以组织有关管理专利工作的部门处理、查处。对于行为发生地涉及两个以上省、自治区、直辖市的重大案件，有关省、自治区、直辖市管理专利工作的部门可以报请国家知识产权局协调处理或者查处。管理专利工作的部门开展专利行政执法遇到疑难问题的，国家知识产权局应当给予必要的指导和支持。

管理专利工作的部门可以依据本地实际，委托有实际处理能力的市、县级人民政府设立的专利管理部门查处假冒专利行为、调解专利纠纷。委托方应当对受托方查处假冒专利和调解专利纠纷的行为进行监督和指导，并承担法律责任。①

---

① 《中华人民共和国专利法实施细则》(2010)，第79~81条；国家知识产权局：《专利行政执法办法》(2015)，第2条、第5~6条。

2. 专利民事纠纷的行政调解

(1)调解原则

管理专利工作的部门调解专利纠纷,应当遵循自愿、合法的原则,在查明事实、分清是非的基础上,促使当事人相互谅解,达成调解协议。

(2)调解范围

①专利申请权和专利权归属纠纷。

②发明人、设计人资格纠纷。

③职务发明创造的发明人、设计人的奖励和报酬纠纷。

④在发明专利申请公布后专利权授予前使用发明而未支付适当费用的纠纷。应当在专利权被授予之后提出。

⑤其他专利纠纷。

(3)申请文件

请求管理专利工作的部门调解专利纠纷的,应当提交请求书。请求书应当记载以下内容:①请求人的姓名或者名称、地址,法定代表人或者主要负责人的姓名、职务,委托代理人的,代理人的姓名和代理机构的名称、地址;②被请求人的姓名或者名称、地址;③请求调解的具体事项和理由。

单独请求调解侵犯专利权赔偿数额的,应当提交有关管理专利工作的部门作出的认定侵权行为成立的处理决定书副本。

(4)送达和立案

管理专利工作的部门收到调解请求书后,应当及时将请求书副本通过寄交、直接送交或者其他方式送达被请求人,要求其在收到之日起15日内提交意见陈述书。

被请求人提交意见陈述书并同意进行调解的,管理专利工作的部门应当在收到意见陈述书之日起5个工作日内立案,并通知请求人和被请求人进行调解的时间和地点。被请求人逾期未提交意见陈述书,或者在意见陈述书中表示不接受调解的,管理专利工作的部门不予立案,并通知请求人。

(5)请求中止有关程序

当事人因专利申请权或者专利权的归属发生纠纷,已请求管理专利工作的部门调解或者向人民法院起诉的,可以请求国务院专利行政部门中止有关程序。所谓"中止有关程序",是指暂停专利申请的初步审查、实质审查、复审程序,授予专利权程序和专利权无效宣告程序;暂停办理放弃、变更、转移专利权或者专利申请权手续,专利权质押手续以及专利权期限届满前的终止手续等。请求中止有关程序的,应当向国务院专利行政部门提交请求书,并附具管理专利工作的部门或者人民法院的写明申请号或者专利号的有关受理文件副本。

管理专利工作的部门作出的调解书或者人民法院作出的判决生效后,当事人应当向国务院专利行政部门办理恢复有关程序的手续。自请求中止之日起1年内,有关专利申请权或者专利权归属的纠纷未能结案,需要继续中止有关程序的,请求人应当在该期限内请求延长中止。期满未请求延长的,国务院专利行政部门自行恢复有关程序。

(6)调解协议

当事人经调解达成协议的,由管理专利工作的部门制作调解协议书,加盖其公章,并由双方当事人签名或者盖章;未能达成协议的,管理专利工作的部门以撤销案件的方式结案,并通知双方当事人。①

3. 专利侵权纠纷的行政处理

(1)处理原则

管理专利工作的部门处理专利侵权纠纷应当"以事实为依据,以法律为准绳",遵循公正、及时的原则。

(2)申请条件

请求管理专利工作的部门处理专利侵权纠纷的,应当符合下列条件:

①请求人是专利权人或者利害关系人,其中利害关系人包括专利实施许可合同的被许可人、专利权人的合法继承人。专利实施许可合同的被许可人中,独占实施许可合同的被许可人可以单独提出请求;排他实施许可合同的被许可人在专利权人不请求的情况下,可以单独提出请求;除合同另有约定外,

---

① 《中华人民共和国专利法实施细则》(2010),第85~86条、第88条;国家知识产权局:《专利行政执法办法》(2015),第3条第2款、第22~24条、第26~27条。

普通实施许可合同的被许可人不能单独提出请求。

②有明确的被请求人。

③有明确的请求事项和具体事实、理由。

④属于受案管理专利工作的部门的受案和管辖范围。

⑤当事人没有就该专利侵权纠纷向人民法院起诉。

(3)申请文件

请求管理专利工作的部门处理专利侵权纠纷的,应当提交请求书及证明材料,并按照被请求人的数量提供请求书副本及有关证据。

①请求书:应当记载以下内容:a. 请求人的姓名或者名称、地址,法定代表人或者主要负责人的姓名、职务,委托代理人的,代理人的姓名和代理机构的名称、地址;b. 被请求人的姓名或者名称、地址;c. 请求处理的事项以及事实和理由。有关证据和证明材料可以以请求书附件的形式提交。请求书应当由请求人签名或者盖章。

②证明材料:a. 主体资格证明,即个人应当提交居民身份证或者其他有效身份证件,单位应当提交有效的营业执照或者其他主体资格证明文件副本及法定代表人或者主要负责人的身份证明;b. 专利权有效的证明,即专利登记簿副本,或者专利证书和当年缴纳专利年费的收据;c. 专利侵权纠纷涉及实用新型或者外观设计专利的,管理专利工作的部门可以要求请求人出具由国家知识产权局作出的专利权评价报告(实用新型专利检索报告)。

(4)处理程序

①立案和通知:请求符合规定条件的,管理专利工作的部门应当在收到请求书之日起 5 个工作日内立案并通知请求人,同时指定 3 名或者 3 名以上单数执法人员处理该专利侵权纠纷;请求不符合规定条件的,管理专利工作的部门应当在收到请求书之日起 5 个工作日内通知请求人不予受理,并说明理由。

②送达和答辩:管理专利工作的部门应当在立案之日起 5 个工作日内将请求书及其附件的副本送达被请求人,要求其在收到之日起 15 日内提交答辩书并按照请求人的数量提供答辩书副本。被请求人逾期不提交答辩书的,不影响管理专利工作的部门进行处理。被请求人提交答辩书的,管理专利工作的

部门应当在收到之日起5个工作日内将答辩书副本送达请求人。

③调解:管理专利工作的部门处理专利侵权纠纷案件时,可以根据当事人的意愿进行调解。双方当事人达成一致的,由管理专利工作的部门制作调解协议书,加盖其公章,并由双方当事人签名或者盖章。调解不成的,应当及时作出处理决定。

④中止处理:在处理专利侵权纠纷过程中,被请求人提出无效宣告请求并被专利复审委员会受理的,可以请求管理专利工作的部门中止处理。管理专利工作的部门认为被请求人提出的中止理由明显不能成立的,可以不中止处理。

⑤口头审理:管理专利工作的部门处理专利侵权纠纷,可以根据案情需要决定是否进行口头审理。管理专利工作的部门决定进行口头审理的,应当至少在口头审理3个工作日前将口头审理的时间、地点通知当事人。当事人无正当理由拒不参加的,或者未经允许中途退出的,对请求人按撤回请求处理,对被请求人按缺席处理。管理专利工作的部门举行口头审理的,应当将口头审理的参加人和审理要点记入笔录,经核对无误后,由执法人员和参加人签名或者盖章。

(5)处理决定

除达成调解协议或者请求人撤回请求之外,管理专利工作的部门处理专利侵权纠纷应当制作处理决定书,写明以下内容:①当事人的姓名或者名称、地址;②当事人陈述的事实和理由;③认定侵权行为是否成立的理由和依据;④处理决定认定侵权行为成立并需要责令侵权人立即停止侵权行为的,应当明确写明责令被请求人立即停止的侵权行为的类型、对象和范围,认定侵权行为不成立的,应当驳回请求人的请求;⑤不服处理决定提起行政诉讼的途径和期限。处理决定书应当加盖管理专利工作的部门的公章。

管理专利工作的部门认定专利侵权行为成立,作出处理决定,责令侵权人立即停止侵权行为的,应当采取下列7种措施制止侵权行为。①侵权人制造专利侵权产品的,责令其立即停止制造行为,销毁制造侵权产品的专用设备、模具,并且不得销售、使用尚未售出的侵权产品或者以任何其他形式将其投放市场;侵权产品难以保存的,责令侵权人销毁该产品。②侵权人未经专利权人许可使用专利方法的,责令侵权人立即停止使用行为,销毁实施专利方法的专用设备、模具,并且不得销售、使用尚未售出的依照专利方法所直接获得的侵权产品或者以任何其他形式将其投放市场;侵权产品难以保存的,责令侵权人销毁该产品。③侵权人销售专利侵权产品或者依照专利方法直接获得的侵权产品的,责令其立即停止销售行为,并且不得使用尚未售出的侵权产品或者以任何其他形式将其投放市场;尚未售出的侵权产品难以保存的,责令侵权人销毁该产品。④侵权人许诺销售专利侵权产品或者依照专利方法直接获得的侵权产品的,责令其立即停止许诺销售行为,消除影响,并且不得进行任何实际销售行为。⑤侵权人进口专利侵权产品或者依照专利方法直接获得的侵权产品的,责令侵权人立即停止进口行为;侵权产品已经入境的,不得销售、使用该侵权产品或者以任何其他形式将其投放市场;侵权产品难以保存的,责令侵权人销毁该产品;侵权产品尚未入境的,可以将处理决定通知有关海关。⑥责令侵权的参展方采取从展会上撤出侵权展品、销毁或者封存相应的宣传材料、更换或者遮盖相应的展板等撤展措施。⑦停止侵权行为的其他必要措施。管理专利工作的部门认定电子商务平台上的专利侵权行为成立,作出处理决定的,应当通知电子商务平台提供者及时对专利侵权产品或者依照专利方法直接获得的侵权产品相关网页采取删除、屏蔽或者断开链接等措施。

管理专利工作的部门作出认定专利侵权行为成立并责令侵权人立即停止侵权行为的处理决定后,被请求人向人民法院提起行政诉讼的,在诉讼期间不停止决定的执行。侵权人对管理专利工作的部门作出的认定侵权行为成立的处理决定期满不起诉又不停止侵权行为的,管理专利工作的部门可以申请人民法院强制执行。管理专利工作的部门或者人民法院作出认定侵权成立并责令侵权人立即停止侵权行为的处理决定或者判决之后,被请求人就同一专利权再次作出相同类型的侵权行为,专利权人或者利害关系人请求处理的,管理专利工作的部门可以直接作出责令立即停止侵权行为的处理决定。

(6)处理时限

管理专利工作的部门处理专利侵权纠纷,应当自立案之日起 3 个月内结案。案件特别复杂需要延长期限的，应当由管理专利工作的部门负责人批准。经批准延长的期限，最多不超过1个月。案件处理过程中的公告、鉴定、中止等时间不计入前款所述案件办理期限。①

4. 假冒专利行为的行政查处

（1）查处原则

管理专利工作的部门查处假冒专利行为，应当以事实为依据、以法律为准绳，遵循公正、公开的原则，给予的行政处罚应当与违法行为的事实、性质、情节以及社会危害程度相当。

（2）查处措施

①责令改正并予公告。管理专利工作的部门认定假冒专利行为成立的，应当责令行为人采取下列6种改正措施。a. 在未被授予专利权的产品或者其包装上标注专利标识、专利权被宣告无效后或者终止后继续在产品或者其包装上标注专利标识或者未经许可在产品或者产品包装上标注他人的专利号的，立即停止标注行为，消除尚未售出的产品或者其包装上的专利标识；产品上的专利标识难以消除的，销毁该产品或者包装。b. 销售前述产品的，立即停止销售行为。c. 在产品说明书等材料中将未被授予专利权的技术或者设计称为专利技术或者专利设计，将专利申请称为专利，或者未经许可使用他人的专利号，使公众将所涉及的技术或者设计误认为是他人的专利技术或者专利设计的，立即停止发放该材料，销毁尚未发出的材料，并消除影响。d. 伪造或者变造专利证书、专利文件或者专利申请文件的，立即停止伪造或者变造行为，销毁伪造或者变造的专利证书、专利文件或者专利申请文件，并消除影响。e. 责令假冒专利的参展方采取从展会上撤出假冒专利展品、销毁或者封存相应的宣传材料、更换或者遮盖相应的展板等撤展措施。f. 其他必要的改正措施。管理专利工作的部门认定电子商务平台上的假冒专利行为成立的，应当通知电子商务平台提供者及时对假冒专利产品相关网页采取删除、屏蔽或者断开链接等措施。

---

① 《中华人民共和国专利法实施细则》(2010)，第82条；国家知识产权局：《专利行政执法办法》(2015)，第3条第1款、第10～17条、第19～21条、第43～44条。

②没收违法所得。管理专利工作的部门认定假冒专利行为成立的,可以按照下列方式确定行为人的违法所得:a. 销售假冒他人专利的产品的,以产品销售价格乘以所销售产品的数量作为其违法所得;b. 订立假冒他人专利的合同的,以收取的费用作为其违法所得。

③罚款:有违法所得的,可以处违法所得 4 倍以下的罚款;没有违法所得的,可以处 20 万元以下的罚款。

(3)查处程序

①立案和管辖:管理专利工作的部门发现或者接受举报、投诉发现涉嫌假冒专利行为的,应当自发现之日起 5 个工作日内或者收到举报、投诉之日起 10 个工作日内立案,并指定两名或者两名以上执法人员进行调查。查处假冒专利行为由行为发生地的管理专利工作的部门管辖。管理专利工作的部门对管辖权发生争议的,由其共同的上级人民政府管理专利工作的部门指定管辖;无共同上级人民政府管理专利工作的部门的,由国家知识产权局指定管辖。

②查封、扣押:管理专利工作的部门查封、扣押涉嫌假冒专利产品的,应当经其负责人批准。查封、扣押时,应当向当事人出具有关通知书。管理专利工作的部门查封、扣押涉嫌假冒专利产品,应当当场清点,制作笔录和清单,由当事人和执法人员签名或者盖章。当事人拒绝签名或者盖章的,由执法人员在笔录上注明。清单应当交当事人一份。

③案件处理:案件调查终结,经管理专利工作的部门负责人批准,根据案件情况分别作以下处理。a. 假冒专利行为成立应当予以处罚的,依法给予行政处罚;b. 假冒专利行为轻微并已及时改正的,免予处罚;c. 假冒专利行为不成立的,依法撤销案件;d. 涉嫌犯罪的,依法移送公安机关。

(4)行政处罚

管理专利工作的部门作出行政处罚决定前,应当告知当事人作出处罚决定的事实、理由和依据,并告知当事人依法享有的权利。管理专利工作的部门作出较大数额罚款的决定之前,应当告知当事人有要求举行听证的权利。当事人提出听证要求的,应当依法组织听证。对情节复杂或者重大违法行为给予较重的行政处罚的,应当由管理专利工作的部门负责人集体讨论决定。

当事人有权进行陈述和申辩，管理专利工作的部门不得因当事人申辩而加重行政处罚。管理专利工作的部门对当事人提出的事实、理由和证据应当进行核实。当事人提出的事实属实、理由成立的，管理专利工作的部门应当予以采纳。

经调查，假冒专利行为成立应当予以处罚的，管理专利工作的部门应当制作处罚决定书，写明以下内容：①当事人的姓名或者名称、地址；②认定假冒专利行为成立的证据、理由和依据；③处罚的内容以及履行方式；④不服处罚决定申请行政复议和提起行政诉讼的途径和期限。处罚决定书应当加盖管理专利工作的部门的公章，并予以公告。

管理专利工作的部门作出处罚决定后，当事人申请行政复议或者向人民法院提起行政诉讼的，在行政复议或者诉讼期间不停止决定的执行。假冒专利行为的行为人应当自收到处罚决定书之日起 15 日内，到指定的银行缴纳处罚决定书写明的罚款；到期不缴纳的，每日按罚款数额的 3% 加处罚款。拒绝、阻碍管理专利工作的部门依法执行公务的，由公安机关根据《治安管理处罚法》的规定给予处罚；情节严重构成犯罪的，由司法机关依法追究刑事责任。

(5)查处时限

管理专利工作的部门查处假冒专利案件，应当自立案之日起 1 个月内结案。案件特别复杂需要延长期限的，应当由管理专利工作的部门负责人批准。经批准延长的期限，最多不超过 15 日。案件处理过程中听证、公告等时间不计入前款所述案件办理期限。①

5. 专利民事纠纷行政处理的调查取证

在专利侵权纠纷处理过程中，当事人因客观原因不能自行收集部分证据的，可以书面请求管理专利工作的部门调查取证；在处理专利侵权纠纷、查处假冒专利行为过程中，管理专利工作的部门可以根据需要依职权调查收集有关证据。

管理专利工作的部门调查收集证据可以查阅、复制与案件有关的合同、账

---

① 《中华人民共和国专利法》(2008)，第 63 条；国家知识产权局：《专利行政执法办法》(2015)，第 3 条第 3 款、第 28 ~ 36 条、第 45 条、第 47 ~ 50 条。

册等有关文件；询问当事人和证人；采用测量、拍照、摄像等方式进行现场勘验。涉嫌侵犯制造方法专利权的，管理专利工作的部门可以要求被调查人进行现场演示。

管理专利工作的部门调查收集证据可以采取抽样取证的方式。涉及产品专利的，可以从涉嫌侵权的产品中抽取一部分作为样品；涉及方法专利的，可以从涉嫌依照该方法直接获得的产品中抽取一部分作为样品。

在证据可能灭失或者以后难以取得，又无法进行抽样取证的情况下，管理专利工作的部门可以进行登记保存，并在7日内作出决定。①

(三)商标违法行为的行政处理

1.给予行政处理的商标违法行为

(1)法律、行政法规规定必须使用注册商标的商品，没有申请商标注册或者未经核准注册而在市场销售的。

(2)就相同或者类似商品申请注册的商标是复制、模仿或者翻译他人未在我国注册的驰名商标，容易导致混淆的；或者就不相同或者不相类似商品申请注册的商标是复制、模仿或者翻译他人已经在我国注册的驰名商标，误导公众，致使该驰名商标注册人的利益可能受到损害的。

(3)经许可使用他人注册商标的，没有在使用该注册商标的商品上标明被许可人的名称和商品产地的。

(4)使用注册商标：①自行改变注册商标的；②自行改变注册商标的注册人名义、地址或者其他注册事项的；③连续3年不使用的。

(5)使用未注册商标：①冒充注册商标的；②以不得使用的标志作为商标的。

(6)侵犯注册商标专用权的行为。②

2.商标侵权行为的行政查处职权

对侵犯注册商标专用权的行为，工商行政管理部门有权依法查处。县级

---

① 国家知识产权局：《专利行政执法办法》(2015)，第37~40条。

② 《中华人民共和国商标法》(2019)，第6条、第10条、第13条、第43条、第49条、第52条、第60条。

以上工商行政管理部门根据已经取得的违法嫌疑证据或者举报,对涉嫌侵犯他人注册商标专用权的行为进行查处时,可以行使下列职权:

(1)询问有关当事人,调查与侵犯他人注册商标专用权有关的情况。

(2)查阅、复制当事人与侵权活动有关的合同、发票、账簿以及其他有关资料。

(3)对当事人涉嫌从事侵犯他人注册商标专用权活动的场所实施现场检查。

(4)检查与侵权活动有关的物品;对有证据证明是侵犯他人注册商标专用权的物品,可以查封或者扣押。

(5)工商行政管理部门依法行使前款规定的职权时,当事人应当予以协助、配合,不得拒绝、阻挠。①

3. 商标违法行为的行政处理措施

(1)责令限期改正,适用于下列商标违法行为:①经许可使用他人注册商标的,没有在使用该注册商标的商品上标明被许可人的名称和商品产地的;②自行改变注册商标、注册人名义、地址或者其他注册事项的;③用未注册商标冒充注册商标,或者以不得使用的标志作为商标使用的。

(2)责令立即停止侵权行为,适用于侵犯注册商标专用权的行为。

(3)没收、销毁违法使用注册商标的标识、商品和专门用于制造该商品、伪造注册商标标识的工具,适用于侵犯注册商标专用权的行为。

(4)罚款。对于使用未注册商标,冒充注册商标的;以不得使用的标志作为商标的;法律、行政法规规定必须使用注册商标的商品,没有申请商标注册或者未经核准注册而在市场销售的,处以罚款的数额为违法经营额20%以下,没有违法经营额或者违法经营额不足5万元的,可以处1万元以下的罚款。对于侵犯注册商标专用权的行为,违法经营额5万元以上的,可以处违法经营额5倍以下的罚款,没有违法经营额或者违法经营额不足5万元的,可以处25万

① 《中华人民共和国商标法》(2019),第61~62条。

元以下的罚款。[①]

4. 商标违法行为的行政处理救济

工商行政管理部门根据当事人的请求，就侵犯商标专用权的赔偿数额进行调解不成（当事人未达成协议或者调解书生效后不履行）的，当事人可以依照《民事诉讼法》向人民法院起诉。[②]

（四）其他知识产权民事纠纷的行政处理

1. 不正当竞争行为的监督检查

（1）调查措施

监督检查部门调查涉嫌不正当竞争行为，可以采取的措施有：

①进入涉嫌不正当竞争行为的经营场所进行检查；

②询问被调查的经营者、利害关系人及其他有关单位、个人，要求其说明有关情况或者提供与被调查行为有关的其他资料；

③查询、复制与涉嫌不正当竞争行为有关的协议、账簿、单据、文件、记录、业务函电和其他资料；

④查封、扣押与涉嫌不正当竞争行为有关的财物；

⑤查询涉嫌不正当竞争行为的经营者的银行账户。

（2）行政处罚

①经营者违法实施混淆行为的，由监督检查部门责令停止违法行为，没收违法商品。违法经营额5万元以上的，可以并处违法经营额5倍以下的罚款；没有违法经营额或者违法经营额不足5万元的，可以并处25万元以下的罚款。情节严重的，吊销营业执照。

②经营者违法对其商品作虚假或者引人误解的商业宣传，或者通过组织虚假交易等方式帮助其他经营者进行虚假或者引人误解的商业宣传的，由监督检查部门责令停止违法行为，处20万元以上100万元以下的罚款；情节严重的，处100万元以上200万元以下的罚款，可以吊销营业执照。

---

① 《中华人民共和国商标法》（2019），第43条、第49条、第52条、第60条；《中华人民共和国商标法实施条例》（2014），第71条。

② 《中华人民共和国商标法》（2019），第60条第3款。

③经营者以及其他自然人、法人和非法人组织违法侵犯商业秘密的，由监督检查部门责令停止违法行为，没收违法所得，处10万元以上100万元以下的罚款；情节严重的，处50万元以上500万元以下的罚款。

④经营者违法损害竞争对手商业信誉、商品声誉的，由监督检查部门责令停止违法行为、消除影响，处10万元以上50万元以下的罚款；情节严重的，处50万元以上300万元以下的罚款。

(3)相关措施

①经营者违反《反不正当竞争法》规定从事不正当竞争，受到行政处罚的，由监督检查部门记入信用记录，并依照有关法律、行政法规的规定予以公示。

②妨害监督检查部门依照《反不正当竞争法》履行职责，拒绝、阻碍调查的，由监督检查部门责令改正，对个人可以处5000元以下的罚款，对单位可以处5万元以下的罚款，并可以由公安机关依法给予治安管理处罚。

③当事人对监督检查部门作出的决定不服的，可以依法申请行政复议或者提起行政诉讼。

④监督检查部门的工作人员滥用职权、玩忽职守、徇私舞弊或者泄露调查过程中知悉的商业秘密的，依法给予处分。[①]

2. 植物新品种侵权和假冒的行政处理

(1)给予行政处理的植物新品种侵权和假冒行为

①侵犯植物新品种权的行为

未经品种权人许可，以商业目的生产或者销售授权品种的繁殖材料的，品种权人或者利害关系人可以请求省级以上人民政府农业、林业行政部门依据各自的职权进行处理。

②假冒植物新品种权的行为

假冒授权品种行为是指下列情形之一：

a. 印制或者使用伪造的品种权证书、品种权申请号、品种权号或者其他品种权申请标记、品种权标记；

---

① 《中华人民共和国反不正当竞争法》(2019)，第13条第1款、第18条第1款、第20条第1款、第21条、第23条、第26条、第28～30条。

b. 印制或者使用已经被驳回、视为撤回或者撤回的品种权申请的申请号或者其他品种权申请标记；

c. 印制或者使用已经被终止或者被宣告无效的品种权的品种权证书、品种权号或者其他品种权标记；

d. 生产或者销售上述标记的品种；

e. 生产或销售冒充品种权申请或者授权品种名称的品种；

f. 其他足以使他人将非品种权申请或者非授权品种误认为品种权申请或者授权品种的行为。

(2)植物新品种侵权和假冒的行政处理措施

①调解

省级以上人民政府农业、林业行政部门依据各自的职权，根据当事人自愿的原则，对侵权所造成的损害赔偿可以进行调解。调解达成协议的，当事人应当履行；调解未达成协议的，品种权人或者利害关系人可以依照民事诉讼程序向人民法院提起诉讼。

②责令停止侵权

省级以上人民政府农业、林业行政部门依据各自的职权处理品种权侵权案件时，为维护社会公共利益，可以责令侵权人停止侵权行为；假冒授权品种的，由县级以上人民政府农业、林业行政部门依据各自的职权责令停止假冒行为。

③没收

省级以上人民政府农业、林业行政部门依据各自的职权处理品种权侵权案件时，为维护社会公共利益，可以没收违法所得和植物品种繁殖材料；假冒授权品种的，由县级以上人民政府农业、林业行政部门依据各自的职权没收违法所得和植物品种繁殖材料。

④罚款

省级以上人民政府农业、林业行政部门依据各自的职权处理品种权侵权案件时，货值金额 5 万元以上的，可处货值金额 1 倍以上 5 倍以下的罚款；没有货值金额或者货值金额 5 万元以下的，根据情节轻重，可处 25 万元以下的罚款。

假冒授权品种货值金额5万元以上的，由县级以上人民政府农业、林业行政部门依据各自的职权处货值金额1倍以上5倍以下的罚款；没有货值金额或者货值金额5万元以下的，根据情节轻重，处25万元以下的罚款。

销售授权品种未使用其注册登记的名称的，由县级以上人民政府农业、林业行政部门依据各自的职权，可以处1000元以下的罚款。

⑤其他

省级以上人民政府农业、林业行政部门依据各自的职权在查处品种权侵权案件和县级以上人民政府农业、林业行政部门依据各自的职权在查处假冒授权品种案件时，根据需要，可以封存或者扣押与案件有关的植物品种的繁殖材料，查阅、复制或者封存与案件有关的合同、账册及有关文件。

销售授权品种未使用其注册登记的名称的，由县级以上人民政府农业、林业行政部门依据各自的职权责令限期改正。①

3.集成电路布图设计侵权纠纷的行政处理

(1)给予行政处理的集成电路布图设计侵权纠纷

国家知识产权局处理集成电路布图设计侵权纠纷的条件如下：

①该布图设计已登记、公告；

②请求人是布图设计权利人或者与该侵权纠纷有直接利害关系的单位或者个人；

③有明确的被请求人；

④有明确的请求事项和具体的事实、理由；

⑤当事人任何一方均未就该侵权纠纷向人民法院起诉。

(2)集成电路布图设计侵权纠纷的行政处理措施

①认定侵权行为成立；

②责令侵权人立即停止侵权行为；

---

① 《中华人民共和国植物新品种保护条例》(2014)，第39~42条；《中华人民共和国植物新品种保护条例实施细则(农业部分)》(2014)，第57条；《中华人民共和国植物新品种保护条例实施细则(林业部分)》(2011)，第64条。

③没收、销毁侵权产品或者物品；

④请求人民法院强制执行；

⑤应当事人的请求，就侵犯布图设计专有权的赔偿数额进行调解。①

二、知识产权授权、确权的行政决定

（一）专利授权、确权的行政决定

1. 专利授权的行政决定

专利授权的行政决定即专利申请复审的行政决定（以下简称专利复审决定或复审决定）。

（1）专利申请人对国务院专利行政部门驳回申请的决定不服的，可以自收到通知之日起 3 个月内，向专利复审委员会请求复审。依法向专利复审委员会请求复审的，应当提交复审请求书，说明理由，必要时还应当附具有关证据。复审请求不符合有关规定的，专利复审委员会不予受理，书面通知复审请求人并说明理由。复审请求书不符合规定格式的，复审请求人应当在专利复审委员会指定的期限内补正；期满未补正的，该复审请求视为未提出。

（2）专利复审委员会应当将受理的复审请求书转交国务院专利行政部门原审查部门进行审查。原审查部门根据复审请求人的请求，同意撤销原决定的，专利复审委员会应当据此作出复审决定，并通知复审请求人。

（3）专利复审委员会进行复审后，认为复审请求不符合有关规定的，应当通知复审请求人，要求其在指定期限内陈述意见。期满未答复的，该复审请求视为撤回；经陈述意见或者进行修改后，专利复审委员会认为仍不符合有关规定的，应当作出维持原驳回决定的复审决定。

（4）专利复审委员会进行复审后，认为原驳回决定不符合有关规定的，或者认为经过修改的专利申请文件消除了原驳回决定指出的缺陷的，应当撤销原驳回决定，由原审查部门继续进行审查程序。

（5）请求人在提出复审请求或者在对专利复审委员会的复审通知书作出答复时，可以修改专利申请文件；但是，修改应当仅限于消除驳回决定或者复

---

① 《集成电路布图设计保护条例》（2001），第 31 条；国家知识产权局：《集成电路布图设计保护条例实施细则》（2001），第 32 条。

审通知书指出的缺陷。修改的专利申请文件应当提交一式两份。专利复审委员会复审后,作出决定,并通知专利申请人。

(6)复审请求人在专利复审委员会作出决定前,可以撤回其复审请求。复审请求人在专利复审委员会作出决定前撤回其复审请求的,复审程序终止。

(7)专利申请人对专利复审委员会的复审决定不服的,可以自收到通知之日起3个月内向人民法院起诉。①

2. 专利确权的行政决定

专利确权的行政决定即专利无效宣告的行政决定(以下简称专利无效决定或无效决定)。专利权侵权民事案件的主要抗辩理由之一是专利权的无效宣告。

(1)自国务院专利行政部门公告授予专利权之日起,任何单位或者个人认为该专利权的授予不符合有关规定的,可以请求专利复审委员会宣告该专利权无效。请求宣告专利权无效或者部分无效的,应当向专利复审委员会提交专利权无效宣告请求书和必要的证据一式两份。无效宣告请求书应当结合提交的所有证据,具体说明无效宣告请求的理由,并指明每项理由所依据的证据。

(2)无效宣告请求的理由有:①不符合发明、实用新型、外观设计的定义(不符合《专利法》第2条);②不是最先申请专利的人(不符合《专利法》第9条);③将在我国完成的发明或者实用新型向外国申请专利之前,没有报经国务院专利行政部门进行保密审查(不符合《专利法》第20条第1款);④缺乏新颖性、创造性、实用性(不符合《专利法》第22条、第23条);⑤说明书公开不充分(不符合《专利法》第26条第3款);⑥权利要求书得不到说明书的支持(不符合《专利法》第26条第4款);⑦外观设计的图片或照片不清楚(不符合《专利法》第27条第2款);⑧专利申请文件修改超范围(不符合《专利法》第33条、《专利法实施细则》第43条第1款);⑨独立权利要求缺少必要技术特征(不符合《专利法实施细则》第20条第2款);⑩不属于专利授权的客体(不符合《专利法》第5条、第25条)。

---

① 《中华人民共和国专利法》(2008),第41条;《中华人民共和国专利法实施细则》(2010),第60~64条。

(3)在专利复审委员会受理无效宣告请求后,请求人可以在提出无效宣告请求之日起1个月内增加理由或补充证据;专利复审委员会应当将专利权无效宣告请求书和有关文件的副本送交专利权人,要求其在指定的期限内陈述意见。专利权人和无效宣告请求人应当在指定期限内答复专利复审委员会发出的转送文件通知书或者无效宣告请求审查通知书;期满未答复的,不影响专利复审委员会审理。

(4)在无效宣告请求的审查过程中,发明或者实用新型专利的专利权人可以修改其权利要求书,但是不得扩大原专利的保护范围。发明或者实用新型专利的专利权人不得修改专利说明书和附图,外观设计专利的专利权人不得修改图片、照片和简要说明。

(5)专利复审委员会根据当事人的请求或者案情需要,可以决定对无效宣告请求进行口头审理。专利复审委员会决定对无效宣告请求进行口头审理的,应当向当事人发出口头审理通知书,告知举行口头审理的日期和地点。当事人应当在通知书指定的期限内作出答复。无效宣告请求人对专利复审委员会发出的口头审理通知书在指定的期限内未作答复,并且不参加口头审理的,其无效宣告请求视为撤回;专利权人不参加口头审理的,可以缺席审理。

(6)专利复审委员会对无效宣告的请求作出决定前,无效宣告请求人可以撤回其请求。专利复审委员会作出决定之前,无效宣告请求人撤回其请求或者其无效宣告请求被视为撤回的,无效宣告请求审查程序终止。但是,专利复审委员会认为根据已进行的审查工作能够作出宣告专利权无效或者部分无效的决定的,不终止审查程序。

(7)专利复审委员会对宣告专利权无效的请求应当及时审查和作出决定,并通知请求人和专利权人。宣告专利权无效的决定,由国务院专利行政部门登记和公告。对专利复审委员会宣告专利权无效或者维持专利权的决定不服的,可以自收到通知之日起3个月内向人民法院起诉。人民法院应当通知无效宣告请求程序的对方当事人作为第三人参加诉讼。

(8)宣告无效的专利权视为自始即不存在。宣告专利权无效的决定,对在宣告专利权无效前人民法院作出并已执行的专利侵权的判决、调解书,已经履行或者强制执行的专利侵权纠纷处理决定,以及已经履行的专利实施许可合同和专利权转让合同,不具有追溯力。但是因专利权人的恶意给他人造成的损失,应当给予赔偿;不返还专利侵权赔偿金、专利使用费、专利权转让费明显违反公平原则的,应当全部或者部分返还。①

(二)商标授权、确权的行政决定

1. 商标授权的行政决定

商标授权的行政决定即商标注册申请复审的行政决定(以下简称商标复审决定或复审决定)。

(1)商标注册申请人对商标局驳回其申请的决定不服的,可以自收到通知之日起15日内向商标评审委员会申请复审。商标评审委员会应当自收到申请之日起9个月内做出决定,并书面通知申请人。有特殊情况需要延长的,经国务院工商行政管理部门批准,可以延长3个月。当事人对商标评审委员会的决定不服的,可以自收到通知之日起30日内向人民法院起诉。

(2)被异议人对商标局作出的不予注册决定不服的,可以自收到通知之日起15日内向商标评审委员会申请复审。商标评审委员会应当自收到申请之日起12个月内做出复审决定,并书面通知异议人和被异议人。有特殊情况需要延长的,经国务院工商行政管理部门批准,可以延长6个月。被异议人对商标评审委员会的决定不服的,可以自收到通知之日起30日内向人民法院起诉。人民法院应当通知异议人作为第三人参加诉讼。

(3)当事人对商标局撤销或者不予撤销注册商标的决定不服的,可以自收到通知之日起15日内向商标评审委员会申请复审。商标评审委员会应当自收到申请之日起9个月内做出决定,并书面通知当事人。有特殊情况需要延长的,经国务院工商行政管理部门批准,可以延长3个月。当事人对商标评审委员会的决定不服的,可以自收到通知之日起30日内向人民法院起诉。②

---

① 《中华人民共和国专利法》(2008),第45~47条;《中华人民共和国专利法实施细则》(2010),第65~72条。

② 《中华人民共和国商标法》(2019),第34条、第35条第3款、第54条。

2. 商标确权的行政决定

商标确权的行政决定即注册商标无效宣告的行政决定(以下简称商标无效决定或无效决定)。商标权侵权民事案件的主要抗辩理由之一是注册商标的无效宣告。

(1)商标局的无效宣告

已经注册的商标,违反《商标法》第4条、第10~12条、第19条第4款规定的,或者是以欺骗手段或者其他不正当手段取得注册的,由商标局宣告该注册商标无效。

商标局作出宣告注册商标无效的决定,应当书面通知当事人。当事人对商标局的决定不服的,可以自收到通知之日起15日内向商标评审委员会申请复审。商标评审委员会应当自收到申请之日起9个月内作出决定,并书面通知当事人。有特殊情况需要延长的,经国务院工商行政管理部门批准,可以延长3个月。当事人对商标评审委员会的决定不服的,可以自收到通知之日起30日内向人民法院起诉。①

(2)商标评审委员会的无效宣告

①其他单位或者个人请求无效宣告

已经注册的商标,违反《商标法》第4条、第10~12条、第19条第4款规定的,或者是以欺骗手段或者其他不正当手段取得注册的,其他单位或者个人可以请求商标评审委员会宣告该注册商标无效。

其他单位或者个人请求商标评审委员会宣告注册商标无效的,商标评审委员会收到申请后,应当书面通知有关当事人,并限期提出答辩。商标评审委员会应当自收到申请之日起9个月内作出维持注册商标或者宣告注册商标无效的裁定,并书面通知当事人。有特殊情况需要延长的,经国务院工商行政管理部门批准,可以延长3个月。当事人对商标评审委员会的裁定不服的,可以自收到通知之日起30日内向人民法院起诉。人民法院应当通知商标裁定程序的对方当事人作为第三人参加诉讼。

---

① 《中华人民共和国商标法》(2019),第44条第1~2款。

②在先权利人或者利害关系人请求无效宣告

已经注册的商标,违反《商标法》第13条第2～3款、第15条、第16条第1款、第30～32条规定的,自商标注册之日起5年内,在先权利人或者利害关系人可以请求商标评审委员会宣告该注册商标无效。对恶意注册的,驰名商标所有人不受5年的时间限制。

商标评审委员会收到宣告注册商标无效的申请后,应当书面通知有关当事人,并限期提出答辩。商标评审委员会应当自收到申请之日起12个月内作出维持注册商标或者宣告注册商标无效的裁定,并书面通知当事人。有特殊情况需要延长的,经国务院工商行政管理部门批准,可以延长6个月。当事人对商标评审委员会的裁定不服的,可以自收到通知之日起30日内向人民法院起诉。人民法院应当通知商标裁定程序的对方当事人作为第三人参加诉讼。

商标评审委员会在对无效宣告请求进行审查的过程中,所涉及的在先权利的确定必须以人民法院正在审理或者行政机关正在处理的另一案件的结果为依据的,可以中止审查。中止原因消除后,应当恢复审查程序。

(3)无效决定及其效力

法定期限届满,当事人对商标局宣告注册商标无效的决定不申请复审或者对商标评审委员会的复审决定、维持注册商标或者宣告注册商标无效的裁定不向人民法院起诉的,商标局的决定或者商标评审委员会的复审决定、裁定生效。宣告无效的注册商标,由商标局予以公告,该注册商标专用权视为自始即不存在。

宣告注册商标无效的决定或者裁定,对宣告无效前人民法院作出并已执行的商标侵权案件的判决、裁定、调解书和工商行政管理部门作出并已执行的商标侵权案件的处理决定以及已经履行的商标转让或者使用许可合同不具有追溯力。但是,因商标注册人的恶意给他人造成的损失,应当给予赔偿。不返还商标侵权赔偿金、商标转让费、商标使用费,明显违反公平原则的,应当全部或者部分返还。①

---

①《中华人民共和国商标法》(2019),第44条第1款、第44条第3款、第45～47条。

（三）植物新品种授权、确权的行政决定

1. 植物新品种授权的行政决定

（1）对审批机关驳回品种权申请的决定不服的，植物新品种申请人可以自收到通知之日起3个月内，向植物新品种复审委员会请求复审。

（2）向复审委员会请求复审的，应当提交符合国家林业局规定格式的复审请求书，并附具有关的证明材料。复审请求书和证明材料应当各一式两份。

（3）复审请求不符合规定要求的，复审请求人可以在复审委员会指定的期限内补正；期满未补正或者补正后仍不符合规定要求的，该复审请求视为放弃。

（4）申请人请求复审时，可以修改被驳回的品种权申请文件，但修改仅限于驳回申请的决定所涉及的部分。

（5）植物新品种复审委员会应当自收到复审请求书之日起6个月内作出决定，并通知申请人。复审请求人在复审委员会作出决定前，可以撤回其复审请求。

（6）申请人对植物新品种复审委员会的决定不服的，可以自接到通知之日起15日内向人民法院提起诉讼。①

2. 植物新品种确权的行政决定

（1）无效请求

自审批机关公告授予品种权之日起，植物新品种复审委员会可以依据职权或者依据任何单位或者个人的书面请求，对不符合授予品种权的植物新品种应当具备的新颖性、特异性、一致性、稳定性条件的，宣告品种权无效。

（2）无效决定

宣告品种权无效的决定，由审批机关登记和公告，并通知当事人。对植物新品种复审委员会的决定不服的，可以自收到通知之日起3个月内向人民法院提起诉讼。

（3）无效效力

被宣告无效的品种权视为自始不存在。但宣告品种权无效的决定，对在

---

① 《中华人民共和国植物新品种保护条例》（2014），第32条；《中华人民共和国植物新品种保护条例实施细则（林业部分）》（2011），第39～41条。

宣告前人民法院作出并已执行的植物新品种侵权的判决、裁定，省级以上人民政府农业、林业行政部门作出并已执行的植物新品种侵权处理决定，以及已经履行的植物新品种实施许可合同和植物新品种权转让合同，不具有追溯力。

对于被宣告无效的品种权，因品种权人的恶意给他人造成损失的，应当给予合理赔偿；品种权人或者品种权转让人不向被许可实施人或者受让人返还使用费或者转让费，明显违反公平原则的，品种权人或者品种权转让人应当向被许可实施人或者受让人返还全部或者部分使用费或者转让费。①

① 《中华人民共和国植物新品种保护条例》(2014)，第37～38条。

第四章　知识产权司法保护方式

第一节　知识产权民事诉讼

一、知识产权民事诉讼适用范围

知识产权民事纠纷案件种类繁多，分为知识产权合同纠纷、知识产权权属和侵权纠纷、不正当竞争纠纷、申请诉前停止侵害知识产权案件、担保物权纠纷5大类36小类，其中，知识产权合同纠纷又分为12小类，包括著作权合同纠纷13种、商标合同纠纷3种、专利合同纠纷6种、植物新品种合同纠纷4种、集成电路布图设计合同纠纷3种、商业秘密合同纠纷4种、技术合同纠纷12种、特许经营合同纠纷1种、企业名称（商号）合同纠纷2种、特殊标志合同纠纷1种、网络域名合同纠纷3种、知识产权质押合同纠纷1种；知识产权权属和侵权纠纷又分为15小类，包括著作权权属和侵权纠纷28种、商标权权属和侵权纠纷2种、专利权权属和侵权纠纷9种、植物新品种权权属和侵权纠纷3种、集成电路布图设计专有权权属和侵权纠纷2种、侵害企业名称（商号）权纠纷1种、侵害特殊标志专有权纠纷1种、网络域名权属和侵权纠纷2种、发现权纠纷1种、发明权纠纷1种、其他科技成果权纠纷1种、确认不侵害知识产权纠纷3种、因申请知识产权临时措施损害责任纠纷5种、因恶意提起知识产权诉讼损害责任纠纷1种、专利权宣告无效后返还费用纠纷1种;知识产权相关的不正当竞争纠纷又分为4小类,包括仿冒纠纷4种、虚假宣传纠纷1种、侵害商业秘密纠纷2种、商业诋毁纠纷1种;申请诉前停止侵害知识产权案件又分为4小类,包括申请诉前停止侵害专利权1种、申请诉前停止侵害注册商标专用权1种、申请诉前停止侵害著作权1种、申请诉前停止侵害植物新品种权1种;担保物权纠纷知识产权相关的又包括知识产权质权纠纷1种。①

尽管如此,知识产权民事诉讼大量发生的还是知识产权侵权诉讼,所针对的是知识产权民事侵权行为,主要包括著作权民事侵权行为、专利民事侵权行为、商标民事侵权行为、知识产权相关的不正当竞争行为、植物新品种民事侵权行为、集成电路布图设计民事侵权行为。

(一)著作权民事侵权行为

1.著作权民事侵权行为的构成要件

著作权侵权行为属于一般侵权行为,其构成要件有四:

(1)著作权侵害行为:指著作权侵权人做出的致他人的著作权或者与著作权有关的权利受到损害的行为。

(2)著作权损害事实:指著作权侵权行为对他人的著作权或者与著作权有关的权利造成的不利影响,包括财产损害、人身伤害和精神损害三种。

(3)著作权侵害行为与著作权损害事实之间有因果关系。

(4)著作权侵权人主观上有过错,包括故意和过失两种形式。根据法律规定推定行为人有过错,行为人不能证明自己没有过错的,应当承担侵权责任。②

2.著作权民事侵权行为的具体情形

(1)未经著作权人许可,发表其作品的;

(2)未经合作作者许可,将与他人合作创作的作品当作自己单独创作的作品发表的;

---

① 最高人民法院:《民事案件案由规定》(2011)。

② 《中华人民共和国侵权责任法》(2009),第6条。

(3)没有参加创作,为谋取个人名利,在他人作品上署名的;

(4)歪曲、篡改他人作品的;

(5)剽窃他人作品的;

(6)未经著作权人许可,复制、发行、表演、放映、广播、汇编、通过信息网络向公众传播其作品的,属于合理使用、法定许可使用情形的除外;

(7)未经著作权人许可,以展览、摄制电影和以类似摄制电影的方法使用作品,或者以改编、翻译、注释等方式使用作品的,属于合理使用、法定许可使用情形的除外;

(8)使用他人作品,应当支付报酬而未支付的;

(9)未经电影作品和以类似摄制电影的方法创作的作品、计算机软件、录音录像制品的著作权人或者与著作权有关的权利人许可,出租其作品或者录音录像制品的,属于合理使用、法定许可使用情形的除外;

(10)未经出版者许可使用其出版的图书、期刊的版式设计,或者出版他人享有专有出版权的图书的;

(11)未经表演者许可,从现场直播或者公开传送其现场表演,或者录制其表演,或者复制、发行录有其表演的录音录像制品,或者通过信息网络向公众传播其表演的,属于合理使用、法定许可使用情形的除外;

(12)未经录音录像制作者许可,复制、发行、通过信息网络向公众传播其制作的录音录像制品的,属于合理使用、法定许可使用情形的除外;

(13)未经许可,播放或者复制广播、电视的,属于合理使用、法定许可使用情形的除外;

(14)未经著作权人或者与著作权有关的权利人许可,故意避开或者破坏权利人为其作品、录音录像制品等采取的保护著作权或者与著作权有关的权利的技术措施,或者故意删除或者改变作品、录音录像制品等的权利管理电子信息的,法律、行政法规另有规定的除外;

(15)制作、出售假冒他人署名的作品的;

(16)复制品的出版者、制作者不能证明其出版、制作有合法授权,或者复制品的发行者或者电影作品或者以类似摄制电影的方法创作的作品、计算机软件、录音录像制品的复制品的出租者不能证明其发行、出租的复制品有合法来源的；

(17)出版物侵犯他人著作权的；

(18)出版者将著作权人交付出版的作品丢失、毁损致使出版合同不能履行的；

(19)计算机软件用户未经许可或者超过许可范围商业使用计算机软件的；

(20)其他侵犯著作权以及与著作权有关的权益的行为。[①]

(二)专利民事侵权行为

1.侵犯专利权的行为

(1)侵犯专利权行为的构成要件

侵犯专利权的行为是指未经专利权人许可而实施其专利的行为，其中“实施其专利”是指为生产经营目的制造、使用、许诺销售、销售、进口其发明或实用新型专利产品，或者使用其发明专利方法以及使用、许诺销售、销售、进口依照该发明专利方法直接获得的产品，或者制造、许诺销售、销售、进口其外观设计专利产品。[②]

侵犯专利权的行为首先应当具备一般侵权行为的构成要件：①专利权侵害行为：指专利侵权人未经专利权人许可而实施其专利的行为；②专利权损害事实：指侵犯专利权的行为对专利权人的有效专利造成的不利影响；③专利权侵害行为与专利权损害事实之间有因果关系；④专利侵权人主观上有过错，包括故意和过失两种形式。根据法律规定推定行为人有过错，行为人不能证明自己没有过错的，应当承担侵权责任。[③]

此外，侵犯专利权的行为还应当满足其特别构成要件：①存在有效的专利权，没有过保护期、被专利复审委员会宣告无效或者被专利权人放弃；②未经

---

① 《中华人民共和国著作权法》(2010)，第47～48条、第53条；《最高人民法院关于审理著作权民事纠纷案件适用法律若干问题的解释》(2002)，第19～21条、第23条。

② 《中华人民共和国专利法》(2008)，第11条、第60条。

③ 《中华人民共和国侵权责任法》(2009)，第6条。

专利权人许可,包括专利权的转让、赠与、继承、受遗赠等;③以生产经营为目的,具有营利性;④不属于法定例外情形,如指定许可、强制许可、不视为侵犯专利权等。[①]

(2)侵犯专利权行为的种类

①直接侵犯专利权行为

直接侵犯专利权行为是指由行为人本身的行为直接造成的侵犯专利权的行为,包括字面侵权和等同侵权。所谓“字面侵权”,是指权利要求书中所记载的技术特征,没有任何变化地体现在被诉侵权的产品或方法中;所谓“等同侵权”,是指被诉侵权产品或方法中的一个或几个技术特征虽然与权利要求书中的技术特征不一样,但二者只有非实质性的区别。[②]

直接侵犯专利权行为具体表现为:a. 未经专利权人许可,为生产经营目的制造、使用、许诺销售、销售、进口其发明或实用新型专利产品;b. 未经专利权人许可,为生产经营目的使用其发明专利方法,或者使用、许诺销售、销售、进口依照该发明专利方法所直接获得的产品;c. 未经专利权人许可,为生产经营目的制造、许诺销售、销售、进口其外观设计专利产品。[③]

②间接侵犯专利权行为

间接侵犯专利权行为是指行为人实施的行为并不构成直接侵犯他人专利权,但却故意诱导、怂恿、教唆别人实施他人专利,发生直接的侵权行为,行为人在主观上有诱导或唆使别人侵犯他人专利权的故意,客观上为别人直接侵权行为的发生提供了必要的条件。

间接侵犯专利权行为除了应当具备侵犯专利权的行为的构成要件以外,还应当满足其特别构成要件:a. 间接侵权的对象仅限于专用品,而非共用品。这里的专用品是指仅可用于实施他人产品的关键部件,或者方法专利的中间产品,构成实施他人专利技术(产品或方法)的一部分,并无其他用途;b. 间接

① 孙国瑞、郑瑞琨主编:《知识产权法教程》,对外经济贸易大学出版社2007年版,第225～226页。

② 李明德:《知识产权法》,社会科学文献出版社2007年版,第286页。

③ 《中华人民共和国专利法》(2008),第11条。

侵权人在主观上应当有诱导、怂恿、教唆他人直接侵犯他人专利权的故意;c. 间接侵权一般应以直接侵权的发生为前提条件,没有直接侵权行为发生的情况下,不存在间接侵权。

间接侵犯专利权行为具体表现为:a. 对于一项产品专利而言,提供、出售或者进口用于制造该专利产品的原料或者零部件;b. 对一项方法专利而言,提供、出售或者进口用于该专利方法的材料、器件或者专用设备;c. 行为人明知别人准备实施侵犯专利权的行为,仍为其提供侵权条件;d. 直接侵权行为属于专利法规定的不视为侵犯专利权的行为;e. 直接侵权行为属于个人非营利目的的制造、使用专利产品或者使用专利方法的行为。①

(3)侵犯专利权行为的判定

①侵犯发明和实用新型专利权行为的判定

a. 侵权判定的比较:进行侵权判定,应当以专利权利要求中记载的技术方案的全部必要技术特征与被诉侵权物(产品或方法)的全部技术特征逐一进行对应比较,一般不以专利产品与侵权物品直接进行侵权对比、不考虑侵权物与专利技术是否为相同应用领域。

b. 全面覆盖原则:如果被诉侵权物(产品或方法)的技术特征包含了专利权利要求中记载的全部必要技术特征,则落入专利权的保护范围。当专利独立权利要求中记载的必要技术特征采用的是上位概念特征,而被诉侵权物(产品或方法)采用的是相应的下位概念特征时,则被诉侵权物(产品或方法)落入专利权的保护范围;被诉侵权物(产品或方法)在利用专利权利要求中的全部必要技术特征的基础上,又增加了新的技术特征,仍落入专利权的保护范围;被诉侵权物(产品或方法)对在先专利技术而言是改进的技术方案,并且获得了专利权,则属于从属专利,其实施也覆盖了在先专利权的保护范围。

c. 等同原则:指被诉侵权物(产品或方法)中有一个或者一个以上技术特征经与专利独立权利要求保护的技术特征相比,从字面上看不相同,但经过分

---

① 北京市高级人民法院:《专利侵权判定若干问题的意见(试行)》(2001),第73~79条。

析可以认定两者是相等同的技术特征。等同特征又称等同物，应当同时满足以下两个条件：第一，被诉侵权物中的技术特征与专利权利要求中的相应技术特征相比，以基本相同的手段，实现基本相同的功能，产生了基本相同的效果；第二，对该专利所属领域普通技术人员来说，通过阅读专利权利要求和说明书，无须经过创造性劳动就能够联想到的技术特征。进行等同侵权判断，应当以侵权行为发生的时间为界限，以该专利所属领域的普通技术人员的专业知识水平为准。对于故意省略专利权利要求中个别必要技术特征，使其技术方案成为在性能和效果上均不如专利技术方案优越的变劣技术方案，而且这一变劣技术方案明显是由于省略该必要技术特征造成的，应当适用等同原则，认定构成侵犯专利权。

d. 禁止反悔原则：指在专利审批、撤销或无效程序中，专利权人为确定其专利具备新颖性和创造性，通过书面声明或者修改专利文件的方式，对专利权利要求的保护范围作了限制承诺或者部分地放弃了保护，并因此获得了专利权，而在专利侵权诉讼中，法院适用等同原则确定专利权的保护范围时，应当禁止专利权人将已被限制、排除或者已经放弃的内容重新纳入专利权保护范围。当等同原则与禁止反悔原则在适用上发生冲突时，应当优先适用禁止反悔原则。适用禁止反悔原则应当符合以下条件：第一，专利权人对有关技术特征所作的限制承诺或者放弃必须是明示的，而且已经被记录在专利文档中；第二，限制承诺或者放弃保护的技术内容，必须对专利权的授予或者维持专利权有效产生了实质性作用。

②侵犯外观设计专利权行为的判定

a. 侵权判定步骤：首先审查被诉侵权产品与专利产品是否属于同类产品，方法是参照外观设计分类表，并考虑商品销售的客观实际情况；然后以普通消费者的审美观察能力为标准，进行整体观察与综合判定，看两者是否具有相同的美感。

b. 相同与相近似的认定：应当将专利产品的外观设计与被诉侵权产品的外观设计进行比较，如果两者的形状、图案、色彩等主要设计部分（要部）相同，则应当认为两者是相同的外观设计；如果构成要素中的主要设计部分（要部）

相同或者相近似,次要部分不相同,则应当认为是相近似的外观设计。[①]

2. 假冒专利的行为

(1)假冒专利的行为是指未经专利权人许可,擅自使用其专利标记的行为。[②] 假冒专利的行为依法应当承担民事责任,[③]具体表现为以下情形:

①在未被授予专利权的产品或其包装上标注专利标识,专利权被宣告无效后或终止后继续在产品或其包装上标注专利标识,或者未经许可在产品或产品包装上标注他人的专利号;

②销售前述产品;

③在产品说明书等材料中将未被授予专利权的技术或设计称为专利技术或专利设计,将专利申请称为专利,或者未经许可使用他人的专利号,使公众将所涉及的技术或设计误认为是专利技术或专利设计;

④伪造或变造专利证书、专利文件或专利申请文件;

⑤其他使公众混淆,将未被授予专利权的技术或设计误认为是专利技术或专利设计的行为。

但是,专利权终止前依法在专利产品、依照专利方法直接获得的产品或者其包装上标注专利标识,在专利权终止后许诺销售、销售该产品的,不属于假冒专利行为;销售不知道是假冒专利的产品,并且能够证明该产品合法来源的,由管理专利工作的部门责令停止销售,但免除罚款的处罚。[④]

(2)假冒专利的行为应当同时具备以下条件:①必须有假冒行为,即在未经专利权人许可的情况下,以某种方式表明其产品为他人获得法律保护的专利产品,或者以某种方式表明其技术为他人获得法律保护的专利技术,从而产生误导公众的结果;②被假冒的必须是他人已经取得的、实际存在的专利;③假冒他人专利的行为应为故意行为。[⑤]

---

① 北京市高级人民法院:《专利侵权判定若干问题的意见(试行)》(2001),第22~46条、第56~72条。

② 北京市高级人民法院:《专利侵权判定若干问题的意见(试行)》(2001),第81条。

③ 《中华人民共和国专利法》(2008),第63条。

④ 《中华人民共和国专利法实施细则》(2010),第84条。

⑤ 北京市高级人民法院:《专利侵权判定若干问题的意见(试行)》(2001),第82条。

(3)假冒专利的行为所侵害的客体是专利权人的专利标记权,不以是否实施了他人的专利技术为要件,即被诉侵权产品或方法不一定实施了他人的专利技术,假冒的产品或方法可与专利产品或方法不相同。比如,依据专利许可合同实施的技术与许可方的专利技术内容不一致,但在产品包装上标注了专利权人的专利号的行为,属于未经专利权人许可的假冒他人专利行为。①

(三)商标民事侵权行为

1. 商标民事侵权行为的构成要件

商标民事侵权行为属于一般侵权行为,其构成要件有四:

(1)商标权侵害行为:指商标权侵权人做出的致他人的商标权受到损害的行为。

(2)商标权损害事实:指商标权侵权行为对他人的商标权造成的不利影响。

(3)商标权侵害行为与商标权损害事实之间有因果关系。

(4)商标权侵权人主观上有过错,包括故意和过失两种形式。根据法律规定推定行为人有过错,行为人不能证明自己没有过错的,应当承担侵权责任。②

2. 商标民事侵权行为的具体情形

(1)未经商标注册人的许可,在同一种商品上使用与其注册商标相同的商标的;

(2)未经商标注册人的许可,在同一种商品上使用与其注册商标近似的商标,或者在类似商品上使用与其注册商标相同或者近似的商标,容易导致混淆的(包括在同一种商品或者类似商品上将与他人注册商标相同或者近似的标志作为商品名称或者商品装潢使用,误导公众的);

(3)销售侵犯注册商标专用权的商品的;

(4)伪造、擅自制造他人注册商标标识或者销售伪造、擅自制造的注册商标标识的;

(5)未经商标注册人同意,更换其注册商标并将该更换商标的商品又投入

---

① 北京市高级人民法院:《专利侵权判定若干问题的意见(试行)》(2001),第83~84条。

② 《中华人民共和国侵权责任法》(2009),第6条。

市场的；

(6)故意为侵犯他人商标专用权行为提供便利条件(包括为侵犯他人商标专用权提供仓储、运输、邮寄、印制、隐匿、经营场所、网络商品交易平台等)，帮助他人实施侵犯商标专用权行为的；

(7)复制、摹仿、翻译他人注册的驰名商标或其主要部分在不相同或者不相类似商品上作为商标使用，误导公众，致使该驰名商标注册人的利益可能受到损害的；

(8)将与他人注册商标相同或者相近似的文字注册为域名，并且通过该域名进行相关商品交易的电子商务，容易使相关公众产生误认的。①

(四)知识产权相关的不正当竞争行为

1. 知识产权相关的不正当竞争行为的具体情形

(1)假冒(混淆)的具体情形

经营者不得实施下列混淆行为，引人误认为是他人商品或者与他人存在特定联系：

①擅自使用与他人有一定影响的商品名称、包装、装潢等相同或者近似的标识；

②擅自使用他人有一定影响的企业名称(包括简称、字号等)、社会组织名称(包括简称等)、姓名(包括笔名、艺名、译名等)；

③擅自使用他人有一定影响的域名主体部分、网站名称、网页等；

④其他足以引人误认为是他人商品或者与他人存在特定联系的混淆行为。②

(2)虚假宣传的具体情形

经营者具有下列行为之一，足以造成相关公众误解的，可以认定为虚假宣传行为：

---

① 《中华人民共和国商标法》(2019)，第57条；《中华人民共和国商标法实施条例》(2014)，第75～76条；《最高人民法院关于审理商标民事纠纷案件适用法律若干问题的解释》(2002)，第1条。

② 《中华人民共和国反不正当竞争法》(2019)，第6条。

①对商品作片面的宣传或者对比的；

②将科学上未定论的观点、现象等当作定论的事实用于商品宣传的；

③以歧义性语言或者其他引人误解的方式进行商品宣传的。[①]

(3)侵犯商业秘密的具体情形

经营者不得实施下列侵犯商业秘密的行为：

①以盗窃、贿赂、欺诈、胁迫、电子侵入或者其他不正当手段获取权利人的商业秘密；

②披露、使用或者允许他人使用以前项手段获取的权利人的商业秘密；

③违反保密义务或者违反权利人有关保守商业秘密的要求，披露、使用或者允许他人使用其所掌握的商业秘密；

④教唆、引诱、帮助他人违反保密义务或者违反权利人有关保守商业秘密的要求，获取、披露、使用或者允许他人使用权利人的商业秘密。

⑤经营者以外的其他自然人、法人和非法人组织实施侵犯商业秘密的行为的，视为侵犯商业秘密。

⑥第三人明知或者应知商业秘密权利人的员工、前员工或者其他单位、个人实施侵犯商业秘密的行为，仍获取、披露、使用或者允许他人使用该商业秘密的，视为侵犯商业秘密。[②]

2. 知识产权相关的不正当竞争行为的认定

(1)假冒(混淆)的认定

①人民法院认定有一定影响的商品，应当考虑该商品的销售时间、销售区域、销售额和销售对象，进行任何宣传的持续时间、程度和地域范围，作为有一定影响商品受保护的情况等因素，进行综合判断。

②认定与有一定影响的商品名称、包装、装潢相同或者近似，可以参照商标相同或者近似的判断原则和方法。

③在相同商品上使用相同或者视觉上基本无差别的商品名称、包装、装

---

① 《最高人民法院关于审理不正当竞争民事案件应用法律若干问题的解释》(2007)，第8条第1款。

② 《中华人民共和国反不正当竞争法》(2019)，第9条第1～3款。

潢,应当视为足以造成和他人有一定影响的商品相混淆。

④有下列情形之一的,人民法院不认定为有一定影响的商品名称、包装、装潢:a. 商品的通用名称、图形、型号,但经过使用取得显著特征的除外;b. 仅仅直接表示商品的质量、主要原料、功能、用途、重量、数量及其他特点的商品名称,但经过使用取得显著特征的除外;c. 仅由商品自身的性质产生的形状,为获得技术效果而需有的商品形状以及使商品具有实质性价值的形状;d. 其他缺乏显著特征的商品名称、包装、装潢,但经过使用取得显著特征的除外。

(2)虚假宣传的认定

人民法院应当根据日常生活经验、相关公众一般注意力、发生误解的事实和被宣传对象的实际情况等因素,对虚假宣传行为进行认定。以明显的夸张方式宣传商品,不足以造成相关公众误解的,不属于虚假宣传行为。

(3)侵犯商业秘密的认定

①具有下列情形之一的,可以认定有关信息不构成不为公众所知悉:a. 该信息为其所属技术或者经济领域的人的一般常识或者行业惯例;b. 该信息仅涉及产品的尺寸、结构、材料、部件的简单组合等内容,进入市场后相关公众通过观察产品即可直接获得;c. 该信息已经在公开出版物或者其他媒体上公开披露;d. 该信息已通过公开的报告会、展览等方式公开;e. 该信息从其他公开渠道可以获得;f. 该信息无须付出一定的代价而容易获得。

②人民法院应当根据所涉信息载体的特性、权利人保密的意愿、保密措施的可识别程度、他人通过正当方式获得的难易程度等因素,认定权利人是否采取了保密措施。具有下列情形之一,在正常情况下足以防止涉密信息泄露的,应当认定权利人采取了保密措施:a. 限定涉密信息的知悉范围,只对必须知悉的相关人员告知其内容;b. 对于涉密信息载体采取加锁等防范措施;c. 在涉密信息的载体上标有保密标志;d. 对于涉密信息采用密码或者代码等;e. 签订保密协议;f. 对于涉密的机器、厂房、车间等场所限制来访者或者提出保密要求;g. 确保信息秘密的其他合理措施。

③通过自行开发研制或者反向工程等方式获得的商业秘密,不认定为侵犯商业秘密行为。其中,“反向工程”是指通过技术手段对从公开渠道取得的

产品进行拆卸、测绘、分析等而获得该产品的有关技术信息。当事人以不正当手段知悉了他人的商业秘密之后，又以反向工程为由主张获取行为合法的，不予支持。

④客户基于对职工个人的信赖而与职工所在单位进行市场交易，该职工离职后，能够证明客户自愿选择与自己或者其新单位进行市场交易的，应当认定没有采用不正当手段，但职工与原单位另有约定的除外。[①]

（五）植物新品种民事侵权行为

1. 侵犯植物新品种权行为的具体情形

（1）未经品种权人许可，为商业目的生产或销售授权品种的繁殖材料的行为；

（2）未经品种权人许可，为商业目的将授权品种的繁殖材料重复使用于生产另一品种的繁殖材料的假冒授权品种的行为。[②]

2. 侵犯植物新品种权行为的认定

（1）被控侵权物的特征、特性与授权品种的特征、特性相同，或者特征、特性的不同是因非遗传变异所致的，人民法院一般应当认定被控侵权物属于商业目的生产或者销售授权品种的繁殖材料。

（2）被控侵权人重复以授权品种的繁殖材料为亲本与其他亲本另行繁殖的，人民法院一般应当认定属于商业目的将授权品种的繁殖材料重复使用于生产另一品种的繁殖材料。[③]

（六）集成电路布图设计民事侵权行为

1. 未经布图设计权利人许可，使用其布图设计行为，即侵犯其布图设计专有权的行为。

2. 未经布图设计权利人许可，有下列行为之一的，行为人必须立即停止侵

---

① 《最高人民法院关于审理不正当竞争民事案件应用法律若干问题的解释》（2007），第 1 条第 1 款、第 2 条第 1 ~ 2 款、第 4 条第 2 ~ 3 款、第 8 条第 2 ~ 3 款、第 9 条第 2 款、第 11 条第 2 ~ 3 款、第 12 条、第 13 条第 2 款。

② 《中华人民共和国植物新品种保护条例》（2014），第 6 条。

③ 《最高人民法院关于审理侵犯植物新品种权纠纷案件具体应用法律问题的若干规定》（2007），第 2 条。

权行为，并承担赔偿责任：

（1）复制受保护的布图设计的全部或者其中任何具有独创性的部分的；

（2）为商业目的进口、销售或者以其他方式提供受保护的布图设计、含有该布图设计的集成电路或者含有该集成电路的物品的。

侵犯布图设计专有权的赔偿数额，为侵权人所获得的利益或者被侵权人所受到的损失，包括被侵权人为制止侵权行为所支付的合理开支。①

二、知识产权民事诉讼审理特点

（一）知识产权民事诉讼特殊司法措施

1. 著作权民事诉讼特殊司法措施

（1）诉前行为保全

①著作权人或者与著作权有关的权利人有证据证明他人正在实施或者即将实施侵犯其权利的行为，如不及时制止将会使其合法权益受到难以弥补的损害的，可以在起诉前向人民法院申请采取责令停止有关行为的措施。② 其中，与著作权有关的权利人包括著作权许可合同的被许可人、著作权中经济权利的合法继承人。著作权许可合同被许可人中，独占的专有许可合同的被许可人可以单独向人民法院提出申请；排他的专有许可合同的被许可人在著作权人不申请的情况下，可以提出申请。

②诉前责令停止侵犯著作权行为的申请，应当向侵权行为地或者被申请人住所地对著作权案件有管辖权的人民法院提出，并递交书面申请状。申请状应当载明：a. 当事人及其基本情况；b. 申请的具体内容、范围；c. 申请的理由，包括有关行为如不及时制止，将会使著作权人或者利害关系人的合法权益受到难以弥补的损害的具体说明。

③申请人提出诉前停止侵犯著作权行为的申请时，应当提交下列证据：a. 著作权人应当提交涉及著作权的底稿、原件、合法出版物、著作权登记证书、认证机构出具的证明、取得权利的合同等证据，与著作权有关的权利人应当提交著作权许可合同、在版权局备案的材料及著作权证据复印件；排他的专有许

① 《集成电路布图设计保护条例》（2001），第30～31条。

② 《中华人民共和国著作权法》（2010），第50条。

可合同的被许可人单独提出申请的,应当提交著作权人放弃申请的证据材料;著作权中经济权利的继承人应当提交已经继承或者正在继承的证据材料。b. 证明被申请人正在实施或者即将实施侵犯著作权的行为的证据,包括被诉侵权商品。

④申请人提出诉前停止侵犯著作权行为的申请时应当提供担保。申请人提供保证、抵押等形式的担保合理、有效的,人民法院应当准许。申请人不提供担保的,驳回申请。人民法院确定担保的范围时,应当考虑责令停止有关行为所涉及的商品销售收益,以及合理的仓储、保管等费用,停止有关行为可能造成的合理损失等。在执行停止有关行为裁定过程中,被申请人可能因采取该项措施造成更大损失的,人民法院可以责令申请人追加相应的担保。申请人不追加担保的,可以解除有关停止措施。停止侵犯著作权行为裁定所采取的措施,不因被申请人提供担保而解除,但申请人同意的除外。

⑤人民法院接受著作权人或者与著作权有关的权利人提出责令停止侵犯著作权行为的申请后,经审查符合法律规定的,应当在 48 小时内作出书面裁定。人民法院作出诉前停止侵犯著作权行为的裁定事项,应当限于著作权人或者与著作权有关的权利人申请的范围。裁定责令被申请人停止侵犯著作权行为的,应当立即开始执行。人民法院作出诉前责令停止有关行为的裁定,应当及时通知被申请人,至迟不得超过 5 日。

⑥当事人对诉前责令停止侵犯著作权行为裁定不服的,可以在收到裁定之日起 10 日内申请复议一次。复议期间不停止裁定的执行。人民法院对当事人提出的复议申请应当从以下方面进行审查:a. 被申请人正在实施或者即将实施的行为是否侵犯著作权;b. 不采取有关措施,是否会给申请人合法权益造成难以弥补的损害;c. 申请人提供担保的情况;d. 责令被申请人停止有关行为是否损害社会公共利益。

⑦著作权人或者与著作权有关的权利人在人民法院采取停止有关行为的措施后 30 日内不起诉的,人民法院应当解除裁定采取的措施。申请人不起诉或者申请错误造成被申请人损失的,被申请人可以向有管辖权的人民法院起诉请求申请人赔偿,也可以在著作权人或者与著作权有关的权利人提起的侵

犯著作权的诉讼中提出损害赔偿请求，人民法院可以一并处理。

⑧停止侵犯著作权行为裁定的效力，一般应维持到终审法律文书生效时止。人民法院也可以根据案情，确定停止有关行为的具体期限；期限届满时，根据当事人的请求及追加担保的情况，可以作出继续停止有关行为的裁定。被申请人违反人民法院责令停止侵犯著作权行为裁定的，人民法院可以根据情节轻重予以罚款、拘留；构成犯罪的，依法追究刑事责任。①

(2)诉前证据保全

①为制止侵权行为，在证据可能灭失或者以后难以取得的情况下，著作权人或者与著作权有关的权利人可以在起诉前向人民法院申请保全证据。②

②诉前保全证据的申请，应当向侵权行为地或者被申请人住所地对著作权案件有管辖权的人民法院提出，并递交书面申请状。申请状应当载明：a 当事人及其基本情况；b. 申请保全证据的具体内容、范围、所在地点；c. 请求保全的证据能够证明的对象；d. 申请的理由，包括证据可能灭失或者以后难以取得，且当事人及其诉讼代理人因客观原因不能自行收集的具体说明。

③申请人申请诉前保全证据可能涉及被申请人财产损失的，人民法院可以责令申请人提供相应的担保。申请人提供保证、抵押等形式的担保合理、有效的，人民法院应当准许。申请人不提供担保的，驳回申请。

④人民法院接受申请后，必须在 48 小时内作出裁定。人民法院作出诉前保全证据的裁定事项，应当限于著作权人或者与著作权有关的权利人申请的范围。人民法院裁定采取保全措施的，应当立即开始执行。被申请人违反人民法院保全证据裁定的，人民法院可以根据情节轻重予以罚款、拘留；构成犯罪的，依法追究刑事责任。

⑤著作权人或者与著作权有关的权利人在人民法院采取保全证据的措施后 30 日内不起诉的，人民法院应当解除裁定采取的措施。申请人不起诉或者

---

① 《最高人民法院关于审理著作权民事纠纷案件适用法律若干问题的解释》(2002)，第 30 条第 2 款；《最高人民法院关于诉前停止侵犯注册商标专用权行为和保全证据适用法律问题的解释》(2002)，第 1 ~ 14 条；《中华人民共和国民事诉讼法》(2017)，第 101 条；《最高人民法院关于适用〈中华人民共和国民事诉讼法〉的解释》(2015)，第 152 条第 1 ~ 2 款。

② 《中华人民共和国著作权法》(2010)，第 51 条。

申请错误造成被申请人损失的,被申请人可以向有管辖权的人民法院起诉请求申请人赔偿,也可以在著作权人或者与著作权有关的权利人提起的侵犯著作权的诉讼中提出损害赔偿请求,人民法院可以一并处理。①

(3)诉前财产保全

①著作权人或者与著作权有关的权利人有证据证明他人正在实施或者即将实施侵犯其权利的行为,如不及时制止将会使其合法权益受到难以弥补的损害的,可以在起诉前向人民法院申请采取财产保全的措施。②

②申请人应当提供担保,不提供担保的,裁定驳回申请。③ 申请人应当提供相当于请求保全数额的担保;情况特殊的,人民法院可以酌情处理。④ 被申请人提供担保的,人民法院应当裁定解除财产保全。⑤

③人民法院接受申请后,必须在48小时内作出裁定;裁定采取财产保全措施的,应当立即开始执行。申请人在人民法院采取保全措施后30日内不依法提起诉讼或者申请仲裁的,人民法院应当解除财产保全。⑥ 申请有错误的,申请人应当赔偿被申请人因财产保全所遭受的损失。⑦

④财产保全限于请求的范围,或者与案件有关的财物。财产保全采取查封、扣押、冻结或者法律规定的其他方法。人民法院保全财产后,应当立即通知被保全财产的人。财产已被查封、冻结的,不得重复查封、冻结。⑧

⑤当事人对财产保全的裁定不服的,可以申请复议一次。复议期间不停

---

① 《最高人民法院关于审理著作权民事纠纷案件适用法律若干问题的解释》(2002),第30条第2款;《最高人民法院关于诉前停止侵犯注册商标专用权行为和保全证据适用法律问题的解释》(2002),第1~3条、第5~6条、第12~13条;《中华人民共和国民事诉讼法》(2017),第81条第2款。

② 《中华人民共和国著作权法》(2010),第50条。

③ 《中华人民共和国民事诉讼法》(2017),第101条。

④ 《最高人民法院关于适用〈中华人民共和国民事诉讼法〉的解释》(2015),第152条第2款。

⑤ 《中华人民共和国民事诉讼法》(2017),第104条。

⑥ 《中华人民共和国民事诉讼法》(2017),第101条。

⑦ 《中华人民共和国民事诉讼法》(2017),第105条。

⑧ 《中华人民共和国民事诉讼法》(2017),第102~103条。

止裁定的执行。[①]

(4)民事制裁

人民法院审理案件,对于侵犯著作权或者与著作权有关的权利的,可以没收违法所得、侵权复制品以及进行违法活动的财物。[②]

2. 专利权民事诉讼特殊司法措施

(1)诉前行为保全

①专利权人或者利害关系人有证据证明他人正在实施或者即将实施侵犯专利权的行为,如不及时制止将会使其合法权益受到难以弥补的损害的,可以在起诉前向有专利侵权案件管辖权的人民法院申请采取责令停止有关行为的措施。[③] 提出申请的利害关系人,包括专利实施许可合同的被许可人、专利财产权利的合法继承人等。专利实施许可合同被许可人中,独占实施许可合同的被许可人可以单独向人民法院提出申请;排他实施许可合同的被许可人在专利权人不申请的情况下,可以提出申请。

②专利权人或者利害关系人向人民法院提出申请,应当递交书面申请状;申请状应当载明当事人及其基本情况、申请的具体内容、范围和理由等事项。申请的理由包括有关行为如不及时制止会使申请人合法权益受到难以弥补的损害的具体说明。

③申请人提出申请时,应当提交下列证据:a 专利权人应当提交证明其专利权真实有效的文件,包括专利证书、权利要求书、说明书、专利年费缴纳凭证。提出的申请涉及实用新型专利的,申请人应当提交国务院专利行政部门出具的检索报告。b. 利害关系人应当提供有关专利实施许可合同及其在国务院专利行政部门备案的证明材料,未经备案的应当提交专利权人的证明,或者证明其享有权利的其他证据。排他实施许可合同的被许可人单独提出申请的,应当提交专利权人放弃申请的证明材料。专利财产权利的继承人应当提交已经继承或者正在继承的证据材料。c. 提交证明被申请人正在实施或者即

① 《中华人民共和国民事诉讼法》(2017),第108条。
② 《中华人民共和国著作权法》(2010),第52条。
③ 《中华人民共和国专利法》(2008),第66条第1款。

将实施侵犯其专利权的行为的证据，包括被控侵权产品以及专利技术与被控侵权产品技术特征对比材料等。

④申请人提出申请时，应当提供担保；不提供担保的，驳回申请。当事人提供保证、抵押等形式的担保合理、有效的，人民法院应当准予。人民法院确定担保范围时，应当考虑责令停止有关行为所涉及产品的销售收入，以及合理的仓储、保管等费用；被申请人停止有关行为可能造成的损失，以及人员工资等合理费用支出；其他因素。在执行停止有关行为裁定过程中，被申请人可能因采取该项措施造成更大损失的，人民法院可以责令申请人追加相应的担保。申请人不追加担保的，解除有关停止措施。停止侵犯专利权行为裁定所采取的措施，不因被申请人提出反担保而解除。

⑤人民法院接受专利权人或者利害关系人提出责令停止侵犯专利权行为的申请后，经审查符合规定的，应当在 48 小时内作出书面裁定；裁定责令被申请人停止侵犯专利权行为的，应当立即开始执行。人民法院在前述期限内，需要对有关事实进行核对的，可以传唤单方或双方当事人进行询问，然后再及时作出裁定。人民法院作出诉前责令被申请人停止有关行为的裁定，应当及时通知被申请人，至迟不得超过 5 日。当事人对裁定不服的，可以在收到裁定之日起 10 日内申请复议一次。复议期间不停止裁定的执行。人民法院对当事人提出的复议申请应当从以下方面进行审查：a. 被申请人正在实施或即将实施的行为是否构成侵犯专利权；b. 不采取有关措施，是否会给申请人合法权益造成难以弥补的损害；c. 申请人提供担保的情况；d. 责令被申请人停止有关行为是否损害社会公共利益。

⑥专利权人或者利害关系人在人民法院采取停止有关行为的措施后 30 日内不起诉的，人民法院解除裁定采取的措施。申请人不起诉或者申请错误造成被申请人损失，被申请人可以向有管辖权的人民法院起诉请求申请人赔偿，也可以在专利权人或者利害关系人提起的专利侵权诉讼中提出损害赔偿的请求，人民法院可以一并处理。

⑦停止侵犯专利权行为裁定的效力，一般应维持到终审法律文书生效时止。人民法院也可以根据案情，确定具体期限；期限届满时，根据当事人的请

求仍可作出继续停止有关行为的裁定。被申请人违反人民法院责令停止有关行为裁定的，人民法院可以根据情节轻重予以罚款、拘留；构成犯罪的，依法追究刑事责任。①

（2）诉前证据保全

①为了制止专利侵权行为，在证据可能灭失或者以后难以取得的情况下，专利权人或者利害关系人可以在起诉前向人民法院申请保全证据。

②人民法院采取证据保全措施，可以责令申请人提供担保；申请人不提供担保的，驳回申请。

③人民法院应当自接受申请之时起 48 小时内作出裁定；裁定采取证据保全措施的，应当立即执行。

④申请人自人民法院采取证据保全措施之日起 30 日内不起诉的，人民法院应当解除该措施。②

（3）民事制裁

假冒他人专利的，管理专利工作的部门未给予行政处罚的，人民法院可以给予民事制裁，包括训诫、责令具结悔过、没收违法所得和侵权复制品及进行违法活动的财物、罚款、拘留等。其中，适用民事罚款数额可以按照以下标准确定：有违法所得的，可以处违法所得 4 倍以下的罚款；没有违法所得的，可以处 20 万元以下的罚款。③

3. 商标权民事诉讼特殊司法措施

（1）诉前行为保全

①商标注册人或者利害关系人有证据证明他人正在实施或者即将实施侵犯其注册商标专用权的行为，如不及时制止将会使其合法权益受到难以弥补

---

① 《中华人民共和国专利法》(2008)，第 66 条；《最高人民法院关于对诉前停止侵犯专利权行为适用法律问题的若干规定》(2001)，第 1～15 条；《中华人民共和国民事诉讼法》(2017)，第 101 条；《最高人民法院关于适用〈中华人民共和国民事诉讼法〉的解释》(2015)，第 152 条第 1～2 款。

② 《中华人民共和国专利法》(2008)，第 67 条；《中华人民共和国民事诉讼法》(2017)，第 81 条第 2 款。

③ 《最高人民法院关于审理专利纠纷案件适用法律问题的若干规定》(2015)，第 19 条；《中华人民共和国民法通则》(2009)，第 134 条第 3 款；《中华人民共和国专利法》(2008)，第 63 条。

的损害的,可以依法在起诉前向人民法院申请采取责令停止有关行为的措施。[①] 其中,利害关系人包括商标使用许可合同的被许可人、注册商标财产权利的合法继承人。注册商标使用许可合同被许可人中,独占使用许可合同的被许可人可以单独向人民法院提出申请;排他使用许可合同的被许可人在商标注册人不申请的情况下,可以提出申请。

②诉前责令停止侵犯注册商标专用权行为的申请,应当向侵权行为地或者被申请人住所地对商标案件有管辖权的人民法院提出,并递交书面申请状。申请状应当载明:a 当事人及其基本情况;b. 申请的具体内容、范围;c. 申请的理由,包括有关行为如不及时制止,将会使商标注册人或者利害关系人的合法权益受到难以弥补的损害的具体说明。

③申请人提出诉前停止侵犯注册商标专用权行为的申请时,应当提交下列证据:a. 商标注册人应当提交商标注册证,利害关系人应当提交商标使用许可合同、在商标局备案的材料及商标注册证复印件;排他使用许可合同的被许可人单独提出申请的,应当提交商标注册人放弃申请的证据材料;注册商标财产权利的继承人应当提交已经继承或者正在继承的证据材料。b. 证明被申请人正在实施或者即将实施侵犯注册商标专用权的行为的证据,包括被控侵权商品。

④申请人提出诉前停止侵犯注册商标专用权行为的申请时应当提供担保。申请人提供保证、抵押等形式的担保合理、有效的,人民法院应当准许。申请人不提供担保的,驳回申请。人民法院确定担保的范围时,应当考虑责令停止有关行为所涉及的商品销售收益,以及合理的仓储、保管等费用,停止有关行为可能造成的合理损失等。在执行停止有关行为裁定过程中,被申请人可能因采取该项措施造成更大损失的,人民法院可以责令申请人追加相应的担保。申请人不追加担保的,可以解除有关停止措施。停止侵犯注册商标专用权行为裁定所采取的措施,不因被申请人提供担保而解除,但申请人同意的除外。

---

① 《中华人民共和国商标法》(2019),第65条。

⑤人民法院接受商标注册人或者利害关系人提出责令停止侵犯注册商标专用权行为的申请后，经审查符合规定的，应当在48小时内作出书面裁定。人民法院作出诉前停止侵犯注册商标专用权行为的裁定事项，应当限于商标注册人或者利害关系人申请的范围。裁定责令被申请人停止侵犯注册商标专用权行为的，应当立即开始执行。人民法院作出诉前责令停止有关行为的裁定，应当及时通知被申请人，至迟不得超过5日。

⑥当事人对诉前责令停止侵犯注册商标专用权行为裁定不服的，可以在收到裁定之日起10日内申请复议一次。复议期间不停止裁定的执行。人民法院对当事人提出的复议申请应当从以下方面进行审查：a. 被申请人正在实施或者即将实施的行为是否侵犯注册商标专用权；b. 不采取有关措施，是否会给申请人合法权益造成难以弥补的损害；c. 申请人提供担保的情况；d. 责令被申请人停止有关行为是否损害社会公共利益。

⑦商标注册人或者利害关系人在人民法院采取停止有关行为的措施后30日内不起诉的，人民法院应当解除裁定采取的措施。申请人不起诉或者申请错误造成被申请人损失的，被申请人可以向有管辖权的人民法院起诉请求申请人赔偿，也可以在商标注册人或者利害关系人提起的侵犯注册商标专用权的诉讼中提出损害赔偿请求，人民法院可以一并处理。

⑧停止侵犯注册商标专用权行为裁定的效力，一般应维持到终审法律文书生效时止。人民法院也可以根据案情，确定停止有关行为的具体期限；期限届满时，根据当事人的请求及追加担保的情况，可以作出继续停止有关行为的裁定。被申请人违反人民法院责令停止侵犯注册商标专用权行为裁定的，人民法院可以根据情节轻重予以罚款、拘留；构成犯罪的，依法追究刑事责任。①

(2)诉前证据保全

①为制止侵权行为，在证据可能灭失或者以后难以取得的情况下，商标注册人或者利害关系人可以依法在起诉前向人民法院申请保全证据。②

---

① 《最高人民法院关于诉前停止侵犯注册商标专用权行为和保全证据适用法律问题的解释》(2002)，第1～15条；《中华人民共和国民事诉讼法》(2017)，第101条。

② 《中华人民共和国商标法》(2019)，第66条。

②诉前保全证据的申请应当向侵权行为地或者被申请人住所地对商标案件有管辖权的人民法院提出，并递交书面申请状。申请状应当载明：a. 当事人及其基本情况；b. 申请保全证据的具体内容、范围、所在地点；c. 请求保全的证据能够证明的对象；d. 申请的理由，包括证据可能灭失或者以后难以取得，且当事人及其诉讼代理人因客观原因不能自行收集的具体说明。

③申请人申请诉前保全证据可能涉及被申请人财产损失的，人民法院可以责令申请人提供相应的担保。申请人提供保证、抵押等形式的担保合理、有效的，人民法院应当准许。申请人不提供担保的，驳回申请。

④人民法院接受申请后，必须在 48 小时内作出裁定。人民法院作出诉前保全证据的裁定事项，应当限于商标注册人或者利害关系人申请的范围。裁定采取保全措施的，应当立即开始执行。被申请人违反人民法院保全证据裁定的，人民法院可以根据情节轻重予以罚款、拘留；构成犯罪的，依法追究刑事责任。

⑤商标注册人或者利害关系人在人民法院采取保全证据的措施后 30 日内不起诉的，人民法院应当解除裁定采取的措施。申请人不起诉或者申请错误造成被申请人损失的，被申请人可以向有管辖权的人民法院起诉请求申请人赔偿，也可以在商标注册人或者利害关系人提起的侵犯注册商标专用权的诉讼中提出损害赔偿请求，人民法院可以一并处理。①

(3)诉前财产保全

商标注册人或者利害关系人有证据证明他人正在实施或者即将实施侵犯其注册商标专用权的行为，如不及时制止将会使其合法权益受到难以弥补的损害的，可以依法在起诉前向人民法院申请采取财产保全的措施。②

4. 植物新品种民事诉讼特殊司法措施

(1)诉前行为保全

品种权人或者利害关系人向人民法院提起侵犯植物新品种权诉讼时，同

---

① 《最高人民法院关于诉前停止侵犯注册商标专用权行为和保全证据适用法律问题的解释》(2002)，第 1～3 条、第 5～6 条、第 12～13 条；《中华人民共和国民事诉讼法》(2017)，第 81 条第 2 款。

② 《中华人民共和国商标法》(2019)，第 65 条。

时提出先行停止侵犯植物新品种权行为请求的，人民法院经审查可以先行作出裁定。①

(2)诉前证据保全

①品种权人或者利害关系人向人民法院提起侵犯植物新品种权诉讼时，同时提出保全证据请求的，人民法院经审查可以先行作出裁定。

②人民法院采取证据保全措施时，可以根据案件具体情况，邀请有关专业技术人员按照相应的技术规程协助取证。②

5. 集成电路布图设计民事诉讼特殊司法措施

(1)诉前行为保全

①布图设计权利人或者利害关系人有证据证明他人正在实施或者即将实施侵犯其专有权的行为，如不及时制止将会使其合法权益受到难以弥补的损害的，可以在起诉前依法向人民法院申请采取责令停止有关行为的措施。

②对于申请人民法院采取诉前责令停止侵犯布图设计专有权行为措施的，参照《最高人民法院关于对诉前停止侵犯专利权行为适用法律问题的若干规定》执行，详见本书专利民事诉前司法措施中诉前禁令的内容。③

(2)诉前财产保全

布图设计权利人或者利害关系人有证据证明他人正在实施或者即将实施侵犯其专有权的行为，如不及时制止将会使其合法权益受到难以弥补的损害的，可以在起诉前依法向人民法院申请采取财产保全的措施。④

(二)知识产权民事诉讼特殊证据规则

1. 著作权民事诉讼特殊证据规则

(1)当事人提供的涉及著作权的底稿、原件、合法出版物、著作权登记证

---

① 《最高人民法院关于审理侵犯植物新品种权纠纷案件具体应用法律问题的若干规定》(2007)，第5条。

② 《最高人民法院关于审理侵犯植物新品种权纠纷案件具体应用法律问题的若干规定》(2007)，第5条；《中华人民共和国民事诉讼法》(2017)，第81条第2款。

③ 《集成电路布图设计保护条例》(2001)，第32条；《最高人民法院关于开展涉及集成电路布图设计案件审判工作的通知》(2001)，第3条；《最高人民法院关于对诉前停止侵犯专利权行为适用法律问题的若干规定》(2001)。

④ 《集成电路布图设计保护条例》(2001)，第32条。

书、认证机构出具的证明、取得权利的合同等,可以作为证据。在作品或者制品上署名的自然人、法人或者其他组织视为著作权、与著作权有关权益的权利人,但有相反证明的除外。

(2)当事人自行或者委托他人以定购、现场交易等方式购买侵权复制品而取得的实物、发票等,可以作为证据。公证人员在未向涉嫌侵权的一方当事人表明身份的情况下,如实对另一方当事人按照规定的方式取得的证据和取证过程出具的公证书,应当作为证据使用,但有相反证据的除外。

(3)出版者、制作者应当对其出版、制作有合法授权承担举证责任,发行者、出租者应当对其发行或者出租的复制品有合法来源承担举证责任,出版者应当对其出版行为的授权、稿件来源和署名、所编辑出版物的内容等所尽合理注意义务情况承担举证责任。①

2. 专利权民事诉讼特殊证据规则

(1)专利侵权纠纷涉及新产品制造方法的发明专利的,制造同样产品的单位或者个人应当提供其产品制造方法不同于专利方法的证明。

(2)专利侵权纠纷涉及实用新型专利或者外观设计专利的,人民法院或者管理专利工作的部门可以要求专利权人或者利害关系人出具由国务院专利行政部门对相关实用新型或者外观设计进行检索、分析和评价后作出的专利权评价报告,作为审理、处理专利侵权纠纷的证据。②

3. 不正当竞争民事诉讼特殊证据规则

(1)原告指称他人假冒其有一定影响的商品名称、包装、装潢的,应当对其商品的市场知名度负举证责任。

(2)当事人指称他人侵犯其商业秘密的,应当对其拥有的商业秘密符合法定条件、对方当事人的信息与其商业秘密相同或者实质相同以及对方当事人采取不正当手段的事实负举证责任。其中,商业秘密符合法定条件的证据,包括商业秘密的载体、具体内容、商业价值和对该项商业秘密所采取的具体保密

① 《最高人民法院关于审理著作权民事纠纷案件适用法律若干问题的解释》(2002),第7~8条、第19条。

② 《中华人民共和国专利法》(2008),第61条。

措施等。①

4. 植物新品种民事诉讼特殊证据规则

(1)侵犯植物新品种权纠纷案件涉及的专门性问题需要鉴定的，由双方当事人协商确定的有鉴定资格的鉴定机构、鉴定人鉴定；协商不成的，由人民法院指定的有鉴定资格的鉴定机构、鉴定人鉴定。没有规定资格的鉴定机构、鉴定人的，由具有相应品种检测技术水平的专业机构、专业人员鉴定。

(2)对于侵犯植物新品种权纠纷案件涉及的专门性问题可以采取田间观察检测、基因指纹图谱检测等方法鉴定。对采取规定方法作出的鉴定结论，人民法院应当依法质证，认定其证明力。②

(三)知识产权民事诉讼损害赔偿规则

1. 著作权民事诉讼损害赔偿规则

(1)侵犯著作权或者与著作权有关的权利的，侵权人应当按照权利人的实际损失给予赔偿；权利人的实际损失难以计算的，可以按照侵权人的违法所得给予赔偿；当事人就赔偿数额达成协议的，应当准许。其中，权利人的实际损失可以根据权利人因侵权所造成复制品发行减少量或者侵权复制品销售量与权利人发行该复制品单位利润乘积计算。

(2)权利人的实际损失或者侵权人的违法所得不能确定的，由人民法院根据侵权行为的情节，依当事人的请求或者依职权判决给予50万元以下的赔偿。人民法院在确定赔偿数额时，应当考虑作品类型、合理使用费、侵权行为性质、后果等情节综合确定。

(3)赔偿数额还应当包括权利人为制止侵权行为所支付的合理开支，包括权利人或者委托代理人对侵权行为进行调查、取证的合理费用。人民法院根据当事人的诉讼请求和具体案情，可以将符合国家有关部门规定的律师费用

---

① 《最高人民法院关于审理不正当竞争民事案件应用法律若干问题的解释》(2007)，第1条、第14条。

② 《最高人民法院关于审理侵犯植物新品种权纠纷案件具体应用法律问题的若干规定》(2007)，第3~4条。

计算在赔偿范围内。①

2. 专利民事诉讼损害赔偿规则

侵犯专利权的赔偿数额，包括权利人为制止侵权行为所支付的合理开支，其确定顺序和标准如下：

（1）根据权利人的请求，按照权利人因被侵权所受到的实际损失确定。权利人因被侵权所受到的损失可以根据专利权人的专利产品因侵权所造成销售量减少的总数乘以每件专利产品的合理利润所得之积计算。权利人销售量减少的总数难以确定的，侵权产品在市场上销售的总数乘以每件专利产品的合理利润所得之积可以视为权利人因被侵权所受到的实际损失。

（2）实际损失难以确定的，可以按照侵权人因侵权所获得的利益确定。侵权人因侵权所获得的利益可以根据该侵权产品在市场上销售的总数乘以每件侵权产品的合理利润所得之积计算。侵权人因侵权所获得的利益一般按照侵权人的营业利润计算，对于完全以侵权为业的侵权人，可以按照销售利润计算。人民法院依法确定侵权人因侵权所获得的利益，应当限于侵权人因侵犯专利权行为所获得的利益；因其他权利所产生的利益，应当合理扣除。侵犯发明、实用新型专利权的产品系另一产品的零部件的，人民法院应当根据该零部件本身的价值及其在实现成品利润中的作用等因素合理确定赔偿数额。侵犯外观设计专利权的产品为包装物的，人民法院应当按照包装物本身的价值及其在实现被包装产品利润中的作用等因素合理确定赔偿数额。

（3）权利人的损失或者侵权人获得的利益难以确定的，有专利许可使用费可以参照的，人民法院可以根据专利权的类型、侵权行为的性质和情节、专利许可的性质、范围、时间等因素，参照该专利许可使用费的倍数合理确定赔偿数额；没有专利许可使用费可以参照或者专利许可使用费明显不合理的，人民法院可以根据专利权的类型、侵权行为的性质和情节等因素，确定给予 1 万元以上 100 万元以下的赔偿。

（4）权利人为制止侵权行为所支付的合理开支，可以在依照上述标准确定

---

① 《中华人民共和国著作权法》（2010），第 49 条；《最高人民法院关于审理著作权民事纠纷案件适用法律若干问题的解释》（2002），第 24 ~ 26 条。

的赔偿数额之外另行计算。①

3. 商标民事诉讼损害赔偿规则

(1)侵犯商标专用权的赔偿数额,按照权利人因被侵权所受到的实际损失确定;实际损失难以确定的,可以按照侵权人因侵权所获得的利益确定;权利人的损失或者侵权人获得的利益难以确定的,参照该商标许可使用费的倍数合理确定。对恶意侵犯商标专用权,情节严重的,可以在按照上述方法确定数额的1倍以上5倍以下确定赔偿数额。赔偿数额应当包括权利人为制止侵权行为所支付的合理开支。其中,因被侵权所受到的实际损失,可以根据权利人因侵权所造成商品销售减少量或者侵权商品销售量与该注册商标商品的单位利润乘积计算;因侵权所获得的利益可以根据侵权商品销售量与该商品单位利润乘积计算,该商品单位利润无法查明的,按照注册商标商品的单位利润计算;制止侵权行为所支付的合理开支,包括权利人或者委托代理人对侵权行为进行调查、取证的合理费用,以及符合国家有关部门规定的律师费用。

(2)人民法院为确定赔偿数额,在权利人已经尽力举证,而与侵权行为相关的账簿、资料主要由侵权人掌握的情况下,可以责令侵权人提供与侵权行为相关的账簿、资料;侵权人不提供或者提供虚假的账簿、资料的,人民法院可以参考权利人的主张和提供的证据判定赔偿数额。

(3)权利人因被侵权所受到的实际损失、侵权人因侵权所获得的利益、注册商标许可使用费难以确定的,由人民法院根据侵权行为的情节判决给予500万元以下的赔偿。人民法院在判决法定赔偿数额时,应当考虑侵权行为的性质、期间、后果,商标的声誉,商标使用许可费的数额,商标使用许可的种类、时间、范围及制止侵权行为的合理开支等因素综合确定。②

4. 不正当竞争民事诉讼损害赔偿规则

(1)因不正当竞争行为受到损害的经营者的赔偿数额,按照其因被侵权所

---

① 《中华人民共和国专利法》(2008),第65条;《最高人民法院关于审理侵犯专利权纠纷案件应用法律若干问题的解释》(2009),第16条;《最高人民法院关于审理专利纠纷案件适用法律问题的若干规定》(2015),第20~22条。

② 《中华人民共和国商标法》(2019),第63条;《最高人民法院关于审理商标民事纠纷案件适用法律若干问题的解释》(2002),第14~17条。

受到的实际损失确定;实际损失难以计算的,按照侵权人因侵权所获得的利益确定。经营者恶意实施侵犯商业秘密行为,情节严重的,可以在按照上述方法确定数额的1倍以上5倍以下确定赔偿数额。赔偿数额还应当包括经营者为制止侵权行为所支付的合理开支。

(2)经营者违法实施混淆行为、侵犯商业秘密的行为,权利人因被侵权所受到的实际损失、侵权人因侵权所获得的利益难以确定的,由人民法院根据侵权行为的情节判决给予权利人500万元以下的赔偿。

(3)确定侵犯商业秘密行为的损害赔偿额,可以参照确定侵犯专利权的损害赔偿额的方法进行;确定假冒、虚假宣传、商业诋毁的不正当竞争行为的损害赔偿额,可以参照确定侵犯注册商标专用权的损害赔偿额的方法进行。

(4)因侵权行为导致商业秘密已为公众所知悉的,应当根据该项商业秘密的商业价值确定损害赔偿额。商业秘密的商业价值,根据其研究开发成本、实施该项商业秘密的收益、可得利益、可保持竞争优势的时间等因素确定。①

5. 植物新品种民事诉讼损害赔偿规则

(1)人民法院可以根据被侵权人的请求,按照被侵权人因侵权所受损失或者侵权人因侵权所得利益确定赔偿数额。被侵权人请求按照植物新品种实施许可费确定赔偿数额的,人民法院可以根据植物新品种实施许可的种类、时间、范围等因素,参照该植物新品种实施许可费合理确定赔偿数额。

(2)依照请求赔偿的规定难以确定赔偿数额的,人民法院可以综合考虑侵权的性质、期间、后果,植物新品种实施许可费的数额,植物新品种实施许可的种类、时间、范围及被侵权人调查、制止侵权所支付的合理费用等因素,在50万元以下确定赔偿数额。

(3)被侵权人和侵权人均同意将侵权物折价抵扣被侵权人所受损失的,人民法院应当准许。②

---

① 《中华人民共和国反不正当竞争法》(2019),第17条第3~4款;《最高人民法院关于审理不正当竞争民事案件应用法律若干问题的解释》(2007),第17条。

② 《最高人民法院关于审理侵犯植物新品种权纠纷案件具体应用法律问题的若干规定》(2007),第6条第2~3款、第7条。

(四)知识产权民事诉讼时效和中止

1. 知识产权民事诉讼时效

(1)著作权民事诉讼的时效

①侵犯著作权的诉讼时效为3年,自著作权人知道或者应当知道侵权行为之日起计算。

②权利人超过3年起诉的,如果侵权行为在起诉时仍在持续,在该著作权保护期内,人民法院应当判决被告停止侵权行为;侵权损害赔偿数额应当自权利人向人民法院起诉之日起向前推算2年计算。①

(2)专利权民事诉讼的时效

①侵犯专利权的诉讼时效为3年,自专利权人或者利害关系人得知或者应当得知侵权行为之日起计算。

②发明专利申请公布后至专利权授予前使用该发明未支付适当使用费的,专利权人要求支付使用费的诉讼时效为3年,自专利权人得知或者应当得知他人使用其发明之日起计算,但专利权人于专利权授予之日前即已得知或者应当得知的,自专利权授予之日起计算。

③权利人超过3年起诉的,如果侵权行为在起诉时仍在继续,在该项专利权有效期内,人民法院应当判决被告停止侵权行为,侵权损害赔偿数额应当自权利人向人民法院起诉之日起向前推算2年计算。②

(3)商标权民事诉讼的诉讼时效

①侵犯注册商标专用权的诉讼时效为3年,自商标注册人或者利害权利人知道或者应当知道侵权行为之日起计算。

②商标注册人或者利害关系人超过3年起诉的,如果侵权行为在起诉时仍在持续,在该注册商标专用权有效期限内,人民法院应当判决被告停止侵权行

---

① 《最高人民法院关于审理著作权民事纠纷案件适用法律若干问题的解释》(2002),第28条;《中华人民共和国民法总则》(2017),第188条;《最高人民法院关于适用〈中华人民共和国民法总则〉诉讼时效制度若干问题的解释》(2018),第1条。

② 《中华人民共和国专利法》(2008),第68条;《最高人民法院关于审理专利纠纷案件适用法律问题的若干规定》(2015),第23条;《中华人民共和国民法总则》(2017),第188条;《最高人民法院关于适用〈中华人民共和国民法总则〉诉讼时效制度若干问题的解释》(2018),第1条。

为,侵权损害赔偿数额应当自权利人向人民法院起诉之日起向前推算2年计算。①

2. 知识产权民事诉讼中止

(1)专利民事诉讼的中止

①侵犯实用新型、外观设计专利权纠纷案件的被告请求中止诉讼的,应当在答辩期内对原告的专利权提出宣告无效的请求。

②人民法院受理的侵犯实用新型、外观设计专利权纠纷案件,被告在答辩期间内请求宣告该项专利权无效的,人民法院应当中止诉讼,但具备下列情形之一的,可以不中止诉讼:a. 原告出具的检索报告或者专利权评价报告未发现导致实用新型或者外观设计专利权无效的事由的;b. 被告提供的证据足以证明其使用的技术已经公知的;c. 被告请求宣告该项专利权无效所提供的证据或者依据的理由明显不充分的;d. 人民法院认为不应当中止诉讼的其他情形。

③人民法院受理的侵犯实用新型、外观设计专利权纠纷案件,被告在答辩期间届满后请求宣告该项专利权无效的,人民法院不应当中止诉讼,但经审查认为有必要中止诉讼的除外。人民法院受理的侵犯发明专利权纠纷案件或者经专利复审委员会审查维持专利权的侵犯实用新型、外观设计专利权纠纷案件,被告在答辩期间内请求宣告该项专利权无效的,人民法院可以不中止诉讼。

④人民法院决定中止诉讼,专利权人或者利害关系人请求责令被告停止有关行为或者采取其他制止侵权损害继续扩大的措施,并提供了担保,人民法院经审查符合有关法律规定的,可以在裁定中止诉讼的同时一并作出有关裁定。②

(2)集成电路布图设计民事诉讼的中止

人民法院受理的侵犯布图设计专有权纠纷案件,被告以原告的布图设计

---

① 《最高人民法院关于审理商标民事纠纷案件适用法律若干问题的解释》(2002),第18条;《中华人民共和国民法总则》(2017),第188条;《最高人民法院关于适用〈中华人民共和国民法总则〉诉讼时效制度若干问题的解释》(2018),第1条。

② 《最高人民法院关于审理专利纠纷案件适用法律问题的若干规定》(2015),第8条第2款、第9~12条。

专有权不具有足够的稳定性为由要求中止诉讼的，人民法院一般不中止诉讼。①

第二节　知识产权行政诉讼

知识产权行政诉讼大量发生的是著作权、专利权、商标权行政诉讼，此处仅讨论这3种知识产权行政诉讼方式。

一、知识产权行政诉讼适用范围

(一)知识产权行政诉讼的特点

1. 一般行政诉讼的特点

行政诉讼是由法院实施的对行政机关的具体行政行为进行监督、救济的司法活动，旨在监督行政机关依法行使职权，保护相关公民、法人和其他组织的合法权益。一般行政诉讼的特点主要有：

(1)行政诉讼的被告恒定为作出被诉具体行政行为的行政机关，即便行政诉讼涉及第三人且被告与第三人立场一致、联合对抗原告。

(2)行政诉讼的客体是行政机关作出的具体行政行为，一般不针对被诉具体行政行为所依据的规范性文件，除非原告在提起行政诉讼时一并请求对该规范性文件进行审查。

(3)行政诉讼的举证责任主要在被告，被告对被诉具体行政行为的合法性负责，要求其证据确凿，适用法律、法规正确，符合法定程序，没有超越、滥用职权或明显不当。

(4)行政诉讼不允许被告提起反诉，一般仅限于审查被诉具体行政行为的合法性，除非涉及行政许可、登记、征收、征用和对民事争议所作的行政裁决且当事人申请一并解决相关民事争议。

(5)行政诉讼一般不适用调解方式结案，除非涉及行政赔偿、补偿以及行

---

① 《最高人民法院关于开展涉及集成电路布图设计案件审判工作的通知》(2001)，第4条。

政机关行使法律、法规规定的自由裁量权。

(6)行政诉讼一般判决撤销或维持被诉具体行政行为,并可以一并判决行政机关重新作出行政行为;但一般不会直接判决变更被诉具体行政行为,除非被诉具体行政行为明显不当或者涉及对款额的确定、认定确有错误。①

2. 著作权行政诉讼的特点

著作权自作品创作完成之日起产生,②其不存在授权确权问题;著作权行政机关对于著作权违法行为,只能就我国著作权法及有关法律、法规、规章明确规定的具体行为给予行政处罚,③因而著作权行政诉讼既具有一般行政诉讼的全部特点,又具有被告单一、第三人参与、诉讼时效较短等自身特点。

(1)著作权行政诉讼的被告单一。著作权行政诉讼的被告是著作权行政机关,包括作为国家著作权行政机关的国家版权局,作为地方著作权行政机关的地方政府享有著作权行政执法权的有关部门。④

(2)著作权行政诉讼有第三人参与。不论所涉及的著作权违法行为是著作权行政机关自行立案或根据有关部门移送的材料决定查处的,还是根据著作权人、利害关系人或其他知情人的投诉或举报决定查处的,如果著作权违法行为人不服,则著作权人或利害关系人为第三人;如果著作权人或利害关系人不服,则著作权违法行为人为第三人。

(3)著作权行政诉讼的时效较短。对著作权行政机关作出的行政处罚不服而向法院起诉,其时效为自收到行政处罚决定书之日起3个月;而对一般行政机关作出的具体行政行为不服而向法院起诉,未经复议的时效为自知道或应当知道作出行政行为之日起6个月,经过复议的时效为自收到复议决定书或复议期满之日起15日。⑤

---

① 《中华人民共和国行政诉讼法》(2017),第1条、第53条、第60条、第61条、第77条。

② 《中华人民共和国著作权法实施条例》(2013),第6条。

③ 国家版权局:《著作权行政处罚实施办法》(2009),第3条。

④ 《中华人民共和国著作权法》(2010),第7条;国家版权局:《著作权行政处罚实施办法》(2009),第2条。

⑤ 《中华人民共和国著作权法》(2010),第56条;《中华人民共和国行政诉讼法》(2017),第46条。

3. 专利行政诉讼的特点

专利权不是自动产生的，而是经申请由国家专利行政机关授予的，其存在授权确权问题；地方专利行政机关不仅可以对假冒专利行为进行查处（行政处罚），还可以对专利侵权纠纷进行处理（行政裁决），因而专利行政诉讼除了有一般行政诉讼的全部特点以外，还具有被告单一、管辖指定、民行交叉、时效较短等自身特点。

(1)专利行政诉讼的被告单一。专利行政诉讼的被告是专利行政机关，包括作为国家专利行政机关的国家知识产权局及其专利复审委员会，作为地方专利行政机关的地方政府管理专利工作的部门。①

(2)专利授权确权行政诉讼的管辖指定。由于国家知识产权局及其专利复审委员会位于北京市，因而对其所作出的专利授权确权行政决定不服而提起的专利行政诉讼案件，指定由被告所在地的北京知识产权法院一审、最高人民法院知识产权法庭二审。②

(3)专利无效行政诉讼往往与专利侵权民事诉讼交叉进行。针对国家知识产权局专利复审委员会作出的专利无效行政决定所提起的专利行政诉讼往往是由专利侵权民事诉讼引发的，被诉的专利侵权行为人把向国家知识产权局专利复审委员会请求宣告专利无效作为一种重要的抗辩手段，专利权人或专利侵权行为人不服专利无效行政决定就可以向北京知识产权法院提起专利行政诉讼。③ 专利无效行政诉讼和专利侵权民事诉讼相互交叉，是我国专利保护周期长、效率低的主要症结之一。

(4)专利行政诉讼的时效较短。对专利驳回复审行政决定、专利无效行政决定、专利强制许可行政决定、专利强制许可使用费行政裁决不服而向法院起诉的时效为自收到相应通知之日起 3 个月，对专利侵权纠纷行政裁决不服而向

---

① 《中华人民共和国专利法》(2008)，第 3 条、第 41 条、第 46 条、第 58 条；国家知识产权局：《专利行政执法办法》(2015)，第 2 ~3 条。

② 《最高人民法院关于北京、上海、广州知识产权法院案件管辖的规定》(2014)，第 5 条第 1 项；《最高人民法院关于知识产权法庭若干问题的规定》(2018)，第 2 条第 2 项。

③ 《中华人民共和国专利法》(2008)，第 46 条第 2 款；《最高人民法院关于北京、上海、广州知识产权法院案件管辖的规定》(2014)，第 5 条第 1 项。

法院起诉的时效为自收到相应通知之日起 15 日。[①]

4. 商标行政诉讼的特点

商标权虽然只有经过使用才能获得，但注册商标必须通过商标行政机关的审查、核准，其存在授权确权问题；地方专利行政机关不仅可以对注册商标侵权行为、假冒注册商标行为进行查处（行政处罚），还可以对注册商标侵权纠纷进行处理（行政裁决），[②]因而商标行政诉讼除了具有一般行政诉讼的全部特点以外，还具有被告单一、管辖指定、民行交叉、时效较短等自身特点。

（1）商标行政诉讼的被告单一。商标行政诉讼的被告是商标行政机关，包括作为国家商标行政机关的国家知识产权局商标评审委员会，作为地方商标行政机关的地方政府管理商标工作的部门。[③]

（2）注册商标授权确权行政诉讼的管辖指定。由于国家知识产权局商标评审委员会位于北京市，因而对其所作出的注册商标授权确权行政决定不服而提起的商标行政诉讼案件，指定由被告所在地的北京知识产权法院一审、北京市高级人民法院二审。[④]

（3）注册商标无效行政诉讼往往与商标侵权民事诉讼交叉进行。针对国家知识产权局商标评审委员会作出的注册商标无效行政裁定所提起的商标行政诉讼往往是由商标侵权民事诉讼引发的，被诉的商标侵权行为人把向国家知识产权局商标评审委员会请求宣告注册商标无效作为一种重要的抗辩手段，商标权人或商标侵权行为人不服注册商标无效宣告行政决定就可以向北京知识产权法院提起商标行政诉讼。[⑤] 注册商标无效行政诉讼和商标侵权民

---

① 《中华人民共和国专利法》(2008)，第 41 条、第 46 条、第 58 条、第 60 条；《中华人民共和国行政诉讼法》(2017)，第 46 条。

② 《中华人民共和国商标法》(2019)，第 34～35 条、第 44～45 条、第 54 条、第 60～61 条、第 63 条；《最高人民法院关于审理商标授权确权行政案件若干问题的规定》(2017)，第 1 条。

③ 《中华人民共和国商标法》(2019)，第 2 条、第 34～35 条、第 44～45 条、第 54 条、第 60～62 条、第 68 条。

④ 《最高人民法院关于商标法修改决定施行后商标案件管辖和法律适用问题的解释》(2014)，第 2 条；《最高人民法院关于北京、上海、广州知识产权法院案件管辖的规定》(2014)，第 5 条第 1 项、第 7 条。

⑤ 《中华人民共和国商标法》(2019)，第 44～45 条；《最高人民法院关于北京、上海、广州知识产权法院案件管辖的规定》(2014)，第 5 条第 1 项。

事诉讼相互交叉，是我国商标保护周期长、效率低的主要症结之一。

(4)商标行政诉讼的时效较短。对注册商标驳回复审行政决定、商标不予注册复审行政决定、注册商标无效复审行政决定、注册商标无效行政裁定、注册商标撤销复审行政决定不服而向法院起诉，其时效为自收到相应通知之日起30日。①

(二)知识产权行政诉讼的种类

1. 著作权行政诉讼的种类

著作权行政诉讼依据不同标准有不同分类。

(1)以著作权行政机关作出行政处罚所依据的法律、法规、规章为标准，著作权行政诉讼可以分为以下5种：

①不服著作权行政机关依据我国《著作权法》第48条作出的行政处罚而提起的行政诉讼，其中我国《著作权法》第48条列举了8种损害公共利益的侵权行为，包括：a. 未经著作权人许可，复制、发行、表演、放映、广播、汇编、通过信息网络向公众传播其作品的，属于合理使用、法定许可使用情形的除外；b. 出版他人享有专有出版权的图书的；c. 未经表演者许可，复制、发行录有其表演的录音录像制品，或者通过信息网络向公众传播其表演的，属于合理使用、法定许可使用情形的除外；d. 未经录音录像制作者许可，复制、发行、通过信息网络向公众传播其制作的录音录像制品的，属于合理使用、法定许可使用情形的除外；e. 未经许可，播放或者复制广播、电视的，属于合理使用、法定许可使用情形的除外；f. 未经著作权人或者与著作权有关的权利人许可，故意避开或者破坏权利人为其作品、录音录像制品等采取的保护著作权或者与著作权有关的权利的技术措施的，法律、行政法规另有规定的除外；g. 未经著作权人或者与著作权有关的权利人许可，故意删除或者改变作品、录音录像制品等的权利管理电子信息的，法律、行政法规另有规定的除外；h. 制作、出售假冒他人署名的作品的。②

---

① 《中华人民共和国商标法》(2019)，第34～35条、第44～45条、第54条；《中华人民共和国行政诉讼法》(2017)，第46条。

② 《中华人民共和国著作权法》(2010)，第48条。

②不服著作权行政机关依据《计算机软件保护条例》第 24 条作出的行政处罚而提起的行政诉讼，其中《计算机软件保护条例》第 24 条列举了 5 种损害公共利益的侵权行为，包括：a. 复制或者部分复制著作权人的软件的；b. 向公众发行、出租、通过信息网络传播著作权人的软件的；c. 故意避开或者破坏著作权人为保护其软件著作权而采取的技术措施的；d. 故意删除或者改变软件权利管理电子信息的；e. 转让或者许可他人行使著作权人的软件著作权的。[①]

③不服著作权行政机关依据《信息网络传播权保护条例》第 18 条、第 19 条、第 25 条作出的行政处罚而提起的行政诉讼，其中《信息网络传播权保护条例》第 18 条列举了 5 种损害公共利益的侵权行为，第 19 条列举了 3 种侵权行为，第 25 条列举了 1 种侵权行为，包括：a. 通过信息网络擅自向公众提供他人的作品、表演、录音录像制品的；b. 故意避开或者破坏技术措施的；c. 故意删除或者改变通过信息网络向公众提供的作品、表演、录音录像制品的权利管理电子信息，或者通过信息网络向公众提供明知或者应知未经权利人许可而被删除或者改变权利管理电子信息的作品、表演、录音录像制品的；d. 为扶助贫困通过信息网络向农村地区提供作品、表演、录音录像制品超过规定范围，或者未按照公告的标准支付报酬，或者在权利人不同意提供其作品、表演、录音录像制品后未立即删除的；e. 通过信息网络提供他人的作品、表演、录音录像制品，未指明作品、表演、录音录像制品的名称或者作者、表演者、录音录像制作者的姓名（名称），或者未支付报酬，或者未依照本条例规定采取技术措施防止服务对象以外的其他人获得他人的作品、表演、录音录像制品，或者未防止服务对象的复制行为对权利人利益造成实质性损害的；f. 故意制造、进口或者向他人提供主要用于避开、破坏技术措施的装置或者部件，或者故意为他人避开或者破坏技术措施提供技术服务的；g. 通过信息网络提供他人的作品、表演、录音录像制品，获得经济利益的；h. 为扶助贫困通过信息网络向农村地区提供作品、表演、录音录像制品，未在提供前公告作品、表演、录音录像制品的名称和作者、表演者、录音录像制作者的姓名（名称）以及报酬标准的；i. 网络服务提

① 《计算机软件保护条例》（2013），第 24 条。

供者无正当理由拒绝提供或者拖延提供涉嫌侵权的服务对象的姓名(名称)、联系方式、网络地址等资料的。[①]

④不服著作权行政机关依据《著作权集体管理条例》第 41 条、第 42 条、第 44 条作出的行政处罚而提起的行政诉讼,其中规定了 3 种应予行政处罚的行为:a. 著作权集体管理组织自国务院民政部门发给登记证书之日起超过 6 个月无正当理由未开展著作权集体管理活动,或者连续中止著作权集体管理活动 6 个月以上的;b. 著作权集体管理组织从事营利性经营活动的;c. 擅自设立著作权集体管理组织或者分支机构,或者擅自从事著作权集体管理活动的。[②]

⑤不服著作权行政机关依据其他法律、法规、规章作出的行政处罚而提起的行政诉讼。

(2)以著作权行政机关对于著作权违法行为作出的行政处罚为标准,著作权行政诉讼可以分为以下 6 种:

①不服著作权行政机关责令停止侵权行为的行政处罚而提起的行政诉讼,其中"责令停止侵权行为"的著作权违法行为包括我国《著作权法》第 48 条列举的 8 种损害公共利益的侵权行为、《计算机软件保护条例》第 24 条列举的 5 种损害公共利益的侵权行为、《信息网络传播权保护条例》第 18 条列举的 5 种损害公共利益的侵权行为。

②不服著作权行政机关罚款的行政处罚而提起的行政诉讼,其中"罚款"的著作权违法行为包括我国《著作权法》第 48 条列举的 8 种损害公共利益的侵权行为、《计算机软件保护条例》第 24 条列举的 5 种损害公共利益的侵权行为、《信息网络传播权保护条例》第 18 条列举的 5 种损害公共利益的侵权行为和第 19 条列举的 3 种侵权行为。

③不服著作权行政机关没收违法所得的行政处罚而提起的行政诉讼,其中"没收违法所得"的著作权违法行为包括我国《著作权法》第 48 条列举的 8 种损害公共利益的侵权行为、《计算机软件保护条例》第 24 条列举的 5 种损害公共利益的侵权行为、《信息网络传播权保护条例》第 18 条列举的 5 种损害公

---

① 《信息网络传播权保护条例》(2013),第 18 条、第 19 条、第 25 条。

② 《著作权集体管理条例》(2013),第 41 条、第 42 条、第 44 条。

共利益的侵权行为和第19条列举的3种侵权行为、《著作权集体管理条例》第42条和第44条规定的应予行政处罚的行为。

④不服著作权行政机关没收侵权复制品的行政处罚而提起的行政诉讼，其中“没收侵权复制品”的著作权违法行为包括我国《著作权法》第48条列举的8种损害公共利益的侵权行为、《计算机软件保护条例》第24条列举的5种损害公共利益的侵权行为。

⑤不服著作权行政机关没收主要用于制作侵权复制品的材料、工具、设备等的行政处罚而提起的行政诉讼，其中“没收主要用于制作侵权复制品的材料、工具、设备等”的著作权违法行为包括我国《著作权法》第48条列举的8种损害公共利益的侵权行为、《计算机软件保护条例》第24条列举的5种损害公共利益的侵权行为。

⑥不服著作权行政机关警告、没收安装存储侵权制品的设备、吊销许可证或取缔等其他行政处罚而提起的行政诉讼，其中“警告”的著作权违法行为包括《信息网络传播权保护条例》第19条和第25条列举的4种侵权行为，“没收安装存储侵权制品的设备”的著作权违法行为包括《信息网络传播权保护条例》第18条列举的5种损害公共利益的侵权行为和第19条列举的3种侵权行为，“吊销许可证或取缔”的著作权违法行为包括《著作权集体管理条例》第41条、第42条、第44条规定的3种应予行政处罚的行为。

(3)以著作权行政机关给予行政处罚的著作权违法行为为标准，著作权行政诉讼可以分为如下3种：

①不服著作权行政机关对于技术类著作权侵权行为作出的行政处罚而提起的行政诉讼，其中“技术类著作权违法行为”主要是指侵犯计算机软件著作权的行为，即《计算机软件保护条例》第24条列举的5种损害公共利益的侵权行为。

②不服著作权行政机关对于非技术类著作权侵权行为作出的行政处罚而提起的行政诉讼，其中“非技术类著作权侵权行为”包括我国《著作权法》第48条列举的8种损害公共利益的侵权行为，《信息网络传播权保护条例》第18条列举的5种损害公共利益的侵权行为、第19条列举的3种侵权行为和第25条

列举的1种侵权行为。

③不服著作权行政机关对于其他著作权违法行为作出的行政处罚而提起的行政诉讼,其中“其他著作权违法行为”主要是指《著作权集体管理条例》第41条、第42条、第44条规定的3种应予行政处罚的行为。

2. 专利行政诉讼的种类

专利行政诉讼依据不同标准有不同分类。

(1)以专利行政机关作出的具体行政行为为标准,专利行政诉讼可以分为如下7种:

①不服专利行政机关作出的专利驳回复审行政决定而提起的行政诉讼,其中专利驳回复审行政决定由国家知识产权局专利复审委员会对不服国家知识产权局专利局驳回专利申请的行政决定进行复审后作出;

②不服专利行政机关作出的专利无效行政决定而提起的行政诉讼,其中专利无效行政决定由国家知识产权局专利复审委员会对专利无效宣告请求进行审查后作出;

③不服专利行政机关作出的专利强制许可行政决定而提起的行政诉讼,其中专利强制许可行政决定由国家知识产权局对专利强制许可申请进行审查后作出;

④不服专利行政机关作出的专利强制许可使用费行政裁决而提起的行政诉讼,其中专利强制许可使用费行政裁决由国家知识产权局对专利强制许可使用费裁决申请进行审查后作出;

⑤不服专利行政机关作出的专利行政复议决定而提起的行政诉讼,其中专利行政复议决定由国家知识产权局对专利行政复议申请进行审查后作出;

⑥不服专利行政机关作出的专利侵权行政裁决而提起的行政诉讼,其中专利侵权行政裁决是由地方政府管理专利工作的部门对专利侵权纠纷进行处理后作出的;

⑦不服专利行政机关作出的假冒专利行政处罚而提起的行政诉讼,其中假冒专利行政处罚是由地方政府管理专利工作的部门对假冒专利行为进行查处后作出的。

（2）以作出具体行政行为的专利行政机关为标准，专利行政诉讼可以分为如下3类：

①不服国家知识产权局专利复审委员会作出的行政决定而提起的行政诉讼，其中国家知识产权局专利复审委员会作出的行政决定包括专利驳回复审行政决定、专利无效行政决定；

②不服国家知识产权局作出的行政决定或行政裁决而提起的行政诉讼，其中国家知识产权局作出的行政决定或行政裁决包括专利强制许可行政决定、专利强制许可使用费行政裁决、专利行政复议决定；

③不服地方政府管理专利工作的部门作出的行政裁决或行政处罚而提起的行政诉讼，其中地方政府管理专利工作的部门作出的行政裁决或行政处罚包括专利侵权行政裁决、假冒专利行政处罚。

（3）以专利行政机关作出的具体行政行为是否涉及第三人为标准，专利行政诉讼可以分为如下2类：

①专利行政机关作出的具体行政行为涉及第三人的行政诉讼，其中专利行政机关作出的涉及第三人的具体行政行为包括专利无效行政决定、专利强制许可行政决定、专利强制许可使用费行政裁决、专利侵权行政裁决、假冒专利行政处罚，第三人包括专利权人、专利无效宣告请求人、专利强制许可申请人、专利侵权行为人、假冒专利行为人；

②专利行政机关作出的具体行政行为不涉及第三人的行政诉讼，其中专利行政机关作出的不涉及第三人的具体行政行为包括专利驳回复审行政决定、专利行政复议决定。[①]

3. 商标行政诉讼的种类

专利行政诉讼依据不同标准有不同分类。

（1）以商标行政机关作出的具体行政行为为标准，商标行政诉讼可以分为如下9种：

①不服商标行政机关作出的注册商标驳回复审行政决定而提起的行政诉

---

① 《中华人民共和国专利法》(2008)，第41条、第46条、第58条、第60条、第63条；《最高人民法院关于审理专利纠纷案件适用法律问题的若干规定》(2015)，第1条。

讼,其中注册商标驳回复审行政决定由国家知识产权局商标评审委员会对国家知识产权局商标局驳回商标注册申请的行政决定进行复审后作出;

②不服商标行政机关作出的商标不予注册复审行政决定而提起的行政诉讼,其中商标不予注册复审行政决定由国家知识产权局商标评审委员会对国家知识产权局商标局不予注册商标的行政决定进行复审后作出;

③不服商标行政机关作出的注册商标无效复审行政决定而提起的行政诉讼,其中注册商标无效复审行政决定由国家知识产权局商标评审委员会对国家知识产权局商标局宣告注册商标无效的行政决定进行复审后作出;

④不服商标行政机关作出的注册商标无效行政裁定而提起的行政诉讼,其中注册商标无效行政裁定由国家知识产权局商标评审委员会对注册商标无效宣告请求进行审查后作出;

⑤不服商标行政机关作出的注册商标撤销复审行政决定而提起的行政诉讼,其中注册商标撤销复审行政决定由国家知识产权局商标评审委员会对国家知识产权局商标局撤销注册商标的行政决定进行复审后作出;

⑥不服商标行政机关作出的注册商标侵权行政裁决而提起的行政诉讼,其中注册商标侵权行政裁决由地方政府管理商标工作的部门对注册商标侵权纠纷进行处理后作出;

⑦不服商标行政机关作出的注册商标侵权行政处罚而提起的行政诉讼,其中注册商标侵权行政处罚由地方政府管理商标工作的部门对注册商标侵权行为进行查处后作出;

⑧不服商标行政机关作出的假冒注册商标行政处罚而提起的行政诉讼,其中假冒注册商标行政处罚由地方政府管理商标工作的部门对假冒注册商标行为进行查处后作出;

⑨不服商标行政机关作出的商标代理机构行政处罚而提起的行政诉讼,其中商标代理机构行政处罚由地方政府管理商标工作的部门对商标代理机构违法行为进行查处后作出。

(2)以作出具体行政行为的商标行政机关为标准,商标行政诉讼可以分为如下2类:

①不服国家知识产权局商标评审委员会作出的行政决定而提起的行政诉讼,其中国家知识产权局商标评审委员会作出的行政决定包括注册商标驳回复审行政决定、商标不予注册复审行政决定、注册商标无效复审行政决定、注册商标无效行政裁定、注册商标撤销复审行政决定;

②不服地方政府管理商标工作的部门作出的行政裁决或行政处罚而提起的行政诉讼,其中地方政府管理商标工作的部门作出的行政裁决或行政处罚包括注册商标侵权行政裁决、注册商标侵权行政处罚、假冒注册商标行政处罚、商标代理机构行政处罚。

(3)以商标行政机关作出的具体行政行为是否涉及第三人为标准,商标行政诉讼可以分为如下2类:

①商标行政机关作出的具体行政行为涉及第三人的行政诉讼,其中商标行政机关作出的涉及第三人的具体行政行为包括商标不予注册复审行政决定、注册商标无效复审行政决定、注册商标无效行政裁定、注册商标撤销复审行政决定、注册商标侵权行政裁决、注册商标侵权行政处罚、假冒注册商标行政处罚、涉及第三人的商标代理机构行政处罚,第三人包括商标权人、商标无效宣告请求人、商标强制许可申请人、商标侵权行为人、假冒商标行为人、其他商标代理机构;

②商标行政机关作出的具体行政行为不涉及第三人的行政诉讼,其中商标行政机关作出的不涉及第三人的具体行政行为包括注册商标驳回复审行政决定、不涉及第三人的商标代理机构行政处罚。①

二、知识产权行政诉讼审理特点

抛开著作权、专利、商标行政诉讼的各自特点,对于一般知识产权诉讼而言,除了其管辖规则在第二章第二节、起诉期限在本节第一部分已述以外,其他审理特点如下:

---

① 《中华人民共和国商标法》(2019),第2条、第34~35条、第44~45条、第54条、第60~63条、第68条;《最高人民法院关于商标法修改决定施行后商标案件管辖和法律适用问题的解释》(2014),第2条;《最高人民法院关于审理商标授权确权行政案件若干问题的规定》(2017),第1条。

（一）知识产权行政诉讼参加人

1. 知识产权行政诉讼的原告

知识产权行政行为的相对人以及其他与知识产权行政行为有利害关系的公民、法人或其他组织，有权提起知识产权行政诉讼。有权提起知识产权行政诉讼的公民死亡，其近亲属可以提起；有权提起诉讼的法人或其他组织终止，承受其权利的法人或其他组织可以提起。

2. 知识产权行政诉讼的被告

（1）直接起诉的被告：公民、法人或其他组织直接向法院提起知识产权行政诉讼的，作出知识产权行政行为的行政机关是被告。

（2）先行复议的被告：公民、法人或其他组织就知识产权行政行为先行申请复议的，复议机关决定维持原知识产权行政行为的，作出原知识产权行政行为的行政机关和复议机关是共同被告；复议机关改变原知识产权行政行为的，复议机关是被告。复议机关在法定期限内未作出复议决定，公民、法人或其他组织起诉原知识产权行政行为的，作出原知识产权行政行为的行政机关是被告；起诉复议机关不作为的，复议机关是被告。

（3）特殊情形下的被告：①两个以上行政机关作出同一知识产权行政行为的，共同作出知识产权行政行为的行政机关是共同被告。②行政机关委托的组织所作的知识产权行政行为，委托的行政机关是被告。③行政机关被撤销或者职权变更的，继续行使其职权的行政机关是被告。

3. 共同的知识产权行政诉讼

当事人一方或双方为 2 人以上，因同一知识产权行政行为发生的知识产权行政诉讼案件，或者因同类知识产权行政行为发生的知识产权行政诉讼案件、法院认为可以合并审理并经当事人同意的，为共同诉讼。当事人一方人数众多的共同诉讼，可以由当事人推选代表人进行诉讼。代表人的诉讼行为对其所代表的当事人发生效力，但代表人变更、放弃诉讼请求或者承认对方当事人的诉讼请求，应当经被代表的当事人同意。

4. 知识产权行政诉讼的第三人

公民、法人或其他组织同被诉知识产权行政行为有利害关系但没有提起诉讼,或者同案件处理结果有利害关系的,可以作为第三人申请参加诉讼,或者由法院通知参加诉讼。法院判决第三人承担义务或者减损第三人权益的,第三人有权依法提起上诉。

5. 知识产权行政诉讼的代理人

(1)法定代理和指定代理:没有诉讼行为能力的公民,由其法定代理人代为诉讼。法定代理人互相推诿代理责任的,由法院指定其中一人代为诉讼。

(2)委托代理:当事人、法定代理人,可以委托1~2人作为诉讼代理人。下列人员可以被委托为诉讼代理人:①律师、基层法律服务工作者;②当事人的近亲属或工作人员;③当事人所在社区、单位以及有关社会团体推荐的公民。其中,代理知识产权行政诉讼的律师,有权按照规定查阅、复制本案有关材料,有权向有关组织和公民调查、收集与本案有关的证据,但对涉及国家秘密、商业秘密和个人隐私的材料应当依照法律规定保密;当事人和其他诉讼代理人有权按照规定查阅、复制本案庭审材料,但涉及国家秘密、商业秘密和个人隐私的内容除外。①

(二)知识产权行政诉讼证据规则

1. 知识产权行政诉讼证据种类

知识产权行政诉讼的证据包括:①书证;②物证;③视听资料;④电子数据;⑤证人证言;⑥当事人的陈述;⑦鉴定意见;⑧勘验笔录、现场笔录。这些证据经法庭审查属实,才能作为认定案件事实的根据。

2. 知识产权行政诉讼举证责任

(1)被告的举证责任:①被告对作出的知识产权行政行为负有举证责任,应当提供作出该知识产权行政行为的证据和所依据的规范性文件;被告不提供或者无正当理由逾期提供证据视为没有相应证据,但被诉知识产权行政行为涉及第三人合法权益而由第三人提供证据的除外。②在诉讼过程中,被告及其诉讼代理人不得自行向原告、第三人和证人收集证据。③被告在作出被诉知识产权行政行为时已经收集了证据,但因不可抗力等正当事由不能提供

---

① 《中华人民共和国行政诉讼法》(2017),第25~32条。

的,经法院准许后可以延期提供。④原告或第三人提出了其在行政处理程序中没有提出的理由或证据的,被告经法院准许后可以补充证据。

(2)原告的举证责任:①原告可以提供证明被诉知识产权行政行为违法的证据,但原告提供的证据不成立的,不免除被告的举证责任。②在起诉被告不履行法定职责的案件中,原告应当提供其向被告提出申请的证据,但被告应当依职权主动履行法定职责的、原告因正当理由不能提供证据的情形除外。

(3)法院的举证责任:①法院有权要求当事人提供或者补充证据。②法院有权向行政机关以及其他组织、公民调取证据,但不得为证明被诉知识产权行政行为的合法性调取被告作出行政行为时未收集的证据。③原告或第三人不能自行收集而可以申请法院调取的证据包括:由国家机关保存而须由法院调取的证据;涉及国家秘密、商业秘密和个人隐私的证据;确因客观原因不能自行收集的其他证据。

3. 知识产权行政诉讼证据质证

证据应当在法庭上出示,并由当事人互相质证。对涉及国家秘密、商业秘密和个人隐私的证据,不得在公开开庭时出示;法院应当按照法定程序,全面、客观地审查核实证据,对未采纳的证据应当在裁判文书中说明理由;以非法手段取得的证据,不得作为认定案件事实的根据。

4. 知识产权行政诉讼证据保全

在证据可能灭失或者以后难以取得的情况下,诉讼参加人可以向法院申请保全证据,法院也可以主动采取保全措施。①

(三)知识产权行政诉讼起诉和立案

1. 知识产权行政诉讼的起诉

(1)起诉方式

公民、法人或其他组织不服行政机关作出的知识产权行政行为,可以先向行政机关申请复议,对复议决定不服的再向法院提起知识产权行政诉讼;也可以直接向法院提起知识产权行政诉讼,但法律、法规规定应当先向行政机关申

---

① 《中华人民共和国行政诉讼法》(2017),第33~43条。

请复议的除外。

(2)起诉条件

①原告是知识产权行政行为的相对人,包括:a. 公民、法人或其他组织;b. 死亡公民的近亲属;c. 因终止而承受其权利的法人或其他组织。②有明确的被告。③有具体的诉讼请求和事实根据。④属于法院受案范围和受诉法院管辖。⑤向法院递交起诉状,并按照被告人数提出副本。

2. 知识产权行政诉讼的立案

(1)立案审查

①法院在接到起诉状时对符合本法规定的起诉条件的,应当登记立案。对当场不能判定是否符合本法规定的起诉条件的,应当接收起诉状,出具注明收到日期的书面凭证,并在7日内决定是否立案。起诉状内容欠缺或者有其他错误的,应当给予指导和释明,并一次性告知当事人需要补正的内容。不得未经指导和释明即以起诉不符合条件为由不接收起诉状。

②法律、法规规定应当先申请复议,公民、法人或其他组织未申请复议直接提起诉讼的,人民法院裁定不予立案。复议机关不受理复议申请或者在法定期限内不作出复议决定,公民、法人或其他组织不服,依法向人民法院提起诉讼的,人民法院应当依法立案。

③法律、法规未规定行政复议为提起行政诉讼必经程序,公民、法人或其他组织既提起诉讼又申请行政复议的,由先立案的机关管辖;同时立案的,由公民、法人或其他组织选择。公民、法人或其他组织已经申请行政复议,在法定复议期间内又向人民法院提起诉讼的,人民法院裁定不予立案。

④法律、法规未规定行政复议为提起行政诉讼必经程序,公民、法人或其他组织向复议机关申请行政复议后,又经复议机关同意撤回复议申请,在法定起诉期限内对原行政行为提起诉讼的,人民法院应当依法立案。

(2)不立案救济

①不符合起诉条件的,作出不予立案的裁定。裁定书应当载明不予立案的理由。原告对裁定不服的,可以提起上诉。

②对于不接收起诉状、接收起诉状后不出具书面凭证,以及不一次性告知

当事人需要补正的起诉状内容的，当事人可以向上级法院投诉，上级法院应当责令改正，并对直接负责的主管人员和其他直接责任人员依法给予处分。

③法院既不立案，又不作出不予立案裁定的，当事人可以向上一级法院起诉。上一级法院认为符合起诉条件的，应当立案、审理，也可以指定其他下级法院立案、审理。[①]

（四）知识产权行政诉讼审理规则

1.行政行为的执行和改变

（1）行政行为的执行

①原则：知识产权行政诉讼期间，不停止被诉知识产权行政行为的执行。

②例外：特殊情形下裁定停止被诉知识产权行政行为的执行，这些情形包括：a.被告认为需要停止执行的；b.原告或利害关系人申请停止执行，法院认为被诉知识产权行政行为的执行会造成难以弥补的损失，并且停止执行不损害国家利益、社会公共利益的；c.法院认为被诉知识产权行政行为的执行会给国家利益、社会公共利益造成重大损害的；d.法律、法规规定停止执行的。

③救济：当事人对停止执行或者不停止执行的裁定不服的，可以申请复议一次。

（2）行政行为的改变

行政机关在知识产权行政诉讼中，可以改变其所作出的被诉知识产权行政行为。

2.知识产权行政诉讼审理依据

（1）法院审理知识产权行政诉讼案件，以法律和行政法规、地方性法规为依据，其中地方性法规适用于本行政区域内发生的知识产权行政诉讼案件。

（2）法院审理民族自治地方的知识产权行政诉讼案件，并以该民族自治地方的自治条例和单行条例为依据。

（3）法院审理知识产权行政诉讼案件，参照规章。

---

① 《中华人民共和国行政诉讼法》（2017），第51～53条；《最高人民法院关于适用〈中华人民共和国行政诉讼法〉的解释》（2018），第56～59条。

3. 调解的适用和中止诉讼

(1)调解的适用

法院审理知识产权行政诉讼案件不适用调解,除非涉及行政赔偿、补偿以及行政机关行使法律、法规规定的自由裁量权的。

(2)中止诉讼

在知识产权行政诉讼中,法院认为该案的审理需以民事诉讼的裁判为依据的,可以裁定中止该诉讼。

4. 附带、一并、移送和建议

(1)附带审查规范性文件

公民、法人或其他组织认为被诉知识产权行政行为所依据的规范性文件不合法,在提起知识产权行政诉讼时可以一并请求对该规范性文件进行审查,其中“规范性文件”是由国务院部门和地方政府及其部门制定的,但不含规章。①

(2)一并解决民事争议

知识产权行政诉讼涉及行政许可、登记、征收、征用和对民事争议所作的行政裁决的,当事人可以申请一并解决相关民事争议,法院可以一并审理。

(3)移送其他机关处理

法院在审理知识产权行政诉讼案件中,认为行政机关的主管人员、直接责任人员违法违纪的,应当将有关材料移送监察机关、该行政机关或其上一级行政机关;认为有犯罪行为的,应当将有关材料移送公安、检察机关。

(4)处理建议和司法建议

①处理建议:法院在审理知识产权行政诉讼案件中,经审查认为被诉知识产权行政行为所依据的规范性文件不合法的,不作为认定行政行为合法的依据,并向制定机关提出处理建议。

②司法建议:法院对被告经传票传唤无正当理由拒不到庭,或者未经法庭许可中途退庭的,可以将被告拒不到庭或中途退庭的情况予以公告,并可以向

---

① 《中华人民共和国行政诉讼法》(2017),第53条。

监察机关或被告的上一级行政机关提出依法给予其主要负责人或直接责任人员处分的司法建议。①

(五)知识产权行政诉讼判决种类

1.判决驳回

被诉知识产权行政行为证据确凿,适用法律、法规正确,符合法定程序的,或者原告申请被告履行法定职责理由不成立的,法院判决驳回原告的诉讼请求。

2.判决撤销

(1)判决撤销或部分撤销的情形:①被诉知识产权行政行为主要证据不足;②被诉知识产权行政行为适用法律、法规错误;③被诉知识产权行政行为违反法定程序;④被诉知识产权行政行为超越职权;⑤被诉知识产权行政行为滥用职权;⑥被诉知识产权行政行为明显不当。

(2)一并判决重新作出行政行为:法院判决撤销或部分撤销的,可以一并判决被告重新作出知识产权行政行为,被告不得以同一的事实和理由作出与原知识产权行政行为基本相同的知识产权行政行为。

3.判决履职

(1)被告不履行法定职责的,判决被告在一定期限内履行。

(2)被告依法负有给付义务的,判决被告履行给付义务。

(3)被告不依法履行、未按照约定履行或者违法变更、解除政府特许经营协议的,判决被告承担继续履行、采取补救措施或者赔偿损失等责任。被告变更、解除政府特许经营协议合法但未依法给予补偿的,判决给予补偿。

4.判决违法

(1)判决确认违法但不撤销的情形:①被诉知识产权行政行为依法应当撤销,但撤销会给国家利益、社会公共利益造成重大损害;②被诉知识产权行政行为程序轻微违法,但对原告权利不产生实际影响。

(2)判决确认违法但不需要撤销或判决履行的情形:①被诉知识产权行政

---

① 《中华人民共和国行政诉讼法》(2017),第61条、第64条、第66条。

行为违法，但不具有可撤销内容；②被告改变原知识产权行政行为，原告仍要求确认原知识产权行政行为违法；③被告不履行或拖延履行法定职责，判决履行没有意义。

5.判决无效

被诉知识产权行政行为有实施主体不具有行政主体资格或者没有依据等重大且明显违法情形，原告申请确认被诉知识产权行政行为无效的，法院判决确认无效。

6.判决赔偿

法院判决确认被诉知识产权行政行为违法或者无效的，可以同时判决责令被告采取补救措施；给原告造成损失的，依法判决被告承担赔偿责任。

7.判决变更

被诉知识产权行政行为明显不当或者涉及对款额的确定、认定确有错误的，法院可以判决变更，但不得加重原告的义务或者减损原告的权益（利害关系人同为原告且诉讼请求相反的除外）。

8.一并裁判

复议机关与作出原知识产权行政行为的行政机关为共同被告的案件，法院应当对复议决定和原知识产权行政行为一并作出裁判。①

第三节　知识产权刑事诉讼

一、知识产权刑事诉讼适用范围

（一）著作权犯罪行为

1.侵犯著作权罪

（1）侵犯著作权罪的概念

侵犯著作权罪，是指以营利为目的，未经著作权人许可复制发行其文字作

① 《中华人民共和国行政诉讼法》（2017），第69～79条。

品、音乐、电影、电视、录像作品、计算机软件及其他作品，出版他人享有专有出版权的图书，未经录音录像制作者许可复制发行其制作的录音录像，制作、出售假冒他人署名的美术作品，违法所得数额较大或者有其他严重情节的行为。①

（2）侵犯著作权罪的构成要件

①主体：侵犯著作权罪的主体为一般主体，既包括达到刑事责任年龄并具有刑事责任能力的自然人，也包括经国家批准和未经国家批准从事复制发行、出版或制作活动的单位。

②客体：侵犯著作权罪侵犯的客体既包括国家对文化市场的管理秩序，又包括著作权人对其作品依法享有的著作权，还包括与著作权有关的权利人在作品传播过程中依法享有的权利。

③主观方面：侵犯著作权罪在主观方面表现为故意，并且具有营利的目的。

④客观方面：侵犯著作权罪在客观方面表现为以营利为目的，未经著作权人许可复制发行其文字作品、音乐、电影、电视、录像作品、计算机软件及其他作品，出版他人享有专有出版权的图书，未经录音录像制作者许可复制发行其制作的录音录像制品，制作、出售假冒他人署名的美术作品，违法所得数额较大或者有其他严重情节的行为。

（3）侵犯著作权罪的犯罪对象

侵犯著作权罪的犯罪对象是他人的文字作品、音乐、电影、电视、录像作品、计算机软件及其他作品，他人享有专有出版权的图书，录音录像制品，假冒他人署名的美术作品。

（4）侵犯著作权罪的认定

①行为人主观方面是否“以营利为目的”。以刊登收费广告等方式直接或者间接收取费用的情形，属于侵犯著作权罪中的“以营利为目的”。

②复制发行、出版或制作行为有无合法根据，是区分侵犯著作权罪与非法的重要标准。合法的复制发行、出版或制作行为包括：a. 经著作权人许可的行

---

① 《中华人民共和国刑法》(2017)，第 217 条。

为;b. 未经著作权人许可,但属于法律规定的合理使用、法定许可使用的行为。其中,“复制发行”包括复制、发行或者既复制又发行的行为,通过信息网络向公众传播他人文字作品、音乐、电影、电视、录像作品、计算机软件及其他作品或者通过信息网络传播他人制作的录音录像制品的行为应当视为“复制发行”,侵权产品的持有人通过广告、征订等方式推销侵权产品的行为属于“发行”;“未经著作权人许可”,是指没有得到著作权人授权或者伪造、涂改著作权人授权许可文件或者超出授权许可范围的情形。

③注意掌握数额标准,正确区别侵犯著作权罪和民事侵权行为。违法所得数额较大或者有其他严重情节,是区别侵犯著作权罪和民事侵权行为的重要标准。在这里,“违法所得数额较大”是指违法所得数额在3万元以上;“有其他严重情节”是指:a. 非法经营数额在5万元以上的;b. 未经著作权人许可,复制发行其文字作品、音乐、电影、电视、录像作品、计算机软件及其他作品,复制品数量合计在500张(份)以上的;c. 未经录音录像制作者许可,复制发行其制作的录音录像制品,复制品数量合计500张(份)以上的;d. 其他严重情节的情形。其中,“非法经营数额”,是指行为人在实施侵犯知识产权行为过程中,制造、储存、运输、销售侵权产品的价值;已销售的侵权产品的价值,按照实际销售的价格计算;制造、储存、运输和未销售的侵权产品的价值,按照标价或者已经查清的侵权产品的实际销售平均价格计算;侵权产品没有标价或者无法查清其实际销售价格的,按照被侵权产品的市场中间价格计算。①

(5)侵犯著作权罪的刑罚

①违法所得数额较大或者有其他严重情节的,处3年以下有期徒刑或者拘役,并处或者单处罚金;

②违法所得数额巨大或者有其他特别严重情节的,处3年以上7年以下有期徒刑,并处罚金;

③单位犯侵犯著作权罪的,对单位判处罚金,对其直接负责的主管人员和

---

① 《最高人民检察院、公安部关于公安机关管辖的刑事案件立案追诉标准的规定(一)》(2008),第26条。

其他直接责任人员，依照上述规定处罚。[①]

(6)侵犯著作权罪的量刑标准

①判处3年以下有期徒刑或者拘役的情形

a. 违法所得数额在3万元以上的；

b. 非法经营数额在5万元以上的；

c. 未经著作权人许可，复制发行其文字作品、音乐、电影、电视、录像作品、计算机软件及其他作品，复制品数量合计在500张(份)以上的；

d. 其他严重情节的情形。

②判处3年以上7年以下有期徒刑的情形

a. 违法所得数额在15万元以上的；

b. 非法经营数额在25万元以上的；

c. 未经著作权人许可，复制发行其文字作品、音乐、电影、电视、录像作品、计算机软件及其他作品，复制品数量合计在2500张(份)以上的；

d. 其他特别严重情节的情形。

③单位实施刑法规定的侵犯著作权的行为，按照个人犯罪的定罪量刑标准的3倍定罪量刑。[②]

2. 销售侵权复制品罪

(1)销售侵权复制品罪的概念

销售侵权复制品罪，是指以营利为目的，销售明知是侵犯他人著作权的文字作品、音乐、电影、电视、录像作品、计算机软件及其他作品，侵犯专有出版权的图书，侵犯录音录像制作者权的录音录像制品，假冒他人署名的美术作品，违法所得数额巨大的行为。[③]

(2)销售侵权复制品罪的构成要件

①主体：销售侵权复制品罪的主体为一般主体，既包括达到刑事责任年

---

① 《中华人民共和国刑法》(2017)，第217条、第220条。

② 《最高人民法院、最高人民检察院关于办理侵犯知识产权刑事案件具体应用法律若干问题的解释》(2004)，第5条、第15条；《最高人民法院、最高人民检察院关于办理侵犯知识产权刑事案件具体应用法律若干问题的解释(二)》(2007)，第1条。

③ 《中华人民共和国刑法》(2017)，第218条。

龄，并具有刑事责任能力的自然人，也包括经国家批准和未经国家批准从事复制发行、出版或制作活动的单位。

②客体：销售侵权复制品罪侵犯的客体是国家的著作权管理制度以及他人的著作权及与著作权有关的权益。与侵犯著作权罪侵犯的客体所不同之处在于，销售侵权复制品罪的侵权具有间接性，其危害性比侵犯著作权罪相对要小一些。

③主观方面：销售侵权复制品罪在主观方面表现为故意，并且具有营利目的。

④客观方面：销售侵权复制品罪在客观方面表现为以营利为目的，销售明知是侵犯他人著作权的文字作品、音乐、电影、电视、录像作品、计算机软件及其他作品，侵犯专有出版权的图书，侵犯录音录像制作者权的录音录像制品，假冒他人署名的美术作品，违法所得数额巨大的行为。

(3)销售侵权复制品罪的犯罪对象

销售侵权复制品罪的犯罪对象是侵权复制品。所谓侵犯复制品，主要是指未经著作权人许可而复制发行的文字作品、音乐、电影、电视、录像作品、计算机软件及其他作品，擅自出版的他人享有出版权的图书，未经录音录像制作者许可而复制发行其制作的录音录像制品，假冒他人署名的美术作品。

(4)销售侵权复制品罪的认定

①罪与非罪的界限：判断销售侵权复制品是否构成犯罪，主要从三个方面进行考察：

a. 行为人是否明知销售的属于侵权复制品。如果并不明知，即使存在严重过失也不构成犯罪。

b. 犯罪对象是否属于刑法规定的侵权复制品。不属于上述对象的，不构成犯罪。

c. 违法所得数额是否达到巨大的程度。以营利为目的，销售明知是刑法规定的侵权复制品，涉嫌下列情形之一的，应予立案追诉：一是违法所得数额 10 万元以上的；二是违法所得数额虽未达到上述数额标准，但尚未销售的侵权复制品货值金额达到30万元以上的。①

②本罪与侵犯著作权罪的界限

a.犯罪主体不同。销售侵权复制品罪的主体只能是侵权复制品制作者以外的其他自然人或单位,侵犯著作权罪的主体一般是制作者,有时可能是与制作者通谋的发行者或销售者。

b.犯罪客观方面不同。销售侵权复制品罪在客观方面表现为销售侵权复制品且违法所得数额巨大的行为;侵犯著作权罪的行为方式既可以是复制发行、出版,也可以是制作、出售,且违法所得数额较大或有其他严重情节的即构成犯罪。实施侵犯著作权犯罪,又销售该侵权复制品,构成犯罪的,应当以侵犯著作权罪定罪处罚。但实施侵犯著作权犯罪,又销售明知是他人的侵权复制品,构成犯罪的,应当实行数罪并罚。②

(5)销售侵权复制品罪的刑罚

①自然人犯销售侵权复制品罪的,处3年以下有期徒刑或者拘役,并处或者单处罚金。

②单位犯销售侵权复制品罪的,对单位判处罚金,对其直接负责的主管人员和其他直接责任人员,依照上述规定处罚。③

(6)销售侵权复制品罪的量刑标准

①以营利为目的,实施刑法规定的销售侵权复制品的行为,违法所得数额在10万元以上的,属于"违法所得数额巨大",应当以销售侵权复制品罪判处3年以下有期徒刑或者拘役,并处或者单处罚金。

②单位实施刑法规定的销售侵权复制品的行为,按照个人犯罪的定罪量刑标准的3倍定罪量刑。④

---

① 《最高人民检察院、公安部关于公安机关管辖的刑事案件立案追诉标准的规定(一)》(2008),第27条。

② 《最高人民法院、最高人民检察院关于办理侵犯知识产权刑事案件具体应用法律若干问题的解释》(2004),第14条。

③ 《中华人民共和国刑法》(2017),第218条、第220条。

④ 《最高人民法院、最高人民检察院关于办理侵犯知识产权刑事案件具体应用法律若干问题的解释》(2004),第6条、第15条。

（二）专利犯罪行为

根据我国《专利法》和《刑法》的相关规定，与专利权有关的刑事犯罪有3种：一是假冒专利罪，本节将详细讨论；二是泄露国家秘密罪，如果向外国申请专利没有事先报经国务院专利行政部门进行保密审查，故意或过失泄露国家秘密并达到情节严重的程度，就构成犯罪；三是滥用职权或玩忽职守罪，如果从事专利管理工作的国家机关工作人员以及其他有关国家机关工作人员玩忽职守、滥用职权、徇私舞弊，致使公共财产、国家和人民利益遭受重大损失，就构成犯罪。但由于泄露国家秘密罪、滥用职权或玩忽职守罪不属于知识产权犯罪的范畴，本节不展开讨论。

1. 假冒专利罪的概念

假冒专利罪是指假冒他人专利，情节严重的行为。①

2. 假冒专利罪的构成要件

（1）主体：假冒专利罪的主体为一般主体，既包括达到刑事责任年龄且具有刑事责任能力的自然人，又包括企事业单位。

（2）客体：假冒专利罪侵犯的客体既包括国家专利管理部门的正常活动，又包括单位或个人的专利权。

（3）主观方面：假冒专利罪在主观方面表现为故意，一般具有营利目的，但也有的为了获取荣誉或者为了损坏他人名誉。

（4）客观方面：假冒专利罪在客观方面表现为在法律规定的专利有效期限内，假冒他人被授予的专利，损害他人专利权益，情节严重的行为。

3. 假冒专利罪的犯罪对象

假冒专利罪的犯罪对象是专利，包括专利标记和专利号。

4. 假冒专利罪的认定

（1）行为人既假冒专利，又生产、销售假冒专利的伪劣商品，属于吸收犯，前行为吸收后行为，以假冒专利罪从重处罚。

（2）行为人既假冒专利，又假冒注册商标，符合两个犯罪的构成要件，应按

---

① 《中华人民共和国刑法》(2017)，第216条。

两罪处理,实行数罪并罚。

(3)行为人既假冒专利和注册商标,又生产、销售假冒专利和注册商标的伪劣商品,应定数罪,按假冒专利罪和假冒注册商标罪数罪并罚。

5. 假冒专利罪的刑罚

(1)自然人犯假冒专利罪的,处3年以下有期徒刑或者拘役,并处或者单处罚金;

(2)单位犯假冒专利罪的,对单位判处罚金,并对其直接负责的主管人员和其他直接责任人员,依照上述规定处罚。①

6. 假冒专利罪的量刑标准

假冒他人专利,具有下列情形之一的,属于"情节严重",应当以假冒专利罪判处3年以下有期徒刑或者拘役,并处或者单处罚金:

(1)非法经营数额在20万元以上或者违法所得数额在10万元以上的;

(2)给专利权人造成直接经济损失50万元以上的;

(3)假冒两项以上他人专利,非法经营数额在10万元以上或者违法所得数额在5万元以上的;

(4)其他情节严重的情形。②

(三)商标犯罪行为

1. 假冒注册商标罪

(1)假冒注册商标罪的概念

假冒注册商标罪,是指未经注册商标所有人许可,在同一种商品上使用与其注册商标相同的商标,情节严重的行为。③

(2)假冒注册商标罪的构成要件

①主体:假冒注册商标罪的主体为一般主体,即任何企业事业单位或者个人假冒他人注册商标,情节达到犯罪标准的即构成本罪。

---

① 《中华人民共和国刑法》(2017),第216条、第220条。

② 《最高人民法院、最高人民检察院关于办理侵犯知识产权刑事案件具体应用法律若干问题的解释》(2004),第4条。

③ 《中华人民共和国刑法》(2017),第213条。

②客体:假冒注册商标罪侵犯的客体为他人合法的注册商标专用权,以及国家商标管理秩序。

③主观方面:假冒注册商标罪在主观方面表现为故意,且以营利为目的。

④客观方面:假冒注册商标罪在客观方面表现为未经注册商标所有人许可,在同一种商品上使用与其注册商标相同的商标,情节严重的行为。

(3)假冒注册商标罪的犯罪对象

假冒注册商标罪的犯罪对象是他人已经注册的商品商标。

(4)假冒注册商标罪的认定

①"同一种商品"的认定

名称相同的商品以及名称不同但指同一事物的商品,可以认定为"同一种商品"。其中,"名称"是指国家知识产权局商标局在商标注册工作中对商品使用的名称,通常即《商标注册用商品和服务国际分类》中规定的商品名称;"名称不同但指同一事物的商品"是指在功能、用途、主要原料、消费对象、销售渠道等方面相同或者基本相同,相关公众一般认为是同一种事物的商品。认定"同一种商品",应当在权利人注册商标核定使用的商品和行为人实际生产销售的商品之间进行比较。[①]

②"使用"和"相同的商标"的认定

所谓"使用",是指将注册商标或者假冒的注册商标用于商品、商品包装或者容器以及产品说明书、商品交易文书,或者将注册商标或者假冒的注册商标用于广告宣传、展览以及其他商业活动等行为。

所谓"相同的商标",是指与被假冒的注册商标完全相同,或者与被假冒的注册商标在视觉上基本无差别、足以对公众产生误导的商标。[②]

③"与其注册商标相同的商标"的认定

具有下列情形之一,可以认定为"与其注册商标相同的商标":

---

① 最高人民法院、最高人民检察院、公安部:《关于办理侵犯知识产权刑事案件适用法律若干问题的意见》(2011),第5条。

② 《最高人民法院、最高人民检察院关于办理侵犯知识产权刑事案件具体应用法律若干问题的解释》(2004),第8条。

a. 改变注册商标的字体、字母大小写或者文字横竖排列,与注册商标之间仅有细微差别的;

b. 改变注册商标的文字、字母、数字等之间的间距,不影响体现注册商标显著特征的;

c. 改变注册商标颜色的;

d. 其他与注册商标在视觉上基本无差别、足以对公众产生误导的商标。

④尚未附着或者尚未全部附着假冒注册商标标识的侵权产品价值的认定

在计算制造、储存、运输和未销售的假冒注册商标侵权产品价值时,对于已经制作完成但尚未附着(含加贴)或者尚未全部附着(含加贴)假冒注册商标标识的产品,如果有确实、充分证据证明该产品将假冒他人注册商标,其价值计入非法经营数额。[①]

(5)假冒注册商标罪的刑罚

①情节严重的,处 3 年以下有期徒刑或者拘役,并处或者单处罚金;

②情节特别严重的,处 3 年以上 7 年以下有期徒刑,并处罚金。[②]

(6)假冒注册商标罪的量刑标准

①具有下列情形之一的,属于"情节严重",应当以假冒注册商标罪判处 3 年以下有期徒刑或者拘役,并处或者单处罚金:

a. 非法经营数额在 5 万元以上或者违法所得数额在 3 万元以上的;

b. 假冒两种以上注册商标,非法经营数额在 3 万元以上或者违法所得数额在 2 万元以上的;

c. 其他情节严重的情形。

②具有下列情形之一的,属于"情节特别严重",应当以假冒注册商标罪判处 3 年以上 7 年以下有期徒刑,并处罚金:

a. 非法经营数额在 25 万元以上或者违法所得数额在 15 万元以上的;

b. 假冒两种以上注册商标,非法经营数额在 15 万元以上或者违法所得数

---

① 最高人民法院、最高人民检察院、公安部:《关于办理侵犯知识产权刑事案件适用法律若干问题的意见》(2011),第 6 ~ 7 条。

② 《中华人民共和国刑法》(2017),第 213 条。

额在10万元以上的；

c. 其他情节特别严重的情形。①

2. 销售假冒注册商标的商品罪

(1)销售假冒注册商标的商品罪的概念

销售假冒注册商标的商品罪，是指销售明知是假冒注册商标的商品，销售金额数额较大的行为。②

(2)销售假冒注册商标的商品罪的构成要件

①主体：销售假冒注册商标的商品罪的主体为一般主体，可以是任何单位和个人。

②客体：销售假冒注册商标的商品罪侵犯的客体为他人合法的注册商标专用权和国家商标管理秩序。

③主观方面：销售假冒注册商标的商品罪在主观方面表现为故意，即明知是假冒注册商标的商品，而故意销售给他人。

④客观方面：销售假冒注册商标的商品罪在客观方面表现为销售明知是假冒注册商标的商品，销售金额数额较大的行为。

(3)销售假冒注册商标的商品罪的犯罪对象

销售假冒注册商标的商品罪的犯罪对象是假冒注册商标的商品。

(4)销售假冒注册商标的商品罪的认定

①“销售金额”和“明知”的认定

所谓“销售金额”，是指销售假冒注册商标的商品后所得和应得的全部违法收入。

具有下列情形之一的，应当认定为属于“明知”：

a. 知道自己销售的商品上的注册商标被涂改、调换或者覆盖的；

b. 因销售假冒注册商标的商品受到过行政处罚或者承担过民事责任、又销售同一种假冒注册商标的商品的；

---

① 《最高人民法院、最高人民检察院关于办理侵犯知识产权刑事案件具体应用法律若干问题的解释》(2004)，第1条。

② 《中华人民共和国刑法》(2017)，第214条。

c. 伪造、涂改商标注册人授权文件或者知道该文件被伪造、涂改的；

d. 其他知道或者应当知道是假冒注册商标的商品的情形。[①]

②尚未销售或者部分销售的定罪

销售明知是假冒注册商标的商品，具有下列情形之一的，以销售假冒注册商标的商品罪（未遂）定罪处罚：a. 假冒注册商标的商品尚未销售，货值金额在15万元以上的；b. 假冒注册商标的商品部分销售，已销售金额不满5万元，但与尚未销售的假冒注册商标的商品的货值金额合计在15万元以上的。

假冒注册商标的商品尚未销售，货值金额分别达到15万元以上不满25万元、25万元以上的，分别依照销售金额数额较大、销售金额数额巨大定罪处罚。

销售金额和未销售货值金额分别达到不同的法定刑幅度或者均达到同一法定刑幅度的，在处罚较重的法定刑或者同一法定刑幅度内酌情从重处罚。[②]

③与假冒注册商标罪的竞合

a. 实施假冒注册商标犯罪，又销售该假冒注册商标的商品，构成犯罪的，应当以假冒注册商标罪定罪处罚。

b. 实施假冒注册商标犯罪，又销售明知是他人的假冒注册商标的商品，构成犯罪的，应当实行数罪并罚。[③]

（5）销售假冒注册商标的商品罪的刑罚

①销售金额数额较大的，处3年以下有期徒刑或者拘役，并处或者单处罚金；

②销售金额数额巨大的，处3年以上7年以下有期徒刑，并处罚金。[④]

（6）销售假冒注册商标的商品罪的量刑标准

①销售明知是假冒注册商标的商品，销售金额在5万元以上的，属于“数额较大”，应当以销售假冒注册商标的商品罪判处3年以下有期徒刑或者拘

---

① 《最高人民法院、最高人民检察院关于办理侵犯知识产权刑事案件具体应用法律若干问题的解释》（2004），第9条。

② 最高人民法院、最高人民检察院、公安部：《关于办理侵犯知识产权刑事案件适用法律若干问题的意见》（2011），第8条。

③ 《最高人民法院、最高人民检察院关于办理侵犯知识产权刑事案件具体应用法律若干问题的解释》（2004），第13条。

④ 《中华人民共和国刑法》（2017），第214条。

役,并处或者单处罚金。

②销售金额在25万元以上的,属于“数额巨大”,应当以销售假冒注册商标的商品罪判处3年以上7年以下有期徒刑,并处罚金。[①]

3. 非法制造、销售非法制造的注册商标标识罪

(1)非法制造、销售非法制造的注册商标标识罪的概念

非法制造、销售非法制造的注册商标标识罪,是指伪造、擅自制造他人注册商标标识或者销售伪造、擅自制造的注册商标标识,情节严重的行为。[②]

(2)非法制造、销售非法制造的注册商标标识罪的构成要件

①主体:非法制造、销售非法制造的注册商标标识罪的主体为一般主体,包括企事业单位和个人。

②客体:非法制造、销售非法制造的注册商标标识罪侵犯的客体为他人合法的注册商标专用权和国家商标管理秩序。

③主观方面:非法制造、销售非法制造的注册商标标识罪在主观方面表现为故意,即明知是他人的注册商标标识而仍故意伪造,或明知违反注册商标标识印制委托合同的规定,仍然故意超量制造,或明知是伪造的或擅自制造的他人注册商标标识,却仍故意销售。

④客观方面:非法制造、销售非法制造的注册商标标识罪在客观方面表现为伪造、擅自制造他人注册商标标识或者销售伪造、擅自制造的注册商标标识,情节严重的行为。

(3)非法制造、销售非法制造的注册商标标识罪的犯罪对象

非法制造、销售非法制造的注册商标标识罪的犯罪对象是他人的注册商标标识。

(4)非法制造、销售非法制造的注册商标标识罪的认定

①尚未销售或者部分销售的定罪

销售他人伪造、擅自制造的注册商标标识,具有下列情形之一的,以销售

---

① 《最高人民法院、最高人民检察院关于办理侵犯知识产权刑事案件具体应用法律若干问题的解释》(2004),第2条。

② 《中华人民共和国刑法》(2017),第215条。

非法制造的注册商标标识罪(未遂)定罪处罚:

a. 尚未销售他人伪造、擅自制造的注册商标标识数量在6万件以上的;

b. 尚未销售他人伪造、擅自制造的两种以上注册商标标识数量在3万件以上的;

c. 部分销售他人伪造、擅自制造的注册商标标识,已销售标识数量不满2万件,但与尚未销售标识数量合计在6万件以上的;

d. 部分销售他人伪造、擅自制造的两种以上注册商标标识,已销售标识数量不满1万件,但与尚未销售标识数量合计在3万件以上的。[①]

②与假冒注册商标罪的竞合

行为人既非法制造他人注册商标标识,又将此商标标识用于假冒他人注册商标的商品上,属牵连犯,择一重罪定罪量刑。

(5)非法制造、销售非法制造的注册商标标识罪的刑罚

①情节严重的,处3年以下有期徒刑、拘役或者管制,并处或者单处罚金;

②情节特别严重的,处3年以上7年以下有期徒刑,并处罚金。[②]

(6)非法制造、销售非法制造的注册商标标识罪的量刑标准

①具有下列情形之一的,属于"情节严重",应当以非法制造、销售非法制造的注册商标标识罪判处3年以下有期徒刑、拘役或者管制,并处或者单处罚金:

a. 伪造、擅自制造或者销售伪造、擅自制造的注册商标标识数量在2万件以上,或者非法经营数额在5万元以上,或者违法所得数额在3万元以上的;

b. 伪造、擅自制造或者销售伪造、擅自制造两种以上注册商标标识数量在1万件以上,或者非法经营数额在3万元以上,或者违法所得数额在2万元以上的;

c. 其他情节严重的情形。

②具有下列情形之一的,属于"情节特别严重",应当以非法制造、销售非

---

① 最高人民法院、最高人民检察院、公安部:《关于办理侵犯知识产权刑事案件适用法律若干问题的意见》(2011),第9条。

② 《中华人民共和国刑法》(2017),第215条。

法制造的注册商标标识罪判处 3 年以上 7 年以下有期徒刑,并处罚金:

a. 伪造、擅自制造或者销售伪造、擅自制造的注册商标标识数量在 10 万件以上,或者非法经营数额在 25 万元以上,或者违法所得数额在 15 万元以上的;

b. 伪造、擅自制造或者销售伪造、擅自制造两种以上注册商标标识数量在 5 万件以上,或者非法经营数额在 15 万元以上,或者违法所得数额在 10 万元以上的;

c. 其他情节特别严重的情形。[①]

(四)其他知识产权犯罪行为

1. 侵犯商业秘密罪

(1)侵犯商业秘密罪的概念

侵犯商业秘密罪是指违反国家对商业秘密的管理制度,以盗窃、利诱、胁迫或者其他不正当手段获取权利人的商业秘密,或者非法披露、使用或者允许他人使用其所掌握的或获取的商业秘密,给商业秘密的权利人造成重大损失的行为。其中,权利人包括商业秘密的所有人和经商业秘密所有人许可的商业秘密使用人。[②]

(2)侵犯商业秘密罪的构成要件

①主体:侵犯商业秘密罪的主体为一般主体,既包括达到刑事责任年龄且具有刑事责任能力的自然人,又包括企事业单位。

②客体:侵犯商业秘密罪侵犯的客体既包括国家对商业秘密的管理制度,又包括商业秘密的权利人享有的合法权利。

③主观方面:侵犯商业秘密罪在主观方面表现为故意,至于行为人出于何种动机而实施犯罪,不影响本罪的成立,只是量刑时可考虑的情节。

④客观方面:侵犯商业秘密罪在客观方面表现为实施了侵犯商业秘密的行为,并且给权利人造成了重大损失。构成犯罪的侵犯商业秘密的行为具体表现为以下情形:a. 以盗窃、利诱、胁迫或者其他不正当手段获取权利人的商业

---

① 《最高人民法院、最高人民检察院关于办理侵犯知识产权刑事案件具体应用法律若干问题的解释》(2004),第 3 条。

② 《中华人民共和国刑法》(2017),第 219 条。

秘密;b. 披露、使用或者允许他人使用以前项手段获取的权利人的商业秘密;c. 违反约定或者违反权利人有关保守商业秘密的要求,披露、使用或者允许他人使用其所掌握的商业秘密;d. 明知或者应知上述行为,获取、使用或者披露他人的商业秘密。

(3)侵犯商业秘密罪的犯罪对象

侵犯商业秘密罪的犯罪对象是商业秘密,指不为公众所知悉,能为权利人带来经济利益,具有实用性并经权利人采取保密措施的技术信息和经营信息。

(4)侵犯商业秘密罪的认定

①侵犯商业秘密,涉嫌下列情形之一的,应予立案追诉:a. 给商业秘密权利人造成损失数额在50万元以上的;b. 因侵犯商业秘密违法所得数额在50万元以上的;c. 致使权利人破产的;d. 其他给商业秘密权利人造成重大损失的情形。①

②对于以盗窃、利诱、胁迫或者其他不正当手段获取他人商业秘密,然后使用该商业秘密制造产品并假冒他人注册商标的,原则上应以数罪论处;对于单纯非法使用他人商业秘密制造产品并假冒他人注册商标的,应认定为一行为触犯了数罪名,以一个重罪论处。

③公司、企业工作人员因为职务或业务知悉商业秘密内容后,擅自将该商业秘密出卖给他人,并将非法所得据为己有或者使第三者所有的,应当根据情节与主体身份,认定为贪污罪或职务侵占罪。

(5)侵犯商业秘密罪的刑罚

①给商业秘密的权利人造成重大损失的,处3年以下有期徒刑或者拘役,并处或者单处罚金;

②造成特别严重后果的,处3年以上7年以下有期徒刑,并处罚金;

③单位犯侵犯商业秘密罪的,对单位判处罚金,并对其直接负责的主管人员和其他直接责任人员,依照上述规定处罚。②

---

① 《最高人民检察院、公安部关于公安机关管辖的刑事案件立案追诉标准的规定(二)》(2010),第73条。

② 《中华人民共和国刑法》(2017),第219~220条。

(6)侵犯商业秘密罪的量刑标准

①给商业秘密的权利人造成损失数额在50万元以上的,属于"给商业秘密的权利人造成重大损失",应当以侵犯商业秘密罪判处3年以下有期徒刑或者拘役,并处或者单处罚金。

②给商业秘密的权利人造成损失数额在250万元以上的,属于"造成特别严重后果",应当以侵犯商业秘密罪判处3年以上7年以下有期徒刑,并处罚金。[①]

2. 假冒植物新品种罪

(1)假冒授权品种情节严重、构成犯罪的,依法追究刑事责任。

(2)县级以上人民政府农业、林业行政部门的及有关部门的工作人员滥用职权、玩忽职守、徇私舞弊、索贿受贿,构成犯罪的,依法追究刑事责任。[②]

二、知识产权刑事诉讼审理特点

(一)知识产权刑事诉讼审判组织

1. 合议庭组成

基层人民法院、中级人民法院审判第一审案件,应当由审判员3人或者由审判员和人民陪审员共3人或7人组成合议庭进行,但是基层人民法院适用简易程序、速裁程序的案件可以由审判员1人独任审判;高级人民法院审判第一审案件,应当由审判员或者由审判员和人民陪审员共3~7人组成合议庭进行;最高人民法院审判第一审案件,应当由审判员3~7人组成合议庭进行。人民法院审判上诉和抗诉案件,由审判员3~5人组成合议庭进行。合议庭的成员人数应当是单数,审判长由审判员担任;助理审判员由本院院长提出并经审判委员会通过,可以临时代行审判员职务并可以担任审判长;审判员依法独任审判时,行使与审判长相同的职权。[③]

---

① 《最高人民法院、最高人民检察院关于办理侵犯知识产权刑事案件具体应用法律若干问题的解释》(2004),第7条。

② 《中华人民共和国植物新品种保护条例》(2014),第40条、第44条。

③ 《中华人民共和国刑事诉讼法》(2018),第183条;《最高人民法院关于适用〈中华人民共和国刑事诉讼法〉的解释》(2012),第175条、第177条。

2. 合议庭评议

开庭审理和评议案件，应当由同一合议庭进行。合议庭成员在评议案件时，应当独立表达意见并说明理由；意见分歧的，应当按多数意见作出决定，但少数意见应当记入笔录。评议笔录由合议庭的组成人员在审阅确认无误后签名，评议情况应当保密。①

3. 合议庭决定

合议庭审理、评议后，应当及时作出判决、裁定。拟判处死刑的案件、人民检察院抗诉的案件，合议庭应当提请院长决定提交审判委员会讨论决定。对合议庭成员意见有重大分歧的案件、新类型案件、社会影响重大的案件以及其他疑难、复杂、重大的案件，合议庭认为难以作出决定的，可以提请院长决定提交审判委员会讨论决定。人民陪审员可以要求合议庭将案件提请院长决定是否提交审判委员会讨论决定。对提请院长决定提交审判委员会讨论的案件，院长认为不必要的，可以建议合议庭复议一次。独任审判的案件，审判员认为有必要的，也可以提请院长决定提交审判委员会讨论决定。审判委员会的决定，合议庭、独任审判员应当执行；有不同意见的，可以建议院长提交审判委员会复议。②

（二）知识产权刑事诉讼的证据

1. 证据种类

知识产权刑事诉讼的证据包括：①物证；②书证；③证人证言；④被害人陈述；⑤犯罪嫌疑人、被告人供述和辩解；⑥鉴定意见；⑦勘验、检查、辨认、侦查实验等笔录；⑧视听资料、电子数据。这些证据经审查属实，才能作为定案的根据。③

2. 举证责任

（1）举证责任承担：公诉案件中被告人有罪的举证责任由人民检察院承

---

① 《中华人民共和国刑事诉讼法》（2018），第184条；《最高人民法院关于适用〈中华人民共和国刑事诉讼法〉的解释》（2012），第176条。

② 《中华人民共和国刑事诉讼法》（2018），第185条；《最高人民法院关于适用〈中华人民共和国刑事诉讼法〉的解释》（2012），第178～179条。

③ 《中华人民共和国刑事诉讼法》（2018），第50条。

担，自诉案件中被告人有罪的举证责任由自诉人承担。

（2）收集证据要求：审判人员、检察人员、侦查人员必须依照法定程序，收集能够证实犯罪嫌疑人、被告人有罪或者无罪、犯罪情节轻重的各种证据。严禁刑讯逼供和以威胁、引诱、欺骗以及其他非法方法收集证据，不得强迫任何人证实自己有罪。必须保证一切与案件有关或者了解案情的公民，有客观地充分地提供证据的条件，除特殊情况外，可以吸收他们协助调查。

（3）调取证据权力：人民法院、人民检察院和公安机关有权向有关单位和个人收集、调取证据。有关单位和个人应当如实提供证据。行政机关在行政执法和查办案件过程中收集的物证、书证、视听资料、电子数据等证据材料，在刑事诉讼中可以作为证据使用；经法庭查证属实，且收集程序符合有关法律、行政法规规定的，可以作为定案的根据。对涉及国家秘密、商业秘密、个人隐私的证据，应当保密。凡是伪造证据、隐匿证据或者毁灭证据的，无论属于何方，必须受法律追究。①

3. 证据质证

（1）证据未经当庭出示、辨认、质证等法庭调查程序查证属实，不得作为定案的根据，但法律和本解释另有规定的除外。对证据的真实性，应当综合全案证据进行审查；对证据的证明力，应当根据具体情况，从证据与待证事实的关联程度、证据之间的联系等方面进行审查判断；证据之间具有内在联系，共同指向同一待证事实，不存在无法排除的矛盾和无法解释的疑问的，才能作为定案的根据。

（2）人民法院依法调查核实证据，必要时可以通知检察人员、辩护人、自诉人及其法定代理人到场，未到场的应当记录在案；发现对定罪量刑有重大影响的新的证据材料的，应当告知检察人员、辩护人、自诉人及其法定代理人，必要时也可以直接提取，并及时通知这些人员查阅、摘抄、复制。

（3）法庭决定对证据收集的合法性进行调查的，可以由公诉人通过出示、宣读讯问笔录或者其他证据，有针对性地播放讯问过程的录音录像，提请法庭

---

①《中华人民共和国刑事诉讼法》（2018），第51～52条、第54条；《最高人民法院关于适用〈中华人民共和国刑事诉讼法〉的解释》（2012），第65条。

通知有关侦查人员或者其他人员出庭说明情况等方式，证明证据收集的合法性。在对证据收集的合法性进行法庭调查的过程中，人民检察院应当对证据收集的合法性加以证明。现有证据材料不能证明证据收集的合法性的，人民检察院可以提请人民法院通知有关侦查人员或者其他人员出庭说明情况；人民法院可以通知有关侦查人员或者其他人员出庭说明情况，有关侦查人员或者其他人员也可以要求出庭说明情况。

(4)证人证言必须在法庭上经过公诉人、被害人和被告人、辩护人双方质证并且查实以后，才能作为定案的根据。法庭查明证人有意作伪证或者隐匿罪证的时候，应当依法处理。凡是知道案件情况的人都有作证的义务，但生理上、精神上有缺陷或者年幼，不能辨别是非、不能正确表达的人，不能作证人。①

4. 证据效力

(1)证据要求：认定案件事实，必须以证据为根据。对一切案件的判处都要重证据，重调查研究，不轻信口供。只有被告人供述，没有其他证据的，不能认定被告人有罪和处以刑罚；没有被告人供述，证据确实、充分的，可以认定被告人有罪和处以刑罚。其中，证据确实、充分应当符合一定条件，包括：①定罪量刑的事实都有证据证明；②据以定案的证据均经法定程序查证属实；③综合全案证据，对所认定事实已排除合理怀疑。

(2)特殊证据：①根据被告人的供述、指认提取到了隐蔽性很强的物证、书证，且被告人的供述与其他证明犯罪事实发生的证据相互印证，并排除串供、逼供、诱供等可能性的，可以认定被告人有罪。②采取技术侦查措施收集的证据材料，经当庭出示、辨认、质证等法庭调查程序查证属实的，可以作为定案的根据。

(3)间接证据：在没有直接证据的情况下，间接证据赖以认定被告人有罪应当同时符合5个条件：①证据已经查证属实；②证据之间相互印证，不存在无法排除的矛盾和无法解释的疑问；③全案证据已经形成完整的证明体系；④根据证据认定案件事实足以排除合理怀疑，结论具有唯一性；⑤运用证据进行的

① 《中华人民共和国刑事诉讼法》(2018)，第59条、第61～62条；《最高人民法院关于适用〈中华人民共和国刑事诉讼法〉的解释》(2012)，第63条、第66条、第101条、第104条。

推理符合逻辑和经验。

(4)审慎采信:有其他证据印证的应当慎重使用但可以采信的证据:①生理上、精神上有缺陷,对案件事实的认知和表达存在一定困难,但尚未丧失正确认知、表达能力的被害人、证人和被告人所作的陈述、证言和供述;②与被告人有亲属关系或者其他密切关系的证人所作的有利被告人的证言,或者与被告人有利害冲突的证人所作的不利被告人的证言。

(5)证据排除:在侦查、审查起诉、审判时发现有应当排除的证据的,应当依法予以排除,不得作为起诉意见、起诉决定和判决的依据。①采用刑讯逼供等非法方法收集的犯罪嫌疑人、被告人供述和采用暴力、威胁等非法方法收集的证人证言、被害人陈述,应当予以排除。收集物证、书证不符合法定程序,可能严重影响司法公正的,应当予以补正或者作出合理解释;不能补正或者作出合理解释的,对该证据应当予以排除。②法庭审理过程中,审判人员认为可能存在以非法方法收集证据情形的,应当对证据收集的合法性进行法庭调查。对于经过法庭审理,确认或者不能排除存在以非法方法收集证据情形的,对有关证据应当予以排除。③当事人及其辩护人、诉讼代理人有权申请人民法院对以非法方法收集的证据依法予以排除,但应当提供涉嫌非法取证的人员、时间、地点、方式、内容等相关线索或材料。人民法院向被告人及其辩护人送达起诉书副本时应当告知其在开庭审理前申请排除非法证据,但在庭审期间才发现相关线索或材料的除外。开庭审理前申请排除非法证据的,人民法院应当在开庭前及时将申请书或者申请笔录及相关线索、材料的复制件送交人民检察院;人民法院经审查对证据收集的合法性有疑问的,应当依法召开庭前会议就非法证据排除等问题了解情况、听取意见,人民检察院可以通过出示有关证据材料等方式对证据收集的合法性加以说明。法庭审理过程中申请排除非法证据的,法庭应当进行审查;经审查对证据收集的合法性有疑问的,应当进行调查;没有疑问的,应当当庭说明情况和理由,继续法庭审理。①

---

① 《中华人民共和国刑事诉讼法》(2018),第55~56条、第58条、第60条;《最高人民法院关于适用〈中华人民共和国刑事诉讼法〉的解释》(2012),第61条、第96~100条、第102条、第105~107条、第109条。

(三)知识产权刑事附带民事诉讼

1.起诉

(1)原告人:①人民法院受理刑事案件后,可以告知被害人或者其法定代理人、近亲属有权提起附带民事诉讼;被害人因人身权利受到犯罪侵犯或者财物被犯罪分子毁坏而遭受物质损失的,有权在刑事诉讼过程中提起附带民事诉讼;被害人死亡或者丧失行为能力的,其法定代理人、近亲属有权提起附带民事诉讼。②国家财产、集体财产遭受损失,受损失的单位未提起附带民事诉讼,人民检察院在提起公诉时可以提起附带民事诉讼,列为附带民事诉讼原告人。

(2)被告人:附带民事诉讼中依法负有赔偿责任的人包括:①刑事被告人以及未被追究刑事责任的其他共同侵害人;②刑事被告人的监护人;③死刑罪犯的遗产继承人;④共同犯罪案件中,案件审结前死亡的被告人的遗产继承人;⑤对被害人的物质损失依法应当承担赔偿责任的其他单位和个人。被害人或者其法定代理人、近亲属可以仅对部分共同侵害人提起附带民事诉讼,放弃对其他共同侵害人的诉讼权利;共同犯罪案件同案犯在逃的不应列为附带民事诉讼被告人,但其到案后可以对其提起附带民事诉讼(已经从其他共同犯罪人处获得足额赔偿的除外)。

(3)起诉条件:附带民事诉讼的起诉条件是:①起诉人符合法定条件;②有明确的被告人;③有请求赔偿的具体要求和事实、理由;④属于人民法院受理附带民事诉讼的范围;⑤在刑事案件立案后及时提起;⑥提交附带民事起诉状。

(4)立案受理:①被害人或者其法定代理人、近亲属提起附带民事诉讼的,人民法院应当在7日内决定是否立案。符合有关规定的,应当受理;不符合的,裁定不予受理。②人民法院受理附带民事诉讼后,应当在5日内将附带民事起诉状副本送达附带民事诉讼被告人及其法定代理人,或者将口头起诉的内容及时通知附带民事诉讼被告人及其法定代理人并制作笔录,并根据刑事案件的审理期限确定被告人及其法定代理人提交附带民事答辩状的时间。[①]

---

① 《中华人民共和国刑事诉讼法》(2018),第101条;《最高人民法院关于适用〈中华人民共和国刑事诉讼法〉的解释》(2012),第138条、第141~147条、第149~150条。

2. 审理

(1)适用法律:人民法院审理附带民事诉讼案件,除刑法、刑事诉讼法以及刑事司法解释已有规定的以外,适用民事法律的有关规定。

(2)保全措施:人民法院对可能因被告人的行为或者其他原因,使附带民事判决难以执行的案件,根据附带民事诉讼原告人的申请,可以裁定采取保全措施,查封、扣押或者冻结被告人的财产;附带民事诉讼原告人未提出申请的,必要时人民法院也可以采取保全措施。有权提起附带民事诉讼的人因情况紧急,不立即申请保全将会使其合法权益受到难以弥补的损害的,可以在提起附带民事诉讼前,向被保全财产所在地、被申请人居住地或者对案件有管辖权的人民法院申请采取保全措施。人民法院采取保全措施,适用民事诉讼法的有关规定。

(3)审判组织:附带民事诉讼应当同刑事案件一并审判,只有为了防止刑事案件审判的过分迟延,才可以在刑事案件审判后,由同一审判组织继续审理附带民事诉讼;同一审判组织的成员确实不能继续参与审判的,可以更换。①

3. 裁判

(1)调解:①人民法院审理附带民事诉讼案件,可以根据自愿、合法的原则进行调解。经调解达成协议的,应当制作调解书,经双方当事人签收后即具有法律效力;调解达成协议并即时履行完毕的,可以不制作调解书,但应当制作笔录,经双方当事人、审判人员、书记员签名或者盖章后即发生法律效力。调解未达成协议或者调解书签收前当事人反悔的,附带民事诉讼应当同刑事诉讼一并判决。②人民法院认定公诉案件被告人的行为不构成犯罪,对已经提起的附带民事诉讼可以进行调解,经调解不能达成协议的应当一并作出刑事附带民事判决。人民法院准许人民检察院撤回起诉的公诉案件,对已经提起的附带民事诉讼可以进行调解;不宜调解或者经调解不能达成协议的应当裁定驳回起诉,并告知附带民事诉讼原告人可以另行提起民事诉讼。

(2)赔偿:①对附带民事诉讼作出判决,应当根据犯罪行为造成的物质损

---

① 《中华人民共和国刑事诉讼法》(2018),第102条、第104条;《最高人民法院关于适用〈中华人民共和国刑事诉讼法〉的解释》(2012),第152条、第159条、第163条。

失,结合案件具体情况,确定被告人应当赔偿的数额。犯罪行为造成被害人人身损害的,应当赔偿医疗费、护理费、交通费等为治疗和康复支付的合理费用,以及因误工减少的收入。造成被害人残疾的,还应当赔偿残疾生活辅助具费等费用;造成被害人死亡的,还应当赔偿丧葬费等费用。②人民检察院提起附带民事诉讼的,人民法院经审理认为附带民事诉讼被告人依法应当承担赔偿责任的,应当判令附带民事诉讼被告人直接向遭受损失的单位作出赔偿;遭受损失的单位已经终止,有权利义务继受人的,应当判令其向继受人作出赔偿;没有权利义务继受人的,应当判令其向人民检察院交付赔偿款,由人民检察院上缴国库。[①]

第四节　知识产权三审合一

一、知识产权三审合一的一般规则

(一)知识产权三审合一的重大意义

知识产权民事、行政和刑事案件统一审判模式最初由上海浦东新区法院于1996年探索形成,但后来全国各地法院的试点和应用出现了不同的实践模式,如完全将知识产权民事、行政和刑事案件统一归入知识产权庭审理的上海模式、西安模式、武汉模式和重庆模式;仅将知识产权民事、行政案件归入知识产权庭审理的福建模式;仅就复杂知识产权案件由民事、行政和刑事审判庭法官临时组成合议庭审理的“深圳南山模式”。

知识产权三审合一即知识产权民事、行政和刑事案件审判“三合一”,是指由知识产权审判庭统一审理知识产权民事、行政和刑事案件。推进知识产权三审合一,是人民法院贯彻落实党的十八届四中全会关于司法体制改革任务、深入实施国家知识产权战略和创新驱动发展战略的重要举措,旨在构建符合知识产权司法特点和规律的工作机制和审判体制,不断提高知识产权司法保

---

① 《中华人民共和国刑事诉讼法》(2018),第103条;《最高人民法院关于适用〈中华人民共和国刑事诉讼法〉的解释》(2012),第153~156条、第160条。

护的整体效能。充分发挥知识产权司法保护的主导作用。

推进知识产权三审合一,有利于增强司法机关和行政机关执法合力,实现知识产权的全方位救济和司法公正,有利于统一司法标准,提高审判质量,完善知识产权司法保护制度,有利于合理调配审判力量,优化审判资源配置,提高知识产权司法保护的效益和效率,有利于知识产权专门审判队伍建设,提高知识产权审判队伍素质。①

(二)知识产权三审合一的法院范围

知识产权三审合一的法院涉及最高人民法院、高级人民法院、中级人民法院和基层人民法院共四级法院,具体如下:

1. 基层人民法院:限于具有一般知识产权民事纠纷案件管辖权的基层人民法院。

2. 中级人民法院:包括中级人民法院知识产权审判庭、知识产权法庭,但北京、上海、广州知识产权法院暂不实行三审合一。

3. 高级人民法院:限于高级人民法院知识产权审判庭。

4. 最高人民法院:包括最高人民法院知识产权审判庭、知识产权法庭。

(三)知识产权三审合一的案件管辖

1. 知识产权三审合一的案件范围

(1)知识产权民事案件是指涉及著作权、商标权、专利权、技术合同、商业秘密、植物新品种和集成电路布图设计等知识产权以及不正当竞争、垄断、特许经营合同的民事纠纷案件。其中,一般知识产权民事纠纷案件是指除专利、植物新品种、集成电路布图设计、技术秘密、计算机软件、驰名商标认定以及垄断纠纷案件之外的知识产权民事纠纷案件。

(2)知识产权行政案件是指当事人对行政机关就著作权、商标权、专利权等知识产权以及不正当竞争等所作出的行政行为不服,向人民法院提起的行政纠纷案件。

(3)知识产权刑事案件是指《中华人民共和国刑法》分则第三章"破坏社会

---

① 《最高人民法院关于在全国法院推进知识产权民事、行政和刑事案件审判"三合一"工作的意见》(2016),第1~3条。

主义市场经济秩序罪”第七节规定的侵犯知识产权犯罪案件等。其中,知识产权刑事自诉案件,人民法院仍然可以按照刑事诉讼法所确定的地域管辖原则管辖。①

2.知识产权三审合一的管辖规则

(1)知识产权民事案件的受理继续依照人民法院有关地域管辖、级别管辖和指定管辖的规定和批复进行。

(2)中级人民法院辖区内没有基层人民法院具有一般知识产权民事纠纷案件管辖权的,可以层报最高人民法院指定基层人民法院统一管辖,也可以由中级人民法院提级管辖本辖区内的知识产权行政、刑事案件。

(3)中级人民法院辖区内有多个具有一般知识产权民事纠纷案件管辖权的基层人民法院的,经层报最高人民法院批准后,可以根据辖区内的案件数量、审判力量等情况对每个基层人民法院的辖区范围进行划分和调整。

(4)具有一般知识产权民事纠纷案件管辖权的基层人民法院审理中级人民法院指定区域的第一审知识产权刑事、行政案件。不具有一般知识产权民事纠纷案件管辖权的基层人民法院发现所审理案件属于知识产权行政、刑事案件的,应当及时移送中级人民法院指定的有一般知识产权民事纠纷案件管辖权的基层人民法院管辖。

(5)中级人民法院知识产权审判庭审理本辖区内基层人民法院审结的知识产权行政、刑事上诉案件以及同级人民检察院抗诉的知识产权刑事案件。

(6)高级人民法院知识产权审判庭审理本辖区内中级人民法院审结的知识产权行政、刑事上诉案件,知识产权行政、刑事申请再审案件以及同级人民检察院抗诉的知识产权刑事案件。

(7)最高人民法院知识产权审判庭审理各高级人民法院审结的知识产权行政、刑事上诉案件,知识产权行政、刑事申请再审案件、最高人民检察院抗诉

---

①《最高人民法院关于在全国法院推进知识产权民事、行政和刑事案件审判“三合一”工作的意见》(2016),第7条。

的知识产权刑事案件。①

（四）知识产权三审合一的审判组织

（1）最高人民法院成立推进“三合一”工作协调小组，统一协调指导全国法院的“三合一”工作。高、中级人民法院要成立相应的协调机构，组织协调辖区内的“三合一”工作，具体负责辖区内知识产权案件的管辖布局和指导监督，上传下达，内外协调，及时解决工作中出现的问题。②

（2）各级人民法院要根据最高人民法院会同最高人民检察院、公安部联合制定下发的有关办理知识产权刑事案件适用法律相关问题的意见，做好知识产权刑事案件的审理工作。③

（3）各级人民法院的知识产权审判部门，不再称为民事审判第×庭，更名为知识产权审判庭。④

（4）各级人民法院知识产权审判庭应当根据审判任务需要配备审判力量，并根据情况配备专门从事行政审判和刑事审判的法官，也可以由行政审判庭或刑事审判庭法官与知识产权审判庭法官共同组成合议庭，审理知识产权行政或刑事案件。⑤

（5）各级人民法院要本着立足长远的原则，以培养一支适应知识产权审判发展趋势的专门化法官队伍为目标，严格选拔审判业务骨干，确保参与知识产权审判的法官具有相应的审判业务能力和经验。⑥

---

① 《最高人民法院关于在全国法院推进知识产权民事、行政和刑事案件审判“三合一”工作的意见》(2016)，第8条。

② 《最高人民法院关于在全国法院推进知识产权民事、行政和刑事案件审判“三合一”工作的意见》(2016)，第3条。

③ 《最高人民法院关于在全国法院推进知识产权民事、行政和刑事案件审判“三合一”工作的意见》(2016)，第4条。

④ 《最高人民法院关于在全国法院推进知识产权民事、行政和刑事案件审判“三合一”工作的意见》(2016)，第5条。

⑤ 《最高人民法院关于在全国法院推进知识产权民事、行政和刑事案件审判“三合一”工作的意见》(2016)，第6条。

⑥ 《最高人民法院关于在全国法院推进知识产权民事、行政和刑事案件审判“三合一”工作的意见》(2016)，第12条。

(五)知识产权三审合一的相关安排

1.知识产权三审合一的案号

知识产权案件案号编制、使用与管理依照《最高人民法院关于人民法院案号的若干规定》执行。案号中的类型代字为知民/知行/知刑。①

2.知识产权三审合一的协调

做好案件审理各个环节的衔接工作,建立人民法院与公安机关、检察机关以及知识产权行政执法机关的沟通联络机制,协调公安机关、检察机关做好刑事案件的侦查和移送起诉工作。②

3.知识产权三审合一的质效

(1)加强审判管理,确保案件质量。加快推进和不断完善知识产权案例指导制度,确保裁判标准统一。大力提高知识产权案件裁判文书质量。

(2)对知识产权案件进行分类统计,充分利用信息化手段,加强对相关数据的分析研判。③

(3)从实际情况出发稳妥推进知识产权三审合一,以方便当事人诉讼、有利于知识产权司法保护为导向,综合考量本辖区内经济发展水平、交通便利条件以及各类知识产权案件数量等因素。④

二、知识产权三审合一的特殊规则

鉴于北京、上海、广州知识产权法院暂不实行知识产权三审合一,因而北京市、上海市、广东省知识产权三审合一,有着与其他省市自治区不完全相同的特殊性。下面以上海市为例。

(一)知识产权三审合一的重大意义

1996年,浦东新区人民法院知识产权庭在全国法院率先实施"三合一"审

① 《最高人民法院关于在全国法院推进知识产权民事、行政和刑事案件审判"三合一"工作的意见》(2016),第9条。

② 《最高人民法院关于在全国法院推进知识产权民事、行政和刑事案件审判"三合一"工作的意见》(2016),第10~11条。

③ 《最高人民法院关于在全国法院推进知识产权民事、行政和刑事案件审判"三合一"工作的意见》(2016),第11条。

④ 《最高人民法院关于在全国法院推进知识产权民事、行政和刑事案件审判"三合一"工作的意见》(2016),第15条。

判模式。截至2014年10月,黄浦区人民法院、杨浦区人民法院、第一中级人民法院、第二中级人民法院,普陀区人民法院、徐汇区人民法院、闵行区人民法院、高级人民法院知识产权庭陆续实施知识产权“三合一”审判模式。2014年年底,上海知识产权法院成立,管辖知识产权民事与行政案件,此后,高级人民法院又指定与其合署办公的第三中级人民法院管辖一般的知识产权第二审刑事案件以及有重大影响的知识产权第一审刑事案件。2016年2月,上海市高级人民法院发布了《关于调整本市法院知识产权民事案件管辖的规定》,对上海市知识产权民事案件级别管辖和跨区域集中管辖进行了规定。20年来,上海法院知识产权审判“三合一”工作大胆创新,勇于探索,积累经验,在统一法律适用标准、优化审判资源配置、提高审判质量和效率、建设一流的知识产权审判队伍等方面取得了显著成绩,也为全国法院全面推进知识产权审判“三合一”工作提供了有益借鉴。

2016年7月,最高人民法院颁布了《关于在全国法院推进知识产权民事、行政和刑事案件审判“三合一”工作的意见》,要求在全国法院全面推进知识产权审判“三合一”工作。根据最高人民法院的具体要求,上海法院需要进一步统一思想,总结经验,深入推进和完善体制机制改革,更为系统地规范本市知识产权审判“三合一”工作,进一步彰显“三合一”审判在加大保护力度,促进适法统一等方面的优势,必将对增强司法机关和行政机关执法合力、充分发挥司法保护知识产权的主导作用、确保创新驱动发展战略的有效实施和加快推进上海具有全球影响力的科技创新中心建设起到非常重要的作用。

(二)知识产权三审合一的法院范围

上海市知识产权三审合一的法院包括上海市高级人民法院、上海知识产权法院(上海市第三中级人民法院)、上海市浦东新区人民法院、上海市黄浦区人民法院、上海市杨浦区人民法院、上海市普陀区人民法院、上海市徐汇区人民法院、上海市闵行区人民法院。

上海市高级人民法院以及浦东新区人民法院、黄浦区人民法院、杨浦区人民法院、普陀区人民法院、徐汇区人民法院、闵行区人民法院等六家基层人民法院的民事审判第三庭，加挂知识产权审判庭牌子，其中，浦东新区人民法院民事审判第三庭（知识产权审判庭）与浦东新区人民法院自由贸易区知识产权法庭合署办公；知识产权法院各审判庭名称保持不变。

（三）知识产权三审合一的案件管辖

1. 知识产权民事案件管辖

知识产权民事案件是指涉及著作权、商标权、专利权、技术合同、商业秘密、植物新品种和集成电路布图设计等知识产权以及不正当竞争、垄断、特许经营合同等民事纠纷案件。

上海法院知识产权民事案件管辖范围和级别管辖按照《上海市高级人民法院关于调整本市法院知识产权民事案件管辖的规定》（沪高法〔2016〕35 号）执行。

2. 知识产权行政案件管辖

知识产权行政案件是指当事人对行政机关就著作权、商标权、专利权等知识产权以及不正当竞争等所作出的行政行为不服，向人民法院提起的行政纠纷案件。上海市知识产权行政案件的管辖规则如下：

（1）上海市基层人民法院管辖当事人对行政机关就知识产权及不正当竞争行为作出的行政行为提起的第一审知识产权行政案件（知识产权法院管辖的第一审行政案件除外）。

（2）上海知识产权法院管辖下列知识产权行政案件：①专利、植物新品种、集成电路布图设计、技术秘密、计算机软件、垄断等第一审行政案件；②对区以上人民政府所作的涉及知识产权、不正当竞争行政行为提起诉讼的第一审行政案件；③对基层人民法院作出的第一审知识产权行政判决、裁定提起上诉的案件。

（3）上海市高级人民法院管辖对知识产权法院作出的第一审知识产权行政判决、裁定提起上诉的案件。

（4）知识产权行政申请再审案件按照《中华人民共和国行政诉讼法》的规定确定管辖。

3. 知识产权刑事案件管辖

知识产权刑事案件是指《中华人民共和国刑法》分则第三章“破坏社会主义市场经济秩序罪”第七节规定的侵犯知识产权犯罪案件等。上海市知识产权刑事案件的管辖规则如下：

(1)上海市基层人民法院管辖第一审知识产权刑事案件,包括下列罪名提起公诉或自诉的案件:假冒注册商标罪,销售假冒注册商标的商品罪,非法制造、销售非法制造的注册商标标识罪,假冒专利罪,侵犯著作权罪,销售侵权复制品罪,侵犯商业秘密罪等。

(2)上海市第三中级人民法院管辖下列知识产权刑事案件:①在本市有重大影响的知识产权第一审刑事案件;②上海市公安局立案侦查或者提办的侵犯知识产权第一审刑事案件;③上海市公安局水上公安局、上海港公安局、上海海事公安局、长江航运公安局上海分局、上海市公安局国际机场分局、上海市公安局城市轨道和公交总队立案侦查的在本市有重大影响的侵犯知识产权第一审刑事案件,上海海关所属公安机关侦查的知识产权第一审刑事案件;④对基层人民法院作出的第一审知识产权刑事判决、裁定提起上诉或抗诉的案件。

(3)上海市高级人民法院管辖对第三中级人民法院作出的第一审知识产权刑事判决、裁定提起上诉或抗诉的案件。

(4)知识产权刑事申诉案件按照《中华人民共和国刑事诉讼法》的规定确定管辖。

4. 知识产权案件跨区指定管辖

上海市基层人民法院实行知识产权案件跨区指定管辖,其中：

(1)浦东新区人民法院管辖在浦东新区内的第一审知识产权民事、行政、刑事案件；

(2)黄浦区人民法院管辖在黄浦区、长宁区内的第一审知识产权民事、行政、刑事案件；

(3)杨浦区人民法院管辖在杨浦区、虹口区、宝山区、崇明区内的第一审知识产权民事、行政、刑事案件；

(4)普陀区人民法院管辖在普陀区、静安区、嘉定区、青浦区内的第一审知识产权民事、行政、刑事案件；

(5)徐汇区人民法院管辖在徐汇区、松江区、金山区内的第一审知识产权民事、行政、刑事案件；

(6)闵行区人民法院管辖在闵行区、奉贤区内的第一审知识产权民事、行政、刑事案件。

各基层人民法院根据规定将刑事案件移送指定管辖法院的，统一报请上海市第三中级人民法院指定管辖。

(四)知识产权三审合一的审判组织

上海市高级人民法院、上海知识产权法院(上海市第三中级人民法院)以及各基层人民法院知识产权审判庭根据审判任务需要配备审判力量，并根据情况配备专门从事行政审判和刑事审判的法官，也可以由行政审判庭或刑事审判庭法官与知识产权审判庭法官共同组成合议庭，审理知识产权行政或刑事案件。具体安排如下：

1. 上海市浦东新区人民法院、黄浦区人民法院、杨浦区人民法院、普陀区人民法院、徐汇区人民法院、闵行区人民法院受理的知识产权案件由各法院知识产权审判庭统一审理。

2. 上海知识产权法院统一审理由其受理的知识产权民事、行政案件；上海市第三中级人民法院刑事审判庭统一审理由其受理的知识产权刑事案件。

3. 上海市高级人民法院知识产权审判庭统一审理由其受理的知识产权民事、行政、刑事案件。

(五)知识产权三审合一的相关安排

1. 上海市高级人民法院建立与上海市公安机关、检察机关以及知识产权行政执法机关的沟通联络机制，协调做好刑事案件的侦查和移送起诉工作，定期或者不定期就知识产权刑事、行政案件的办理机制、法律适用标准等问题进行研究，出台相关审判规则；加强各级人民法院内部知识产权审判庭和刑事审判庭、行政审判庭的沟通，针对疑难问题进行交流，确保知识产权民事、行政、刑事审判质量。

2. 上海市高级人民法院、上海知识产权法院(上海市第三中级人民法院)和各基层人民法院本着立足长远的原则,以培养一支适应知识产权审判发展趋势的复合型、专门化法官队伍为目标,严格选拔审判业务骨干,加强业务培训,逐步建立上下级法院法官、法官助理相互交流机制,确保参与知识产权审判的法官具有相应的审判经验和业务能力。

第五章　知识产权司法保护程序

第一节　知识产权诉讼一审程序

一、知识产权民事诉讼一审程序

（一）庭前程序

1. 先行调解和庭前调解

（1）当事人起诉到人民法院的知识产权民事纠纷，适宜调解的，先行调解，但当事人拒绝调解的除外。①

（2）人民法院受理知识产权民事纠纷案件后，经审查认为法律关系明确、事实清楚，在征得当事人双方同意后，开庭前可以径行调解，采取调解方式及时解决纠纷。②

2. 依职权调查收集证据

（1）知识产权民事诉讼的审判人员可以依职权调查、收集必要的证据。③

（2）人民法院派出人员进行调查时，应当向被调查人

① 《中华人民共和国民事诉讼法》（2017），第 122 条。

② 《最高人民法院关于适用〈中华人民共和国民事诉讼法〉的解释》（2015），第 142 条。

③ 《中华人民共和国民事诉讼法》（2017），第 129 条。

出示证件。调查笔录经被调查人校阅后，由被调查人、调查人签名或者盖章。①

(3)人民法院在必要时可以委托外地人民法院调查。委托调查，必须提出明确的项目和要求。受委托人民法院可以主动补充调查。受委托人民法院收到委托书后，应当在30日内完成调查。因故不能完成的，应当在上述期限内函告委托人民法院。②

3. 证据交换和庭前会议

(1)人民法院对受理的知识产权民事纠纷案件，需要开庭审理的，可以在答辩期届满后，通过组织证据交换、召集庭前会议等方式，作好审理前的准备。③

(2)根据案件具体情况，庭前会议可以包括下列内容：①明确原告的诉讼请求和被告的答辩意见；②审查处理当事人增加、变更诉讼请求的申请和提出的反诉，以及第三人提出的与本案有关的诉讼请求；③根据当事人的申请决定调查收集证据，委托鉴定，要求当事人提供证据，进行勘验，进行证据保全；④组织交换证据；⑤归纳争议焦点；⑥进行调解。④

4. 原告撤诉后再次起诉

知识产权民事诉讼的原告撤诉或者人民法院按撤诉处理后，该原告以同一诉讼请求再次起诉的，人民法院应予受理。而人民法院裁定准许知识产权行政诉讼的原告撤诉后，该原告以同一事实和理由重新起诉的，人民法院不予立案。⑤

(二)庭审程序

1. 法庭调查顺序

(1)当事人陈述；

(2)告知证人的权利义务，证人作证，宣读未到庭的证人证言；

(3)出示书证、物证、视听资料和电子数据；

---

① 《中华人民共和国民事诉讼法》(2017)，第130条。

② 《中华人民共和国民事诉讼法》(2017)，第131条。

③ 《最高人民法院关于适用〈中华人民共和国民事诉讼法〉的解释》(2015)，第224条。

④ 《最高人民法院关于适用〈中华人民共和国民事诉讼法〉的解释》(2015)，第225条。

⑤ 《最高人民法院关于适用〈中华人民共和国行政诉讼法〉的解释》(2018)，第60条第1款。

(4)宣读鉴定意见;

(5)宣读勘验笔录。

2. 法庭辩论顺序

(1)原告及其诉讼代理人发言;

(2)被告及其诉讼代理人答辩;

(3)第三人及其诉讼代理人发言或者答辩;

(4)互相辩论。

3. 当庭提出新证据

当事人在法庭上可以提出新的证据,但当事人逾期提供证据的,人民法院应当责令其说明理由;拒不说明理由或者理由不成立的,人民法院根据不同情形可以不予采纳该证据,或者采纳该证据但予以训诫、罚款。

4. 增加诉讼请求和反诉

(1)在案件受理后、法庭辩论结束前,原告增加诉讼请求,被告提出反诉,第三人提出与本案有关的诉讼请求,可以合并审理的,人民法院应当合并审理。

(2)反诉的当事人应当限于本诉的当事人的范围。反诉与本诉的诉讼请求基于相同法律关系、诉讼请求之间具有因果关系,或者反诉与本诉的诉讼请求基于相同事实的,人民法院应当合并审理。反诉应由其他人民法院专属管辖,或者与本诉的诉讼标的及诉讼请求所依据的事实、理由无关联的,裁定不予受理,告知另行起诉。

(3)原告撤诉或者人民法院按撤诉处理后,原告以同一诉讼请求再次起诉的,人民法院应予受理。

5. 判决前调解

法庭辩论终结后、作出判决前,能够调解的,还可以进行调解。①

6. 不准许撤诉

当事人申请撤诉或者依法可以按撤诉处理的案件,如果当事人有违反法律的行为需要依法处理的,人民法院可以不准许撤诉或者不按撤诉处理。法

---

① 《中华人民共和国民事诉讼法》(2017),第65条、第138~142条;《最高人民法院关于适用〈中华人民共和国民事诉讼法〉的解释》(2015),第231~233条。

庭辩论终结后原告申请撤诉,被告不同意的,人民法院可以不予准许。①

(三)裁判程序

1. 判决书应当写明判决结果和作出该判决的理由。

2. 人民法院审理案件,其中一部分事实已经清楚,可以就该部分先行判决。

3. 最高人民法院的判决、裁定,以及依法不准上诉或者超过上诉期没有上诉的判决、裁定,是发生法律效力的判决、裁定。②

(四)简易程序

1. 适用条件

(1)简单的知识产权民事纠纷案件,其事实清楚、权利义务关系明确、争议不大,可以适用简易程序进行审理。其中,“事实清楚”是指当事人对争议的事实陈述基本一致,并能提供相应的证据,无须人民法院调查收集证据即可查明事实;“权利义务关系明确”是指能明确区分谁是责任的承担者,谁是权利的享有者;“争议不大”是指当事人对案件的是非、责任承担以及诉讼标的争执无原则分歧。

(2)可以适用简易程序审理的简单知识产权民事纠纷案件包括:①有关著作权的民事纠纷案件:a. 侵害作品修改权、复制权、发行权、信息网络传播权、录音录像制作者权纠纷案件;b. 著作权转让合同纠纷、著作权许可使用合同纠纷、出版合同纠纷、邻接权转让合同纠纷及邻接权许可使用合同纠纷案件。②有关商标权的民事纠纷案件:a. 侵害商标权纠纷案件;b. 商标权转让合同纠纷和商标使用许可合同纠纷案件。③

2. 审理规则

(1)适用简易程序审理简单的知识产权民事纠纷案件,可以简便方式进行审理前的准备。人民法院传唤双方当事人、通知证人和送达裁判文书以外的诉讼文书,可以采取捎口信、电话、短信、传真、电子邮件等简便方式;举证期限

---

① 《最高人民法院关于适用〈中华人民共和国民事诉讼法〉的解释》(2015),第238条。

② 《中华人民共和国民事诉讼法》(2017),第152~153条、第155条。

③ 《最高人民法院关于适用〈中华人民共和国民事诉讼法〉的解释》(2015),第256条;《北京市高级人民法院关于部分知识产权案件适用简易程序进行审理的规定(试行)》(2012)。

可以由当事人协商一致并经人民法院准许，但不得超过15日；当事人双方均表示不需要举证期限、答辩期间的，人民法院可以立即开庭审理或者确定开庭日期。

(2)适用简易程序的简单知识产权民事纠纷案件，由审判员一人独任审判；开庭方式可以由当事人双方向人民法院提出申请，由人民法院决定是否准许；经当事人双方同意，可以采用视听传输技术等方式开庭。

(3)适用简易程序审理的简单知识产权民事纠纷案件，人民法院在制作判决书、裁定书、调解书时，对认定事实或裁判理由部分，在特定情形下可以适当简化：①当事人达成调解协议并需要制作民事调解书的；②一方当事人明确表示承认对方全部或者部分诉讼请求的；③涉及商业秘密、个人隐私的案件，当事人一方要求简化裁判文书中的相关内容，人民法院认为理由正当的；④当事人双方同意简化的。

(4)人民法院适用简易程序审理简单的知识产权民事纠纷案件，应当在立案之日起3个月内审结。①

二、知识产权行政诉讼一审程序

(一)庭前程序

1.具体诉讼请求的审查

提起知识产权行政诉讼应当有具体的诉讼请求，包括：①请求判决撤销或者变更行政行为；②请求判决行政机关履行特定法定职责或者给付义务；③请求判决确认行政行为违法；④请求判决确认行政行为无效；⑤请求判决行政机关予以赔偿或者补偿；⑥请求解决行政协议争议；⑦请求一并审查规章以下规范性文件；⑧请求一并解决相关民事争议。当事人单独或者一并提起行政赔偿、补偿诉讼的，应当有具体的赔偿、补偿事项以及数额；请求一并审查规章以下规范性文件的，应当提供明确的文件名称或者审查对象；请求一并解决相关民事争议的，应当有具体的民事诉讼请求。

---

① 《中华人民共和国民事诉讼法》(2017)，第160~161条；《最高人民法院关于适用〈中华人民共和国民事诉讼法〉的解释》(2015)，第259条、第261条、第266~267条、第270条。

2. 责令行政机关提交证据

知识产权行政诉讼的原告或第三人确有证据证明被告持有的证据对原告或第三人有利的，可以在开庭审理前书面申请人民法院责令行政机关提交。行政机关无正当理由拒不提交的，人民法院可以推定原告或第三人基于该证据主张的事实成立。

3. 撤诉后重新起诉的处理

人民法院裁定准许知识产权行政诉讼的原告撤诉后，该原告以同一事实和理由重新起诉的，人民法院不予立案。而知识产权民事诉讼的原告撤诉或者人民法院按撤诉处理后，该原告以同一诉讼请求再次起诉的，人民法院应予受理。①

（二）庭审程序

1. 合并审理

对于共同诉讼的知识产权行政案件，人民法院可以决定合并审理的情形包括：(1)两个以上行政机关分别对同一事实作出行政行为，公民、法人或其他组织不服向同一人民法院起诉的；(2)行政机关就同一事实对若干公民、法人或其他组织分别作出行政行为，公民、法人或其他组织不服分别向同一人民法院起诉的；(3)在诉讼过程中，被告对原告作出新的行政行为，原告不服向同一人民法院起诉。

2. 行政执法人员出庭

知识产权行政诉讼的原告或第三人要求相关行政执法人员出庭说明的，人民法院可以准许的情形包括：(1)对现场笔录的合法性或者真实性有异议的；(2)对扣押财产的品种或者数量有异议的；(3)对检验的物品取样或者保管有异议的；(4)对行政执法人员身份的合法性有异议的。

人民法院认为有必要的，可以要求相关行政机关执法人员到庭，就案件有关事实接受询问。在询问之前，可以要求其签署保证书，保证书应当载明据实

---

① 《中华人民共和国行政诉讼法》(2017)，第49条；《最高人民法院关于适用〈中华人民共和国行政诉讼法〉的解释》(2018)，第46条第1～2款、第60条第1款、第68条第1～2款；《最高人民法院关于适用〈中华人民共和国民事诉讼法〉的解释》(2015)，第214条。

陈述、如有虚假陈述愿意接受处罚等内容，并由行政机关执法人员签名或捺印。

3. 不准许撤诉

（1）当事人申请撤诉或者依法可以按撤诉处理的案件，当事人有违反法律的行为需要依法处理的，人民法院可以不准许撤诉或者不按撤诉处理。

（2）法庭辩论终结后原告申请撤诉，涉及国家利益和社会公共利益的，人民法院不准许撤诉。①

（三）裁判程序

1. 对复议决定的判决

复议决定改变原行政行为错误，人民法院判决撤销复议决定时，可以一并责令复议机关重新作出复议决定或者判决恢复原行政行为的法律效力。

2. 基本相同的行政行为

人民法院判决被告重新作出行政行为，被告重新作出的行政行为与原行政行为的结果相同，但主要事实或者主要理由有改变的，不属于基本相同的行政行为。但人民法院以违反法定程序为由，判决撤销被诉行政行为的，行政机关重新作出行政行为可以是基本相同的行政行为。

3. 判决履行法定职责

原告请求被告履行法定职责的理由成立，被告违法拒绝履行或者无正当理由逾期不予答复的，人民法院可以判决被告在一定期限内依法履行原告请求的法定职责；尚需被告调查或者裁量的，应当判决被告针对原告的请求重新作出处理。

4. 判决确认无效和撤销

（1）公民、法人或其他组织起诉请求撤销行政行为，人民法院经审查认为行政行为无效的，应当作出确认无效的判决。

（2）公民、法人或其他组织起诉请求确认行政行为无效，人民法院审查认为行政行为不属于无效情形，经释明，原告请求撤销行政行为的，应当继续审理并依法作出相应判决；原告请求撤销行政行为但超过法定起诉期限的，裁定

① 《中华人民共和国行政诉讼法》（2017），第 27 条；《最高人民法院关于适用〈中华人民共和国行政诉讼法〉的解释》（2018），第 41 条、第 44 条第 1～2 款、第 73 条、第 80 条第 2～3 款。

驳回起诉;原告拒绝变更诉讼请求的,判决驳回其诉讼请求。

5.判决行政赔偿损失

(1)人民法院经审理认为被诉行政行为违法或者无效,可能给原告造成损失,经释明,原告请求一并解决行政赔偿争议的,人民法院可以就赔偿事项进行调解;调解不成的,应当一并判决。人民法院也可以告知其就赔偿事项另行提起诉讼。

(2)原告或者第三人的损失系由其自身过错和行政机关的违法行政行为共同造成的,人民法院应当依据各方行为与损害结果之间有无因果关系以及在损害发生和结果中作用力的大小,确定行政机关相应的赔偿责任。

(3)因行政机关不履行、拖延履行法定职责,致使公民、法人或其他组织的合法权益遭受损害的,人民法院应当判决行政机关承担行政赔偿责任。在确定赔偿数额时,应当考虑该不履行、拖延履行法定职责的行为在损害发生过程和结果中所起的作用等因素。①

(四)简易程序

1.适用条件

(1)人民法院审理知识产权第一审行政案件,认为事实清楚、权利义务关系明确、争议不大的,可以适用简易程序。其中,“事实清楚”与简单民事案件中的含义相同;②“权利义务关系明确”是指行政法律关系中权利和义务能够明确区分;“争议不大”是指当事人对行政行为的合法性、责任承担等没有实质分歧。

(2)可以适用简易程序的知识产权第一审行政案件包括:①被诉行政行为是依法当场作出的;②案件涉及款额2000元以下的;③属于政府信息公开案件的。

2.审理规则

(1)适用简易程序审理的知识产权行政案件,由审判员一人独任审理,并

---

① 《最高人民法院关于适用〈中华人民共和国行政诉讼法〉的解释》(2018),第89~91条、第94~95条、第97~98条。

② 本节第一部分中简易程序的适用条件。

应当在立案之日起45日内审结。

(2)适用简易程序审理的知识产权行政案件,人民法院可以用口头通知、电话、短信、传真、电子邮件等简便方式传唤当事人、通知证人、送达裁判文书以外的诉讼文书。

(3)适用简易程序案件的举证期限由人民法院确定,也可以由当事人协商一致并经人民法院准许,但不得超过15日。被告要求书面答辩的,人民法院可以确定合理的答辩期间。当事人双方均表示同意立即开庭或者缩短举证期限、答辩期间的,人民法院可以立即开庭审理或者确定近期开庭。①

三、知识产权刑事诉讼一审程序

(一)庭前程序

1.审查受理

(1)审查内容:对提起公诉的知识产权刑事案件,人民法院应当在收到起诉书(一式8份,每增加一名被告人,增加起诉书5份)和案卷、证据后,指定审判人员审查9个方面内容:①是否属于本院管辖;②起诉书是否写明被告人的身份,是否受过或者正在接受刑事处罚,被采取强制措施的种类、羁押地点,犯罪的时间、地点、手段、后果以及其他可能影响定罪量刑的情节;③是否移送证明指控犯罪事实的证据材料,包括采取技术侦查措施的批准决定和所收集的证据材料;④是否查封、扣押、冻结被告人的违法所得或者其他涉案财物,并附证明相关财物依法应当追缴的证据材料;⑤是否列明被害人的姓名、住址、联系方式;是否附有证人、鉴定人名单;是否申请法庭通知证人、鉴定人、有专门知识的人出庭,并列明有关人员的姓名、性别、年龄、职业、住址、联系方式;是否附有需要保护的证人、鉴定人、被害人名单;⑥当事人已委托辩护人、诉讼代理人,或者已接受法律援助的,是否列明辩护人、诉讼代理人的姓名、住址、联系方式;⑦是否提起附带民事诉讼;提起附带民事诉讼的,是否列明附带民事诉讼当事人的姓名、住址、联系方式,是否附有相关证据材料;⑧侦查、审查起诉程序的各种法律手续和诉讼文书是否齐全;⑨有无法定的不追究刑事责任的

① 《中华人民共和国行政诉讼法》(2017),第82~83条;《最高人民法院关于适用〈中华人民共和国行政诉讼法〉的解释》(2018),第102~104条。

情形。

(2)审查处理:人民法院对提起公诉的知识产权刑事案件,应当在7日内审查完毕,按照7种情形分别处理:①属于告诉才处理的案件,应当退回人民检察院,并告知被害人有权提起自诉;②不属于本院管辖或者被告人不在案的,应当退回人民检察院;③需要补充材料的,应当通知人民检察院在3日内补送;④依法宣告被告人无罪后,人民检察院根据新的事实、证据重新起诉的,应当依法受理;⑤裁定准许撤诉的案件,没有新的事实、证据,重新起诉的,应当退回人民检察院;⑥符合法定情形的,应当裁定终止审理或者退回人民检察院;⑦被告人真实身份不明,但符合法律规定的,应当依法受理。[①]

2. 庭前准备

(1)庭前工作:开庭审理前,人民法院应当进行6项工作并记录在案。①确定审判长及合议庭组成人员。②开庭10日前将起诉书副本送达被告人、辩护人。③通知当事人、法定代理人、辩护人、诉讼代理人在开庭5日前提供证人、鉴定人名单,以及拟当庭出示的证据;申请证人、鉴定人、有专门知识的人出庭的,应当列明有关人员的姓名、性别、年龄、职业、住址、联系方式。④开庭3日前将开庭的时间、地点通知人民检察院。⑤开庭3日前将传唤当事人的传票和通知辩护人、诉讼代理人、法定代理人、证人、鉴定人等出庭的通知书送达;通知有关人员出庭,也可以采取电话、短信、传真、电子邮件等能够确认对方收悉的方式。⑥公开审理的案件,在开庭3日前公布案由、被告人姓名、开庭时间和地点。

(2)庭前会议:如果案件当事人及其辩护人、诉讼代理人申请排除非法证据,或者证据材料较多、案情重大复杂,或者社会影响重大以及其他必要情形,审判人员可以召开庭前会议,根据案件情况通知被告人参加,就8个方面问题向控辩双方了解情况、听取意见并制作笔录:①是否对案件管辖有异议;②是否申请有关人员回避;③是否申请调取在侦查、审查起诉期间公安机关、人民检察院收集但未随案移送的证明被告人无罪或者罪轻的证据材料;④是否提

---

① 《中华人民共和国刑事诉讼法》(2018),第186条;《最高人民法院关于适用〈中华人民共和国刑事诉讼法〉的解释》(2012),第180~181条。

供新的证据;⑤是否对出庭证人、鉴定人、有专门知识的人的名单有异议;⑥是否申请排除非法证据;⑦是否申请不公开审理;⑧与审判相关的其他问题,包括控辩双方对证据材料有无异议,对有异议的证据应当在庭审时重点调查,无异议的在庭审时举证、质证可以简化;被害人或者其法定代理人、近亲属是否提起附带民事诉讼,提起的可以调解。

(3)庭审提纲:开庭审理前,合议庭可以拟出法庭审理提纲,提纲一般包括6项内容:①合议庭成员在庭审中的分工;②起诉书指控的犯罪事实的重点和认定案件性质的要点;③讯问被告人时需了解的案情要点;④出庭的证人、鉴定人、有专门知识的人、侦查人员的名单;⑤控辩双方申请当庭出示的证据的目录;⑥庭审中可能出现的问题及应对措施。①

(二)庭审程序

1.宣布开庭

(1)查明当事人情况:审判长宣布开庭,查明当事人是否到庭。其中,传被告人到庭后,应当查明被告人4个方面情况:①姓名、出生日期、民族、出生地、文化程度、职业、住址,或者被告单位的名称、住所地、诉讼代表人的姓名、职务;②是否受过法律处分及处分的种类、时间;③是否被采取强制措施及强制措施的种类、时间;④收到起诉书副本的日期;有附带民事诉讼的,附带民事诉讼被告人收到附带民事起诉状的日期。

(2)宣布案件和诉讼参与人。①审判长宣布案件的来源、起诉的案由、附带民事诉讼当事人的姓名及是否公开审理;不公开审理的,应当宣布理由。②审判长宣布合议庭组成人员、书记员、公诉人名单及辩护人、诉讼代理人、鉴定人、翻译人员等诉讼参与人的名单。

(3)告知诉讼权利:审判长应当告知当事人及其法定代理人、辩护人、诉讼代理人在法庭审理过程中依法享有4项诉讼权利。①可以申请合议庭组成人员、书记员、公诉人、鉴定人和翻译人员回避;②可以提出证据,申请通知新的证人到庭、调取新的证据,申请重新鉴定或者勘验、检查;③被告人可以自行辩

---

① 《中华人民共和国刑事诉讼法》(2018),第187条;《最高人民法院关于适用〈中华人民共和国刑事诉讼法〉的解释》(2012),第182~185条。

护;④被告人可以在法庭辩论终结后做最后陈述。被告人认罪认罚的,审判长应当告知被告人享有的诉讼权利和认罪认罚的法律规定,审查认罪认罚的自愿性和认罪认罚具结书内容的真实性、合法性。

(4)询问是否申请回避:审判长告知当事人有权对合议庭组成人员、书记员、公诉人、鉴定人和翻译人员申请回避,并询问当事人及其法定代理人、辩护人、诉讼代理人是否申请回避、申请何人回避和申请回避的理由。同意或者驳回回避申请的决定及复议决定,由审判长宣布,并说明理由。必要时,也可以由院长到庭宣布。①

2. 法庭调查

(1)当事人发言。①审判长宣布法庭调查开始后,应当先由公诉人宣读起诉书;有附带民事诉讼的,再由附带民事诉讼原告人或者其法定代理人、诉讼代理人宣读附带民事起诉状。起诉书指控的被告人的犯罪事实为两起以上的,法庭调查一般应当分别进行。②在审判长主持下,被告人、被害人可以就起诉书指控的犯罪事实分别陈述。③在审判长主持下,公诉人可以就起诉书指控的犯罪事实讯问被告人。经审判长准许,被害人及其法定代理人、诉讼代理人可以就公诉人讯问的犯罪事实补充发问;附带民事诉讼原告人及其法定代理人、诉讼代理人可以就附带民事部分的事实向被告人发问;被告人的法定代理人、辩护人,附带民事诉讼被告人及其法定代理人、诉讼代理人可以在控诉一方就某一问题讯问完毕后向被告人发问。④经审判长准许,控辩双方可以向被害人、附带民事诉讼原告人发问。⑤审判人员可以讯问被告人,必要时可以向被害人、附带民事诉讼当事人发问。

(2)证据质证。①证人出庭作证:公诉人、当事人或者辩护人、诉讼代理人对证人证言有异议,且该证人证言对案件定罪量刑有重大影响,人民法院认为证人有必要出庭作证的,证人应当出庭作证。公诉人可以提请审判长通知证人出庭作证,被害人及其法定代理人、诉讼代理人,附带民事诉讼原告人及其诉讼代理人也可以提出申请。在控诉一方举证后,被告人及其法定代理人、辩

---

① 《中华人民共和国刑事诉讼法》(2018),第190条;《最高人民法院关于适用〈中华人民共和国刑事诉讼法〉的解释》(2012),第190~194条。

护人可以提请审判长通知证人出庭作证。经人民法院通知,证人没有正当理由不出庭作证的,人民法院可以强制其到庭,但是被告人的配偶、父母、子女除外。证人作证,审判人员应当告知他要如实地提供证言和有意作伪证或者隐匿罪证要负的法律责任,公诉人、当事人和辩护人、诉讼代理人经审判长许可后可以对证人发问,审判人员可以询问证人。向证人发问应当先由提请通知的一方进行,发问完毕后对方经审判长准许也可以发问。②鉴定人或有专门知识的人出庭作证:公诉人、当事人或者辩护人、诉讼代理人对鉴定意见有异议,人民法院认为鉴定人有必要出庭的,鉴定人应当出庭作证。经人民法院通知,鉴定人拒不出庭作证的,鉴定意见不得作为定案的根据。公诉人可以提请审判长通知鉴定人出庭作证,被害人及其法定代理人、诉讼代理人、附带民事诉讼原告人及其诉讼代理人也可以提出申请。在控诉一方举证后,被告人及其法定代理人、辩护人可以提请审判长通知鉴定人出庭作证。公诉人、当事人和辩护人、诉讼代理人经审判长许可后可以对鉴定人发问,审判人员可以询问鉴定人。向鉴定人发问应当先由提请通知的一方进行,发问完毕后对方经审判长准许也可以发问。公诉人、当事人及其辩护人、诉讼代理人可以申请法庭通知有专门知识的人出庭就鉴定意见提出意见,法庭认为有必要的应当通知有专门知识的人出庭。③出示证据:公诉人、辩护人应当向法庭出示物证让当事人辨认,对未到庭的证人的证言笔录、鉴定人的鉴定意见、勘验笔录和其他作为证据的文书应当当庭宣读,审判人员应当听取公诉人、当事人和辩护人、诉讼代理人的意见。举证方当庭出示证据后,由质证方进行辨认并发表意见,控辩双方可以互相质问。法庭对证据有疑问的,可以告知公诉人、当事人及其法定代理人、辩护人、诉讼代理人补充证据或者作出说明,必要时可以宣布休庭对证据进行调查核实。对公诉人、当事人及其法定代理人、辩护人、诉讼代理人补充的和法庭庭外调查核实取得的证据,应当经过当庭质证才能作为定案的根据。当庭出示的证据,尚未移送人民法院的,应当在质证后移交法庭。公诉人、辩护方申请出示开庭前未移送人民法院的证据,质证方提出异议的,审判长应当要求举证方说明理由,理由成立并确有出示必要的应当准许;质证方提出需要对新的证据作质证准备的,法庭可以宣布休庭并确定准备的时间。

控辩双方申请出示证据，应当说明证据的名称、来源和拟证明的事实，法庭认为有必要的应当准许，对方提出异议认为有关证据与案件无关或者明显重复、不必要，法庭经审查异议成立的可以不予准许。已经移送人民法院的证据，控辩双方需要出示的，可以向法庭提出申请。④调查核实证据：法庭审理过程中，合议庭对证据有疑问的，可以宣布休庭，对证据进行调查核实；对与定罪、量刑有关的证据都应当进行调查，公诉人、当事人和辩护人、诉讼代理人经审判长许可后可以对证据发表意见。人民法院调查核实证据，可以进行勘验、检查、查封、扣押、鉴定和查询、冻结。人民法院向人民检察院调取需要调查核实的证据材料，或者根据被告人、辩护人的申请向人民检察院调取在侦查、审查起诉期间收集的有关被告人无罪或者罪轻的证据材料，应当通知人民检察院在收到调取证据材料决定书后3日内移交。合议庭发现被告人可能有自首、坦白、立功等法定量刑情节，而人民检察院移送的案卷中没有相关证据材料的，应当通知人民检察院移送；被告人提出新的立功线索的，人民法院可以建议人民检察院补充侦查。⑤新证据：法庭审理过程中，当事人和辩护人、诉讼代理人有权申请通知新的证人到庭，调取新的物证，申请重新鉴定或者勘验；当事人及其辩护人、诉讼代理人申请通知新的证人到庭，调取新的证据，申请重新鉴定或者勘验的，应当提供证人的姓名、证据的存放地点，说明拟证明的案件事实，要求重新鉴定或者勘验的理由，法庭认为有必要的应当同意并宣布延期审理，不同意的应当说明理由并继续审理。公诉人发现案件需要补充侦查，建议延期审理的，合议庭应当同意，但建议延期审理不得超过两次；人民检察院将补充收集的证据移送人民法院的，人民法院应当通知辩护人、诉讼代理人查阅、摘抄、复制。①

3. 法庭辩论

(1)辩论开始。①合议庭认为案件事实已经调查清楚的，应当由审判长宣布法庭调查结束，开始就定罪、量刑的事实、证据和适用法律等问题进行法庭

---

① 《中华人民共和国刑事诉讼法》(2018)，第191～198条；《最高人民法院关于适用〈中华人民共和国刑事诉讼法〉的解释》(2012)，第195～198条、第200～205条、第212条、第215条、第217～226条。

辩论。②公诉人、当事人和辩护人、诉讼代理人经审判长许可后，可以对与定罪、量刑有关的事实、证据等发表意见并互相辩论。

（2）辩论顺序。①法庭辩论应当在审判长的主持下，按照下列顺序进行：a. 公诉人发言；b. 被害人及其诉讼代理人发言；c. 被告人自行辩护；d. 辩护人辩护；e. 控辩双方进行辩论。②附带民事部分的辩论应当在刑事部分的辩论结束后进行，先由附带民事诉讼原告人及其诉讼代理人发言，后由附带民事诉讼被告人及其诉讼代理人答辩。③法庭辩论过程中，合议庭发现与定罪、量刑有关的新的事实，有必要调查的，审判长可以宣布暂停辩论，恢复法庭调查，在对新的事实调查后，继续法庭辩论。

（3）辩论内容。①人民检察院可以提出量刑建议并说明理由，量刑建议一般应当具有一定的幅度，当事人及其辩护人、诉讼代理人可以对量刑提出意见并说明理由。②对被告人认罪的案件，法庭辩论时可以引导控辩双方主要围绕量刑和其他有争议的问题进行；对被告人不认罪或者辩护人作无罪辩护的案件，法庭辩论时可以引导控辩双方先辩论定罪问题、后辩论量刑问题。③法庭辩论过程中，审判长应当充分听取控辩双方的意见，对控辩双方与案件无关、重复或者指责对方的发言应当提醒、制止。

（4）最后陈述。①审判长在宣布辩论终结后，被告人有最后陈述的权利，合议庭应当保证被告人充分行使最后陈述的权利。被告人在最后陈述中多次重复自己的意见的，审判长可以制止；陈述内容蔑视法庭、公诉人，损害他人及社会公共利益，或者与本案无关的，应当制止；在公开审理的案件中，被告人最后陈述的内容涉及国家秘密、个人隐私或者商业秘密的，应当制止。②被告人在最后陈述中提出新的事实、证据，合议庭认为可能影响正确裁判的，应当恢复法庭调查；被告人提出新的辩解理由，合议庭认为可能影响正确裁判的，应当恢复法庭辩论。[①]

---

① 《中华人民共和国刑事诉讼法》(2018)，第198条；《最高人民法院关于适用〈中华人民共和国刑事诉讼法〉的解释》(2012)，第228～236条。

(三)裁判程序

1. 评议案件

(1)评议主体:被告人最后陈述后,审判长应当宣布休庭,由合议庭进行评议。

(2)评议要求:合议庭评议案件,应当根据已经查明的事实、证据和有关法律规定,充分考虑控辩双方的意见。

(3)评议内容:①确定被告人是否有罪、构成何罪;②有无从重、从轻、减轻或者免除处罚情节;③应否处以刑罚、判处何种刑罚;④附带民事诉讼如何解决;⑤查封、扣押、冻结的财物及其孳息如何处理。[①]

2. 宣告裁判

(1)裁判种类:对第一审公诉案件,人民法院审理后,应当按照9种情形分别作出判决、裁定。①起诉指控的事实清楚,证据确实、充分,依据法律认定指控被告人的罪名成立的,应当作出有罪判决。②起诉指控的事实清楚,证据确实、充分,指控的罪名与审理认定的罪名不一致的,应当按照审理认定的罪名作出有罪判决,但在判决前应当听取控辩双方的意见,保障被告人、辩护人充分行使辩护权,必要时可以重新开庭,组织控辩双方围绕被告人的行为构成何罪进行辩论。③案件事实清楚,证据确实、充分,依据法律认定被告人无罪的,应当判决宣告被告人无罪。④证据不足,不能认定被告人有罪的,应当以证据不足、指控的犯罪不能成立,判决宣告被告人无罪。⑤案件部分事实清楚,证据确实、充分的,应当作出有罪或者无罪的判决;对事实不清、证据不足部分,不予认定。⑥被告人因不满16周岁,不予刑事处罚的,应当判决宣告被告人不负刑事责任。⑦被告人是精神病人,在不能辨认或者不能控制自己行为时造成危害结果,不予刑事处罚的,应当判决宣告被告人不负刑事责任。⑧犯罪已过追诉时效期限且不是必须追诉,或者经特赦令免除刑罚的,应当裁定终止审理。⑨被告人死亡的,应当裁定终止审理;根据已查明的案件事实和认定的证据,能够确认无罪的,应当判决宣告被告人无罪。

---

① 《中华人民共和国刑事诉讼法》(2018),第200条;《最高人民法院关于适用〈中华人民共和国刑事诉讼法〉的解释》(2012),第237条、第240条。

(2)罪名和量刑:对于认罪认罚案件,人民法院依法作出判决时,一般应当采纳人民检察院指控的罪名和量刑建议,但有5种情形的除外。①被告人的行为不构成犯罪或者不应当追究其刑事责任的;②被告人违背意愿认罪认罚的;③被告人否认指控的犯罪事实的;④起诉指控的罪名与审理认定的罪名不一致的;⑤其他可能影响公正审判的情形。人民法院经审理认为量刑建议明显不当,或者被告人、辩护人对量刑建议提出异议的,人民检察院可以调整量刑建议。人民检察院不调整量刑建议或者调整量刑建议后仍然明显不当的,人民法院应当依法作出判决。

(3)宣判和送达。①宣告判决,一律公开进行。公诉人、辩护人、诉讼代理人、被害人、自诉人或者附带民事诉讼原告人未到庭的,不影响宣判的进行。宣告判决结果时,法庭内全体人员应当起立。②当庭宣告判决的,应当在5日内送达判决书;定期宣告判决的,应当在宣判前,先期公告宣判的时间和地点,传唤当事人并通知公诉人、法定代理人、辩护人和诉讼代理人;判决宣告后,应当立即将判决书送达人民检察院、当事人、法定代理人、辩护人、诉讼代理人,并可以送达被告人的近亲属;判决生效后,还应当送达被告人的所在单位或者原户籍地的公安派出所,或者被告单位的注册登记机关。③判裁判文书应当写明裁判依据、阐释裁判理由、反映控辩双方的意见并说明采纳与否的理由,由审判人员和书记员署名,并且写明上诉的期限和上诉的法院。

(4)特殊情形:①宣告判决前,人民检察院要求撤回起诉的,人民法院应当审查撤回起诉的理由,作出是否准许的裁定。②审判期间,人民法院发现新的事实,可能影响定罪的,可以建议人民检察院补充或者变更起诉;人民检察院不同意或者在7日内未回复意见的,人民法院应当就起诉指控的犯罪事实,依照规定作出判决、裁定。③对依法判决宣告被告人无罪后人民检察院根据新的事实、证据重新起诉而受理的案件,人民法院应当在判决中写明前案情况,且前案判决不予撤销。①

---

① 《中华人民共和国刑事诉讼法》(2018),第200~203条;《最高人民法院关于适用〈中华人民共和国刑事诉讼法〉的解释》(2012),第241条、第242~248条。

（四）简易程序

1. 适用条件

（1）积极条件：基层人民法院管辖的案件，符合3项条件的，可以适用简易程序审判。①案件事实清楚、证据充分；②被告人承认自己所犯罪行，对指控的犯罪事实没有异议；③被告人对适用简易程序没有异议。

（2）消极条件：不适用简易程序的情形主要有6种。①被告人是盲、聋、哑人；②被告人是尚未完全丧失辨认或者控制自己行为能力的精神病人；③有重大社会影响；④共同犯罪案件中部分被告人不认罪或者对适用简易程序有异议；⑤辩护人作无罪辩护；⑥被告人认罪但经审查认为可能不构成犯罪。[①]

2. 审理规则

（1）合议庭：适用简易程序审理案件，对可能判处3年有期徒刑以下刑罚的，可以组成合议庭进行审判，也可以由审判员一人独任审判；对可能判处的有期徒刑超过3年的，应当组成合议庭进行审判。

（2）庭审简化：适用简易程序审理案件，可以对庭审作4个方面简化。①公诉人可以摘要宣读起诉书；②公诉人、辩护人、审判人员对被告人的讯问、发问可以简化或者省略；③对控辩双方无异议的证据，可以仅就证据的名称及所证明的事项作出说明；对控辩双方有异议，或者法庭认为有必要调查核实的证据，应当出示并进行质证；④控辩双方对与定罪量刑有关的事实、证据没有异议的，法庭审理可以直接围绕罪名确定和量刑问题进行。[②]

（五）自诉程序

1. 处理

人民法院对于知识产权自诉案件进行审查后，按照下列情形分别处理：

（1）犯罪事实清楚，有足够证据的案件，应当开庭审判。符合简易程序适

---

① 《中华人民共和国刑事诉讼法》（2018），第214～215条；《最高人民法院关于适用〈中华人民共和国刑事诉讼法〉的解释》（2012），第289～290条。

② 《中华人民共和国刑事诉讼法》（2018），第216条；《最高人民法院关于适用〈中华人民共和国刑事诉讼法〉的解释》（2012），第295条。

用条件的，可以适用简易程序审理；不适用简易程序审理的自诉案件，参照适用公诉案件第一审普通程序。

(2)缺乏罪证的自诉案件，如果自诉人提不出补充证据，应当说服自诉人撤回自诉，或者裁定驳回。自诉人对不予受理或者驳回起诉的裁定不服的，可以提起上诉。自诉人撤回起诉或者被驳回起诉后，又提出了新的足以证明被告人有罪的证据，再次提起自诉的，人民法院应当受理。①

2. 和解、调解

(1)和解：知识产权自诉案件判决宣告前，自诉案件的当事人可以自行和解。人民法院经审查，认为和解确属自愿的，应当裁定准许；认为系被强迫、威吓等，并非出于自愿的，不予准许。

(2)调解：人民法院审理知识产权自诉案件，可以在查明事实、分清是非的基础上，根据自愿、合法的原则进行调解。调解达成协议的，应当制作刑事调解书；调解没有达成协议，或者调解书签收前当事人反悔的，应当及时作出判决。②

3. 撤诉

(1)自行撤诉：知识产权自诉案件判决宣告前，自诉人可以撤回自诉。人民法院经审查，认为撤回自诉确属自愿的，应当裁定准许；认为系被强迫、威吓等，并非出于自愿的，不予准许。

(2)按撤诉处理：自诉人经两次传唤，无正当理由拒不到庭，或者未经法庭准许中途退庭的，人民法院应当裁定按撤诉处理。部分自诉人撤诉或者被裁定按撤诉处理的，不影响案件的继续审理。③

---

① 《中华人民共和国刑事诉讼法》(2018)，第211条；《最高人民法院关于适用〈中华人民共和国刑事诉讼法〉的解释》(2012)，第264～265条、第269～270条。

② 《中华人民共和国刑事诉讼法》(2018)，第212条；《最高人民法院关于适用〈中华人民共和国刑事诉讼法〉的解释》(2012)，第271～272条。

③ 《中华人民共和国刑事诉讼法》(2018)，第211条；《最高人民法院关于适用〈中华人民共和国刑事诉讼法〉的解释》(2012)，第272条、第274条。

第二节　知识产权诉讼二审程序

一、知识产权民事诉讼二审程序

(一)上诉时效

1. 当事人不服地方人民法院第一审判决的,有权在判决书送达之日起 15 日内向上一级人民法院提起上诉。

2. 当事人不服地方人民法院第一审裁定的,有权在裁定书送达之日起 10 日内向上一级人民法院提起上诉。①

(二)上诉参与人

1. 上诉当事人。(1)双方当事人和第三人都提起上诉的均列为上诉人,对方当事人包括被上诉人和原审其他当事人。(2)必要共同诉讼人的一人或部分人提起上诉的,按 3 种情形分别处理:①上诉仅对与对方当事人之间权利义务分担有意见,不涉及其他共同诉讼人利益的,对方当事人为被上诉人,未上诉的同一方当事人依原审诉讼地位列明;②上诉仅对共同诉讼人之间权利义务分担有意见,不涉及对方当事人利益的,未上诉的同一方当事人为被上诉人,对方当事人依原审诉讼地位列明;③上诉对双方当事人之间以及共同诉讼人之间权利义务承担有意见的,未提起上诉的其他当事人均为被上诉人。

2. 其他上诉参与人。(1)无民事行为能力人、限制民事行为能力人的法定代理人,可以代理当事人提起上诉。(2)上诉案件的当事人死亡或者终止的,人民法院依法通知其权利义务承继者参加诉讼。(3)作为上诉案件当事人的法人或者其他组织分立的,人民法院可以直接将分立后的法人或者其他组织列为共同诉讼人;作为上诉案件当事人的法人或者其他组织合并的,将合并后的法人或者其他组织列为当事人。②

---

① 《中华人民共和国民事诉讼法》(2017),第 164 条。

② 《最高人民法院关于适用〈中华人民共和国民事诉讼法〉的解释》(2015),第 317～319 条、第 321～322 条、第 336 条。

（三）二审范围

第二审人民法院应当围绕当事人的上诉请求进行审理，对上诉请求的有关事实和适用法律进行审查。当事人没有提出请求的不予审理，但一审判决违反法律禁止性规定或者损害国家利益、社会公共利益、他人合法权益的除外。①

（四）二审处理

1. 一般情形：第二审人民法院对知识产权上诉案件，经过审理按照4种情形分别处理。(1)原判决、裁定认定事实清楚、适用法律正确的，以判决、裁定方式驳回上诉，维持原判决、裁定。(2)原判决、裁定认定事实错误或者适用法律错误的，以判决、裁定方式依法改判、撤销或者变更。(3)原判决认定基本事实不清的，裁定撤销原判决，发回原审人民法院重审，或者查清事实后改判。其中，基本事实是指用以确定当事人主体资格、案件性质、民事权利义务等对原判决、裁定的结果有实质性影响的事实。(4)原判决遗漏当事人或者违法缺席判决等严重违反法定程序的，裁定撤销原判决、发回原审人民法院重审。其中，严重违反法定程序的情形有4种：①审判组织的组成不合法；②应当回避的审判人员未回避；③无诉讼行为能力人未经法定代理人代为诉讼；④违法剥夺当事人辩论权利。原审人民法院对发回重审的案件作出判决后，当事人提起上诉的，第二审人民法院不得再次发回重审。

2. 特殊情形。(1)人民法院依照第二审程序审理案件，认为依法不应由人民法院受理的，可以由第二审人民法院直接裁定撤销原裁判，驳回起诉。(2)人民法院依照第二审程序审理案件，认为第一审人民法院受理案件违反专属管辖规定的，应当裁定撤销原裁判并移送有管辖权的人民法院。(3)第二审人民法院查明第一审人民法院作出的不予受理裁定有错误的，应当在撤销原裁定的同时，指令第一审人民法院立案受理；查明第一审人民法院作出的驳回起诉裁定有错误的，应当在撤销原裁定的同时，指令第一审人民法院审理。(4)原判决、裁定认定事实或者适用法律虽有瑕疵，但裁判结果正确的，第二审

① 《中华人民共和国民事诉讼法》(2017)，第168条；《最高人民法院关于适用〈中华人民共和国民事诉讼法〉的解释》(2015)，第323条。

人民法院可以在判决、裁定中纠正瑕疵后予以维持。①

(五)二审调解

1. 一般规则:第二审人民法院审理上诉案件,可以进行调解。调解达成协议,应当制作调解书,由审判人员、书记员署名,加盖人民法院印章。调解书送达后,原审人民法院的判决即视为撤销。

2. 特殊情形:(1)对当事人在第一审程序中已经提出的诉讼请求,原审人民法院未作审理、判决的,第二审人民法院可以根据当事人自愿的原则进行调解,调解不成的发回重审。(2)必须参加诉讼的当事人或者有独立请求权的第三人在第一审程序中未参加诉讼,第二审人民法院可以根据当事人自愿的原则予以调解,调解不成的发回重审。(3)原审原告增加独立的诉讼请求或者原审被告提出反诉的,第二审人民法院可以根据当事人自愿的原则就新增加的诉讼请求或者反诉进行调解,调解不成的告知当事人另行起诉。(4)当事人在第二审程序中达成和解协议的,人民法院可以根据当事人的请求,对双方达成的和解协议进行审查并制作调解书送达当事人。②

(六)二审撤诉

第二审人民法院判决宣告前,上诉人申请撤回上诉的,是否准许由第二审人民法院裁定:(1)人民法院经审查认为一审判决确有错误,或者当事人之间恶意串通损害国家利益、社会公共利益、他人合法权益的,不应准许;(2)经其他当事人同意,且不损害国家利益、社会公共利益、他人合法权益的,人民法院可以准许撤诉,并裁定撤销一审裁判。③

(七)二审期限

1. 人民法院审理对判决的上诉案件,应当在第二审立案之日起3个月内审结。有特殊情况需要延长的,由本院院长批准。

---

① 《中华人民共和国民事诉讼法》(2017),第170条;《最高人民法院关于适用〈中华人民共和国民事诉讼法〉的解释》(2015),第325条、第330~332条、第334~335条。

② 《中华人民共和国民事诉讼法》(2017),第172条;《最高人民法院关于适用〈中华人民共和国民事诉讼法〉的解释》(2015),第326~328条、第339条。

③ 《中华人民共和国民事诉讼法》(2017),第173条;《最高人民法院关于适用〈中华人民共和国民事诉讼法〉的解释》(2015),第337~338条。

2. 人民法院审理对裁定的上诉案件，应当在第二审立案之日起 30 日内作出终审裁定。有特殊情况需要延长审限的，由本院院长批准。①

二、知识产权行政诉讼二审程序

(一)上诉时效

1. 当事人不服人民法院第一审判决的，有权在判决书送达之日起 15 日内向上一级人民法院提起上诉。

2. 当事人不服人民法院第一审裁定的，有权在裁定书送达之日起 10 日内向上一级人民法院提起上诉。②

(二)二审组织

1. 一般规则：人民法院审理上诉案件，应当组成合议庭。

2. 特殊规则：在一个审判程序中参与过本案审判工作的审判人员，不得再参与该案其他程序的审判。但发回重审的案件，在一审法院作出裁判后又进入第二审程序的，原第二审程序中合议庭组成人员不受此限。③

(三)二审方式

1. 一般规则：人民法院对上诉案件应当开庭审理。

2. 例外规则：经过阅卷、调查和询问当事人，对没有提出新的事实、证据或者理由，合议庭认为不需要开庭审理的，可以不开庭审理。④

(四)二审范围

人民法院审理上诉案件，应当对原审人民法院的判决、裁定和被诉行政行为进行全面审查。⑤

(五)二审处理

1. 一般情形：人民法院审理上诉案件，按照 4 种情形，分别处理。(1)原判

---

① 《中华人民共和国民事诉讼法》(2017)，第 176 条；《最高人民法院关于适用〈中华人民共和国民事诉讼法〉的解释》(2015)，第 341 条。

② 《中华人民共和国行政诉讼法》(2017)，第 85 条。

③ 《中华人民共和国行政诉讼法》(2017)，第 86 条；《最高人民法院关于适用〈中华人民共和国行政诉讼法〉的解释》(2018)，第 75 条。

④ 《中华人民共和国行政诉讼法》(2017)，第 86 条。

⑤ 《中华人民共和国行政诉讼法》(2017)，第 87 条。

决、裁定认定事实清楚,适用法律、法规正确的,判决或者裁定驳回上诉,维持原判决、裁定。(2)原判决、裁定认定事实错误或者适用法律、法规错误的,依法改判、撤销或者变更。(3)原判决认定基本事实不清、证据不足的,发回原审人民法院重审,或者查清事实后改判。(4)原判决遗漏当事人或者违法缺席判决等严重违反法定程序的,裁定撤销原判决,发回原审人民法院重审。但原审人民法院对发回重审的案件作出判决后,当事人提起上诉的,第二审人民法院不得再次发回重审。人民法院审理上诉案件,需要改变原审判决的,应当同时对被诉行政行为作出判决。

2. 特殊情形:(1)第二审人民法院经审理认为原审人民法院不予立案或者驳回起诉的裁定确有错误且当事人的起诉符合起诉条件的,应当裁定撤销原审人民法院的裁定,指令原审人民法院依法立案或者继续审理。(2)原审判决遗漏了必须参加诉讼的当事人或者诉讼请求的,第二审人民法院应当裁定撤销原审判决,发回重审。(3)原审判决遗漏行政赔偿请求,第二审人民法院经审查认为依法不应当予以赔偿的,应当判决驳回行政赔偿请求;依法应当予以赔偿的,在确认被诉行政行为违法的同时,可以就行政赔偿问题进行调解,调解不成的应当就行政赔偿部分发回重审。(4)第一审人民法院作出实体判决后,第二审人民法院认为不应当立案的,在撤销第一审人民法院判决的同时,可以径行驳回起诉。①

(六)二审调解

1. 原审判决遗漏行政赔偿请求,第二审人民法院经审理认为依法应当予以赔偿的,在确认被诉行政行为违法的同时,可以就行政赔偿问题进行调解;调解不成的,应当就行政赔偿部分发回重审。

2. 当事人在第二审期间提出行政赔偿请求的,第二审人民法院可以进行调解;调解不成的,应当告知当事人另行起诉。②

---

① 《中华人民共和国行政诉讼法》(2017),第89条;《最高人民法院关于适用〈中华人民共和国行政诉讼法〉的解释》(2018),第109条、第123条。

② 《最高人民法院关于适用〈中华人民共和国行政诉讼法〉的解释》(2018),第109条。

（七）二审期限

人民法院审理上诉案件，应当在收到上诉状之日起3个月内作出终审判决。有特殊情况需要延长的，由高级人民法院批准，高级人民法院审理上诉案件需要延长的，由最高人民法院批准。①

三、知识产权刑事诉讼二审程序

（一）上诉时效

1. 不服知识产权刑事诉讼案件第一审判决的上诉和抗诉的期限为10日，从接到判决书的第2日起算。

2. 不服知识产权刑事诉讼案件第一审裁定的上诉和抗诉的期限为5日，从接到裁定书的第2日起算。

3. 对附带民事判决、裁定的上诉、抗诉期限，应当按照刑事部分的上诉、抗诉期限确定；附带民事部分另行审判的，上诉期限也应当按照刑事诉讼法规定的期限确定。②

（二）上诉参与人

1. 上诉：（1）被告人、自诉人和他们的法定代理人，不服地方各级人民法院第一审的判决、裁定，有权向上一级人民法院上诉。被告人的辩护人和近亲属，经被告人同意，可以提出上诉。（2）附带民事诉讼的当事人和他们的法定代理人，可以对地方各级人民法院第一审的判决、裁定中的附带民事诉讼部分，提出上诉。

2. 抗诉：（1）地方各级人民检察院认为本级人民法院第一审的判决、裁定确有错误的时候，应当向上一级人民法院提出抗诉。（2）被害人及其法定代理人不服地方各级人民法院第一审的判决的，自收到判决书后5日以内，有权请求人民检察院提出抗诉。人民检察院自收到被害人及其法定代理人的请求后5日以内，应当作出是否抗诉的决定并且答复请求人。③

---

① 《中华人民共和国行政诉讼法》（2017），第88条。

② 《中华人民共和国刑事诉讼法》（2018），第230条；《最高人民法院关于适用〈中华人民共和国刑事诉讼法〉的解释》（2012），第301条。

③ 《中华人民共和国刑事诉讼法》（2018），第227～229条。

（三）二审撤诉

1. 上诉人在上诉期限内要求撤回上诉的，人民检察院在抗诉期限内撤回抗诉的，人民法院应当准许，第一审判决、裁定在上诉、抗诉期满之日起生效。

2. 上诉人在上诉期满后要求撤回上诉的，人民检察院在抗诉期满后第二审人民法院宣告裁判前撤回抗诉的，第二审人民法院应当审查。经审查，认为原判认定事实和适用法律正确，量刑适当的，应当裁定准许撤回上诉、抗诉，第一审判决、裁定应当自第二审裁定书送达上诉人或者抗诉机关之日起生效；认为原判事实不清、证据不足或者将无罪判为有罪、轻罪重判等的，应当不予准许、继续审理。

3. 被判处死刑立即执行的被告人提出上诉，在第二审开庭后宣告裁判前申请撤回上诉的，应当不予准许、继续审理。①

（四）二审范围

1. 第二审人民法院审理上诉、抗诉案件，应当就第一审判决、裁定认定的事实和适用法律进行全面审查，不受上诉或者抗诉范围的限制。共同犯罪的案件只有部分被告人上诉的，应当对全案进行审查，一并处理。

2. 共同犯罪案件，只有部分被告人提出上诉，或者自诉人只对部分被告人的判决提出上诉，或者人民检察院只对部分被告人的判决提出抗诉的，第二审人民法院应当对全案进行审查，一并处理。

3. 共同犯罪案件，上诉的被告人死亡，其他被告人未上诉的，第二审人民法院仍应对全案进行审查。经审查，死亡的被告人不构成犯罪的，应当宣告无罪；构成犯罪的，应当终止审理。对其他同案被告人仍应作出判决、裁定。

4. 刑事附带民事诉讼案件，只有附带民事诉讼当事人及其法定代理人上诉的，第二审人民法院应当对全案进行审查。经审查，第一审判决的刑事部分并无不当的，第二审人民法院只需就附带民事部分作出处理；第一审判决的附带民事部分事实清楚，适用法律正确的，应当以刑事附带民事裁定维持原判，

---

① 《最高人民法院关于适用〈中华人民共和国刑事诉讼法〉的解释》（2012），第304～305条、第307～308条。

驳回上诉。①

（五）二审内容

1. 第二审人民法院对上诉、抗诉案件，应当着重审查8项内容：（1）第一审判决认定的事实是否清楚，证据是否确实、充分；（2）第一审判决适用法律是否正确，量刑是否适当；（3）在侦查、审查起诉、第一审程序中，有无违反法定诉讼程序的情形；（4）上诉、抗诉是否提出新的事实、证据；（5）被告人的供述和辩解情况；（6）辩护人的辩护意见及采纳情况；（7）附带民事部分的判决、裁定是否合法、适当；（8）第一审人民法院合议庭、审判委员会讨论的意见。

2. 第二审人民法院开庭审理上诉、抗诉案件，可以重点围绕对第一审判决、裁定有争议的问题或者有疑问的部分进行：（1）宣读第一审判决书，可以只宣读案由、主要事实、证据名称和判决主文等；（2）法庭调查应当重点围绕对第一审判决提出异议的事实、证据以及提交的新的证据等进行；对没有异议的事实、证据和情节，可以直接确认；（3）对同案审理案件中未上诉的被告人，未被申请出庭或者人民法院认为没有必要到庭的，可以不再传唤到庭；（4）被告人犯有数罪的案件，对其中事实清楚且无异议的犯罪，可以不在庭审时审理；（5）同案审理的案件，未提出上诉、人民检察院也未对其判决提出抗诉的被告人要求出庭的，应当准许。出庭的被告人可以参加法庭调查和辩论。②

（六）二审方式

1. 二审开庭审理的案件：第二审人民法院对于2种知识产权刑事案件，应当开庭审理。（1）被告人、自诉人及其法定代理人对第一审认定的事实、证据提出异议，可能影响定罪量刑的上诉案件；（2）人民检察院抗诉的案件。

2. 二审开庭审理的地点：第二审人民法院开庭审理上诉、抗诉案件，可以到案件发生地或者原审人民法院所在地进行。

3. 二审开庭审理的特有规则。（1）法庭调查阶段，审判人员宣读第一审判

---

① 《中华人民共和国刑事诉讼法》（2018），第233条；《最高人民法院关于适用〈中华人民共和国刑事诉讼法〉的解释》（2012），第310～313条。

② 《最高人民法院关于适用〈中华人民共和国刑事诉讼法〉的解释》（2012），第315条、第323条。

决书、裁定书后，上诉案件由上诉人或者辩护人先宣读上诉状或者陈述上诉理由，抗诉案件由检察员先宣读抗诉书；既有上诉又有抗诉的案件，先由检察员宣读抗诉书，再由上诉人或者辩护人宣读上诉状或者陈述上诉理由。(2)法庭辩论阶段，上诉案件，先由上诉人、辩护人发言，后由检察员、诉讼代理人发言；抗诉案件，先由检察员、诉讼代理人发言，后由被告人、辩护人发言；既有上诉又有抗诉的案件，先由检察员、诉讼代理人发言，后由上诉人、辩护人发言。

4. 二审不开庭审理：对上诉、抗诉案件，第二审人民法院经审查，认为原判事实不清、证据不足，或者具有违反法定诉讼程序情形，需要发回重新审判的，可以不开庭审理。第二审人民法院决定不开庭审理的，应当讯问被告人，听取其他当事人、辩护人、诉讼代理人的意见。①

(七)二审处理

第二审人民法院对不服第一审判决的上诉、抗诉案件，经过审理后，应当按照4种情形分别处理：

1. 原判决认定事实和适用法律正确、量刑适当的，应当裁定驳回上诉或者抗诉、维持原判。

2. 原判决认定事实没有错误，但适用法律有错误或者量刑不当的，应当改判。其中，被告或其法定代理人、辩护人、近亲属提出上诉的，不得加重被告人的刑罚：(1)同案审理的案件，只有部分被告人上诉的，或者人民检察院只对部分被告人的判决提出抗诉，或者自诉人只对部分被告人的判决提出上诉的，既不得加重上诉人的刑罚，也不得加重其他同案被告人的刑罚；(2)原判事实清楚，证据确实、充分，只是认定的罪名不当的，可以改变罪名，但不得加重刑罚；(3)原判对被告人实行数罪并罚的，不得加重决定执行的刑罚，也不得加重数罪中某罪的刑罚；(4)原判没有宣告禁止令的，不得增加宣告；原判宣告禁止令的，不得增加内容、延长期限；(5)原判事实清楚，证据确实、充分，但判处的刑罚畸轻、应当适用附加刑而没有适用的，不得直接加重刑罚、适用附加刑，也不得以事实不清、证据不足为由发回第一审人民法院重新审判；(6)第二审人民

① 《中华人民共和国刑事诉讼法》(2018)，第232条、第234条；《最高人民法院关于适用〈中华人民共和国刑事诉讼法〉的解释》(2012)，第317～318条、第322条、第324条。

法院发回重新审判后，除有新的犯罪事实、人民检察院补充起诉的以外，原审人民法院不得加重被告人的刑罚。

3. 原判决事实不清楚或者证据不足的，可以在查清事实后改判，也可以裁定撤销原判，发回原审人民法院重新审判。但原审人民法院对于发回重新审判的案件作出判决后，被告人提出上诉或者人民检察院提出抗诉的，第二审人民法院应当依法作出判决或者裁定，不得再发回原审人民法院重新审判。如果第二审人民法院发现原审人民法院在重新审判过程中，有违反法定程序的情形或者没有另行组成合议庭的，应当裁定撤销原判，发回重新审判。

4. 第二审人民法院发现第一审人民法院的审理有违反法律规定的诉讼程序的5种情形之一的，应当裁定撤销原判，发回原审人民法院重新审判：(1)违反有关公开审判的规定的；(2)违反回避制度的；(3)剥夺或者限制了当事人的法定诉讼权利，可能影响公正审判的；(4)审判组织的组成不合法的；(5)其他违反法律规定的诉讼程序，可能影响公正审判的。①

（八）二审调解

1. 第二审期间，第一审附带民事诉讼原告人增加独立的诉讼请求或者第一审附带民事诉讼被告人提出反诉的，第二审人民法院可以根据自愿、合法的原则进行调解；调解不成的，告知当事人另行起诉。

2. 对第二审自诉案件，必要时可以调解，当事人也可以自行和解。调解结案的，应当制作调解书，第一审判决、裁定视为自动撤销；当事人自行和解的，应当裁定准许撤回自诉，并撤销第一审判决、裁定。②

（九）二审期限

1. 一般规则：第二审人民法院受理上诉、抗诉案件，应当在2个月以内审结。人民检察院查阅案卷的时间为1个月，不计入审理期限。

2. 特殊规则：对于可能判处死刑的案件或者附带民事诉讼的案件，以及符合法定情形的，经省、自治区、直辖市高级人民法院批准或者决定，可以延

---

① 《中华人民共和国刑事诉讼法》(2018)，第236～239条；《最高人民法院关于适用〈中华人民共和国刑事诉讼法〉的解释》(2012)，第325～329条。

② 《最高人民法院关于适用〈中华人民共和国刑事诉讼法〉的解释》(2012)，第332～333条。

长2个月。①

第三节　知识产权诉讼再审程序

一、知识产权民事诉讼再审程序

（一）启动主体

1. 法院：（1）各级人民法院院长对本院已经发生法律效力的判决、裁定、调解书，发现确有错误，认为需要再审的，应当提交审判委员会讨论决定。（2）最高人民法院对地方各级人民法院已经发生法律效力的判决、裁定、调解书，上级人民法院对下级人民法院已经发生法律效力的判决、裁定、调解书，发现确有错误的，有权提审或者指令下级人民法院再审。

2. 检察院：（1）最高人民检察院对各级人民法院已经发生法律效力的判决、裁定，上级人民检察院对下级人民法院已经发生法律效力的判决、裁定，发现有符合申请再审情形的，或者发现调解书损害国家利益、社会公共利益的，应当提出抗诉。（2）地方各级人民检察院对同级人民法院已经发生法律效力的判决、裁定，发现有符合申请再审情形的，或者发现调解书损害国家利益、社会公共利益的，可以向同级人民法院提出检察建议，并报上级人民检察院备案；也可以提请上级人民检察院向同级人民法院提出抗诉。

3. 当事人：（1）当事人对已经发生法律效力的判决、裁定，认为有错误的，可以向上一级人民法院申请再审；当事人一方人数众多或者当事人双方为公民的案件，也可以向原审人民法院申请再审。其中，发生法律效力的裁定包括不予受理、驳回起诉的裁定，人数众多的一方当事人包括公民、法人和其他组织，当事人双方为公民的案件是指原告和被告均为公民的案件。（2）当事人对已经发生法律效力的调解书，提出证据证明调解违反自愿原则或者调解协议的内容违反法律的，可以申请再审。（3）当事人死亡或者终止的，其权利义务

---

① 《中华人民共和国刑事诉讼法》（2018），第235条、第243条。

承继者可以按规定申请再审。(4)符合3种情形之一的，当事人可以向人民检察院申请抗诉：①人民法院驳回再审申请的；②人民法院逾期未对再审申请作出裁定的；③再审判决、裁定有明显错误的。[①]

(二)申请再审

1.申请再审的情形：当事人的申请符合13种情形之一的，人民法院应当再审。(1)有新的证据，足以推翻原判决、裁定，或者能够证明原判决、裁定认定基本事实或裁判结果错误。人民法院应当询问再审申请人，并责令其说明逾期提供该证据的理由，理由成立的情形包括：①在原审庭审结束前已经存在，因客观原因于庭审结束后才发现；②在原审庭审结束前已经发现，但因客观原因无法取得或者在规定的期限内不能提供；③在原审庭审结束后形成，无法据此另行提起诉讼；④在原审中已经提供，但原审人民法院未组织质证且未作为裁判根据。(2)原判决、裁定认定的基本事实缺乏证据证明。(3)原判决、裁定认定事实的主要证据是伪造的。(4)原判决、裁定认定事实的主要证据未经质证，但当事人在原审中对之拒绝或者未发表质证意见的除外。(5)对审理案件需要的主要证据，当事人因客观原因不能自行收集，书面申请人民法院调查收集，人民法院未调查收集。(6)原判决、裁定适用法律确有错误，其情形包括：①适用的法律与案件性质明显不符；②确定民事责任明显违背当事人约定或者法律规定；③适用已经失效或者尚未施行的法律；④违反法律溯及力规定；⑤违反法律适用规则；⑥明显违背立法原意。(7)审判组织的组成不合法或者依法应当回避的审判人员没有回避。(8)无诉讼行为能力人未经法定代理人代为诉讼或者应当参加诉讼的当事人，因不能归责于本人或者其诉讼代理人的事由，未参加诉讼。(9)违反法律规定，剥夺当事人辩论权利，其情形包括：①不允许当事人发表辩论意见；②应当开庭审理而未开庭审理；③违反法律规定送达起诉状副本或者上诉状副本，致使当事人无法行使辩论权利。(10)未经传票传唤，缺席判决。(11)原判决、裁定遗漏或者超出诉讼请求，包括一审诉讼请求、二审上诉请求，但当事人未对一审判决、裁定遗漏或者超出诉讼请

---

① 《中华人民共和国民事诉讼法》(2017)，第198～199条、第201条、第208～209条；《最高人民法院关于适用〈中华人民共和国民事诉讼法〉的解释》(2015)，第375～376条、第381条。

求提起上诉的除外。(12)据以作出原判决、裁定的法律文书被撤销或者变更,其中法律文书包括:①发生法律效力的判决书、裁定书、调解书;②发生法律效力的仲裁裁决书;③具有强制执行效力的公证债权文书。(13)审判人员审理该案件时有贪污受贿、徇私舞弊、枉法裁判行为,并已由生效刑事法律文书或者纪律处分决定所确认。

2. 申请再审的时效:(1)当事人申请再审,应当在判决、裁定、调解书发生法律效力后或者自知道或应当知道申请再审的法定情形之日起6个月内提出。(2)必须共同进行诉讼的当事人因不能归责于本人或者其诉讼代理人的事由未参加诉讼的,可以自知道或者应当知道申请再审的法定情形之日起6个月内申请再审。(3)案外人对驳回其执行异议的裁定不服,认为原判决、裁定、调解书内容错误损害其民事权益的,可以自执行异议裁定送达之日起6个月内,向作出原判决、裁定、调解书的人民法院申请再审。

3. 申请再审的材料:(1)再审申请书,应当记明:①再审申请人与被申请人及原审其他当事人的基本信息;②原审人民法院的名称,原审裁判文书案号;③具体的再审请求;④申请再审的法定情形及具体事实、理由;⑤申请再审的人民法院。再审申请书应当由再审申请人签名、捺印或者盖章,并按照被申请人和原审其他当事人的人数提交副本。(2)再审申请人是自然人的,应当提交身份证明;再审申请人是法人或者其他组织的,应当提交营业执照、组织机构代码证书、法定代表人或者主要负责人身份证明书。委托他人代为申请的,应当提交授权委托书和代理人身份证明。(3)原审判决书、裁定书、调解书。(4)反映案件基本事实的主要证据及其他材料。

4. 申请再审的立案:(1)人民法院应当自收到符合条件的再审申请书等材料之日起5日内向再审申请人发送受理通知书,并向被申请人及原审其他当事人发送应诉通知书、再审申请书副本等材料。(2)人民法院应当自收到再审申请书等材料之日起3个月内,依法对当事人主张的再审事由进行审查。有特殊情况需要延长的,由本院院长批准。(3)当事人主张的再审事由成立,且符合规定的申请再审条件的,人民法院应当裁定再审;当事人主张的再审事由不成立,或者当事人申请再审超过法定申请再审期限、超出法定再审事由范围等不符规定的申请再审条件的,人民法院应当裁定驳回再审申请。

5. 申请再审的审理:(1)因当事人申请裁定再审的案件由中级人民法院以上的人民法院审理,但当事人依法选择向基层人民法院申请再审的除外。当事人一方人数众多或者当事人双方为公民的案件,当事人分别向原审人民法院和上一级人民法院申请再审且不能协商一致的,由原审人民法院受理。(2)最高人民法院、高级人民法院裁定再审的案件,由本院再审或者交其他人民法院再审,也可以交原审人民法院再审。(3)审查再审申请期间,被申请人及原审其他当事人依法提出再审申请的,人民法院应当将其列为再审申请人,对其再审事由一并审查,审查期限重新计算。经审查,其中一方再审申请人主张的再审事由成立的,应当裁定再审。各方再审申请人主张的再审事由均不成立的,一并裁定驳回再审申请。

6. 申请再审的撤回:(1)审查再审申请期间,再审申请人撤回再审申请的,是否准许,由人民法院裁定。再审申请人经传票传唤,无正当理由拒不接受询问的,可以按撤回再审申请处理。(2)人民法院准许撤回再审申请或者按撤回再审申请处理后,再审申请人再次申请再审的,不予受理,但符合申请再审的法定情形且自知道或者应当知道之日起6个月内提出的除外。①

(三)审监再审

1. 人民法院按照审判监督程序再审的案件,发生法律效力的判决、裁定是由第一审法院作出的,按照第一审程序审理,所作的判决、裁定,当事人可以上诉。

2. 人民法院按照审判监督程序再审的案件,发生法律效力的判决、裁定是由第二审法院作出的,按照第二审程序审理,所作的判决、裁定,是发生法律效力的判决、裁定。

3. 上级人民法院按照审判监督程序提审的,按照第二审程序审理,所作的判决、裁定是发生法律效力的判决、裁定。

---

① 《中华人民共和国民事诉讼法》(2017),第200~201条、第203~205条;《最高人民法院关于适用〈中华人民共和国民事诉讼法〉的解释》(2015),第377~379条、第384~395条、第397~398条、第400~401条、第422~423条。

4. 人民法院审理再审案件，应当另行组成合议庭。①

（四）抗诉再审

1. 依职权抗诉：(1) 人民检察院依法对损害国家利益、社会公共利益的发生法律效力的判决、裁定、调解书提出抗诉的，人民法院应予受理。(2) 人民检察院对已经发生法律效力的判决以及不予受理、驳回起诉的裁定依法提出抗诉的，人民法院应予受理。(3) 人民检察院依法对有明显错误的再审判决、裁定提出抗诉的，人民法院应予受理。(4) 人民检察院决定对人民法院的判决、裁定、调解书提出抗诉的，应当制作抗诉书。(5) 当事人的再审申请被上级人民法院裁定驳回后，人民检察院对原判决、裁定、调解书提出抗诉，抗诉事由符合申请再审法定情形的，受理抗诉的人民法院可以交由下一级人民法院再审。(6) 人民检察院提出抗诉的案件，接受抗诉的人民法院应当自收到抗诉书之日起 30 日内作出再审的裁定；符合法定情形的，可以交下一级人民法院再审，但经该下一级人民法院再审的除外。

2. 依申请抗诉：(1) 人民检察院依当事人的申请对生效判决、裁定提出抗诉，符合 4 项条件的，人民法院应当在 30 日内裁定再审：①抗诉书和原审当事人申请书及相关证据材料已经提交；②抗诉对象为依照规定可以进行再审的判决、裁定；③抗诉书列明该判决、裁定符合申请再审法定情形；④符合法定申请抗诉情形。(2) 人民检察院对当事人的抗诉申请应当在 3 个月内进行审查，作出提出或者不予提出抗诉的决定。当事人不得再次向人民检察院申请抗诉。

3. 人民法院开庭审理抗诉案件，应当在开庭 3 日前通知人民检察院、当事人和其他诉讼参与人，同级人民检察院或者提出抗诉的人民检察院应当派员出庭。②

（五）再审方式

1. 人民法院审理再审案件应当组成合议庭开庭审理，但按照第二审程序审理，有特殊情况或者双方当事人已经通过其他方式充分表达意见，且书面同

① 《中华人民共和国民事诉讼法》(2017)，第 207 条。

② 《中华人民共和国民事诉讼法》(2017)，第 209 条、第 211 ~ 213 条；《最高人民法院关于适用〈中华人民共和国民事诉讼法〉的解释》(2015)，第 413 ~ 415 条、第 417 ~ 418 条、第 421 条。

意不开庭审理的除外。

2. 人民法院开庭审理再审案件,应当按照下列4种情形分别进行:(1)因当事人申请再审的,先由再审申请人陈述再审请求及理由,后由被申请人答辩、其他原审当事人发表意见;(2)因抗诉再审的,先由抗诉机关宣读抗诉书,再由申请抗诉的当事人陈述,后由被申请人答辩、其他原审当事人发表意见;(3)人民法院依职权再审,有申诉人的,先由申诉人陈述再审请求及理由,后由被申诉人答辩、其他原审当事人发表意见;(4)人民法院依职权再审,没有申诉人的,先由原审原告或者原审上诉人陈述,后由原审其他当事人发表意见。①

(六)再审范围

1. 围绕再审请求:人民法院审理再审案件应当围绕再审请求进行。当事人的再审请求超出原审诉讼请求的,不予审理;符合另案诉讼条件的,告知当事人可以另行起诉。不是必要共同诉讼当事人的案外人对驳回其执行异议的裁定不服,向作出原判决、裁定、调解书的人民法院申请再审的,人民法院仅审理原判决、裁定、调解书对其民事权益造成损害的内容。

2. 一并审理:(1)被申请人及原审其他当事人在庭审辩论结束前提出的再审请求,符合法律规定的,人民法院应当一并审理。(2)人民法院经再审,发现已经发生法律效力的判决、裁定损害国家利益、社会公共利益、他人合法权益的,应当一并审理。②

(七)再审处理

1. 人民法院经再审审理认为,原判决、裁定认定事实清楚、适用法律正确的,应予维持;原判决、裁定认定事实、适用法律虽有瑕疵,但裁判结果正确的,应当在再审判决、裁定中纠正瑕疵后予以维持。

2. 原判决、裁定认定事实、适用法律错误,导致裁判结果错误的,应当依法改判、撤销或者变更。

3. 按照第二审程序再审的案件,人民法院经审理认为不符合法定的起诉

---

① 《最高人民法院关于适用〈中华人民共和国民事诉讼法〉的解释》(2015),第403~404条。

② 《最高人民法院关于适用〈中华人民共和国民事诉讼法〉的解释》(2015),第405条、第424条。

条件或者符合法定不予受理情形的，应当裁定撤销一审、二审判决，驳回起诉。

4. 人民法院对调解书裁定再审后，按照两种情形分别处理：(1) 当事人提出的调解违反自愿原则的事由不成立，且调解书的内容不违反法律强制性规定的，裁定驳回再审申请；(2) 人民检察院抗诉或者再审检察建议所主张的损害国家利益、社会公共利益的理由不成立的，裁定终结再审程序。

5. 一审原告在再审审理程序中申请撤回起诉，经其他当事人同意，且不损害国家利益、社会公共利益、他人合法权益的，人民法院可以准许。裁定准许撤诉的，应当一并撤销原判决。

6. 部分当事人到庭并达成调解协议，其他当事人未作出书面表示的，人民法院应当在判决中对该事实作出表述；调解协议内容不违反法律规定，且不损害其他当事人合法权益的，可以在判决主文中予以确认。

7. 必须共同进行诉讼的当事人因不能归责于本人或者其诉讼代理人的事由未参加诉讼，根据法律规定申请再审且人民法院裁定再审，按照第一审程序再审的，应当追加其为当事人，作出新的判决、裁定；按照第二审程序再审，经调解不能达成协议的，应当撤销原判决、裁定，发回重审，重审时应追加其为当事人。

8. 不是必要共同诉讼当事人的案外人对驳回其执行异议的裁定不服，向作出原判决、裁定、调解书的人民法院申请再审的，经审理，再审请求成立的，撤销或者改变原判决、裁定、调解书；再审请求不成立的，维持原判决、裁定、调解书。①

(八) 原裁判执行

1. 当事人申请再审的，不停止判决、裁定的执行。

2. 按照审判监督程序决定再审的知识产权民事案件，裁定中止原判决、裁定、调解书的执行。②

---

① 《最高人民法院关于适用〈中华人民共和国民事诉讼法〉的解释》(2015)，第 407 ~ 410 条、第 412 条、第 422 条、第 424 条。

② 《中华人民共和国民事诉讼法》(2017)，第 199 条、第 206 条。

二、知识产权行政诉讼再审程序

(一)启动主体

1. 法院:(1)各级人民法院院长对本院已经发生法律效力的判决、裁定,发现有申请再审的法定情形,或者发现调解违反自愿原则或者调解书内容违法,认为需要再审的,应当提交审判委员会讨论决定。(2)最高人民法院对地方各级人民法院已经发生法律效力的判决、裁定,上级人民法院对下级人民法院已经发生法律效力的判决、裁定,发现有申请再审的法定情形,或者发现调解违反自愿原则或者调解书内容违法的,有权提审或者指令下级人民法院再审。

2. 检察院:(1)最高人民检察院对各级人民法院已经发生法律效力的判决、裁定,上级人民检察院对下级人民法院已经发生法律效力的判决、裁定,发现有申请再审的法定情形,或者发现调解书损害国家利益、社会公共利益的,应当提出抗诉。(2)地方各级人民检察院对同级人民法院已经发生法律效力的判决、裁定,发现有申请再审的法定情形,或者发现调解书损害国家利益、社会公共利益的,可以向同级人民法院提出检察建议,并报上级人民检察院备案;也可以提请上级人民检察院向同级人民法院提出抗诉。

3. 当事人:当事人对已经发生法律效力的判决、裁定,认为确有错误的,可以向上一级人民法院申请再审。人民法院判决其承担义务或者减损其权益的第三人,有权申请再审。当事人的申请符合下列8种情形之一的,人民法院应当再审:(1)不予立案或者驳回起诉确有错误的;(2)有新的证据,足以推翻原判决、裁定的;(3)原判决、裁定认定事实的主要证据不足、未经质证或者系伪造的;(4)原判决、裁定适用法律、法规确有错误的;(5)违反法律规定的诉讼程序,可能影响公正审判的;(6)原判决、裁定遗漏诉讼请求的;(7)据以作出原判决、裁定的法律文书被撤销或者变更的;(8)审判人员在审理该案件时有贪污受贿、徇私舞弊、枉法裁判行为的。[①]

(二)申请再审

1. 申请再审的时效:(1)当事人向上一级人民法院申请再审,应当在判决、

---

① 《中华人民共和国行政诉讼法》(2017),第90~93条;《最高人民法院关于适用〈中华人民共和国行政诉讼法〉的解释》(2018),第30条。

裁定或者调解书发生法律效力后6个月内提出。有下列情形之一的,自知道或者应当知道之日起6个月内提出:①有新的证据,足以推翻原判决、裁定,但人民法院应当询问当事人;②原判决、裁定认定事实的主要证据是伪造;③据以作出原判决、裁定的法律文书被撤销或者变更;④审判人员审理该案件时有贪污受贿、徇私舞弊、枉法裁判行为。(2)行政诉讼法的第三人,因不能归责于本人的事由未参加诉讼,但有证据证明发生法律效力的判决、裁定、调解书损害其合法权益的,可以自知道或者应当知道其合法权益受到损害之日起6个月内,向上一级人民法院申请再审。

2. 申请再审的立案:(1)当事人主张的再审事由成立,且符合行政诉讼法及其解释规定的申请再审条件的,人民法院应当裁定再审。(2)当事人主张的再审事由不成立,或者当事人申请再审超过法定申请再审期限、超出法定再审事由范围等不符合规定的申请再审条件的,人民法院应当裁定驳回再审申请。(3)人民法院准许撤回再审申请或者按撤回再审申请处理后,再审申请人再次申请再审的,不予立案,但有申请再审的法定情形且自知道或者应当知道之日起6个月内提出的除外。(4)当事人申请再审的,应当提交再审申请书等材料。人民法院认为有必要的,可以自收到再审申请书之日起5日内将再审申请书副本发送对方当事人。对方当事人应当自收到再审申请书副本之日起15日内提交书面意见。人民法院可以要求申请人和对方当事人补充有关材料,询问有关事项。(5)审查再审申请期间,被申请人及原审其他当事人依法提出再审申请的,人民法院应当将其列为再审申请人,对其再审事由一并审查,审查期限重新计算。经审查,其中一方再审申请人主张的再审事由成立的,应当裁定再审。各方再审申请人主张的再审事由均不成立的,一并裁定驳回再审申请。

3. 申请再审的撤回:(1)审查再审申请期间,再审申请人撤回再审申请的,是否准许,由人民法院裁定。(2)再审申请人经传票传唤,无正当理由拒不接受询问的,按撤回再审申请处理。①

---

① 《最高人民法院关于适用〈中华人民共和国行政诉讼法〉的解释》(2018),第30条、第110~111条、第114~116条。

（三）审监再审

1. 人民法院裁定准许原告撤诉的案件，准予撤诉的裁定确有错误，原告申请再审的，人民法院应当通过审判监督程序撤销原准予撤诉的裁定，重新对案件进行审理。

2. 按照审判监督程序决定再审的案件，裁定中止原判决、裁定、调解书的执行。

3. 人民法院按照审判监督程序再审的案件，发生法律效力的判决、裁定是由第一审法院作出的，按照第一审程序审理，所作的判决、裁定，当事人可以上诉；发生法律效力的判决、裁定是由第二审法院作出的，按照第二审程序审理，所作的判决、裁定，是发生法律效力的判决、裁定；上级人民法院按照审判监督程序提审的，按照第二审程序审理，所作的判决、裁定是发生法律效力的判决、裁定。

4. 人民法院审理再审案件，应当另行组成合议庭。①

（四）抗诉再审

1. 有下列 3 种情形之一的，当事人可以向人民检察院申请抗诉：(1) 人民法院驳回再审申请的；(2) 人民法院逾期未对再审申请作出裁定的；(3) 再审判决、裁定有明显错误的。人民法院基于抗诉作出再审判决、裁定后，当事人申请再审的，人民法院不予立案。

2. 人民检察院提出抗诉的案件，接受抗诉的人民法院应当自收到抗诉书之日起 30 日内作出再审的裁定；有申请再审的法定情形的，可以指令下一级人民法院再审，但经该下一级人民法院再审过的除外。人民法院在审查抗诉材料期间，当事人之间已经达成和解协议的，人民法院可以建议人民检察院撤回抗诉。

3. 人民检察院提出抗诉的案件，人民法院再审开庭时，应当在开庭 3 日前

---

① 《最高人民法院关于适用〈中华人民共和国行政诉讼法〉的解释》(2018)，第 60 条、第 118～119 条。

通知人民检察院派员出庭。①

（五）再审范围

1. 人民法院审理再审案件应当围绕再审请求和被诉行政行为合法性进行。当事人的再审请求超出原审诉讼请求，符合另案诉讼条件的，告知当事人可以另行起诉。

2. 被申请人及原审其他当事人在庭审辩论结束前提出的再审请求，符合本解释规定的申请期限的，人民法院应当一并审理。

3. 人民法院经再审，发现已经发生法律效力的判决、裁定损害国家利益、社会公共利益、他人合法权益的，应当一并审理。②

（六）再审处理

1. 人民法院审理再审案件，认为原生效判决、裁定确有错误，在撤销原生效判决或者裁定的同时，可以对生效判决、裁定的内容作出相应裁判，也可以裁定撤销生效判决或者裁定，发回作出生效判决、裁定的人民法院重新审理。

2. 人民法院审理二审案件和再审案件，对原审法院立案、不予立案或者驳回起诉错误的，应当分别情况作3种处理：(1)第一审人民法院作出实体判决后，第二审人民法院认为不应当立案的，在撤销第一审人民法院判决的同时，可以径行驳回起诉；(2)第二审人民法院维持第一审人民法院不予立案裁定错误的，再审法院应当撤销第一审、第二审人民法院裁定，指令第一审人民法院受理；(3)第二审人民法院维持第一审人民法院驳回起诉裁定错误的，再审法院应当撤销第一审、第二审人民法院裁定，指令第一审人民法院审理。③

（七）再审期限

1. 再审案件按照第一审程序或者第二审程序审理的，应当自再审立案的次日起6个月内或者3个月内作出再审判决。

2. 人民法院应当自再审申请案件立案之日起6个月内审查，有特殊情况需

---

① 《最高人民法院关于适用〈中华人民共和国行政诉讼法〉的解释》(2018)，第117条、第124~125条。

② 《最高人民法院关于适用〈中华人民共和国行政诉讼法〉的解释》(2018)，第120条。

③ 《最高人民法院关于适用〈中华人民共和国行政诉讼法〉的解释》(2018)，第122~123条。

要延长的，由本院院长批准。①

三、知识产权刑事讼再审程序

(一)启动主体

1. 法院：(1)各级人民法院院长对本院已经发生法律效力的判决和裁定，如果发现在认定事实上或者在适用法律上确有错误，必须提交审判委员会讨论决定是否再审。(2)最高人民法院对各级人民法院已经发生法律效力的判决和裁定，如果发现确有错误，有权提审或者指令下级人民法院再审。(3)上级人民法院发现下级人民法院已经发生法律效力的判决、裁定确有错误的，可以指令下级人民法院再审；原判决、裁定认定事实正确但适用法律错误，或者案件疑难、复杂、重大，或者有不宜由原审人民法院审理情形的，也可以提审。

2. 上级人民法院指令下级人民法院再审的，一般应当指令原审人民法院以外的下级人民法院审理；由原审人民法院审理更有利于查明案件事实、纠正裁判错误的，可以指令原审人民法院审理。

3. 检察院：(1)最高人民检察院对各级人民法院已经发生法律效力的判决和裁定，上级人民检察院对下级人民法院已经发生法律效力的判决和裁定，如果发现确有错误，有权按照审判监督程序向同级人民法院提出抗诉。(2)人民检察院抗诉的案件，接受抗诉的人民法院应当组成合议庭重新审理，对于原判决事实不清楚或者证据不足的，可以指令下级人民法院再审。

4. 当事人：(1)当事人及其法定代理人、近亲属，对已经发生法律效力的判决、裁定，可以向人民法院或者人民检察院提出申诉。(2)案外人认为已经发生法律效力的判决、裁定侵害其合法权益，也可以提出申诉。②

(二)申请再审

1. 当事人及其法定代理人、近亲属的申诉符合下列5种情形之一的，人民法院应当重新审判：(1)有新的证据证明原判决、裁定认定的事实确有错误，可

---

① 《中华人民共和国行政诉讼法》(2017)，第81条、第88条；《最高人民法院关于适用〈中华人民共和国行政诉讼法〉的解释》(2018)，第50条、第112条。

② 《中华人民共和国刑事诉讼法》(2018)，第252条、第254条；《最高人民法院关于适用〈中华人民共和国刑事诉讼法〉的解释》(2012)，第371条、第378～379条。

能影响定罪量刑。其中,“新的证据”包括:①原判决、裁定生效后新发现的证据;②原判决、裁定生效前已经发现,但未予收集的证据;③原判决、裁定生效前已经收集,但未经质证的证据;④原判决、裁定所依据的鉴定意见,勘验、检查等笔录或者其他证据被改变或者否定的。(2)据以定罪量刑的证据不确实、不充分、依法应当予以排除,或者证明案件事实的主要证据之间存在矛盾。(3)原判决、裁定适用法律确有错误。(4)违反法律规定的诉讼程序,可能影响公正审判。(5)审判人员在审理该案件的时候,有贪污受贿,徇私舞弊,枉法裁判行为。

2. 向人民法院申诉,应当提交以下材料:(1)申诉状。应当写明当事人的基本情况、联系方式以及申诉的事实与理由。(2)原一审、二审判决书、裁定书等法律文书。经过人民法院复查或者再审的,应当附有驳回通知书、再审决定书、再审判决书、裁定书。(3)其他相关材料。以有新的证据证明原判决、裁定认定的事实确有错误为由申诉的,应当同时附有相关证据材料;申请人民法院调查取证的,应当附有相关线索或者材料。

3. 申诉由终审人民法院审查处理。但是,第二审人民法院裁定准许撤回上诉的案件,申诉人对第一审判决提出申诉的,可以由第一审人民法院审查处理。上一级人民法院对未经终审人民法院审查处理的申诉,可以告知申诉人向终审人民法院提出申诉,或者直接交终审人民法院审查处理,并告知申诉人;案件疑难、复杂、重大的,也可以直接审查处理。对未经终审人民法院及其上一级人民法院审查处理,直接向上级人民法院申诉的,上级人民法院可以告知申诉人向下级人民法院提出。

4. 经审查,具有下列9种情形之一的,应当根据法律规定,决定重新审判:(1)有新的证据证明原判决、裁定认定的事实确有错误,可能影响定罪量刑的;(2)据以定罪量刑的证据不确实、不充分、依法应当排除的;(3)证明案件事实的主要证据之间存在矛盾的;(4)主要事实依据被依法变更或者撤销的;(5)认定罪名错误的;(6)量刑明显不当的;(7)违反法律关于溯及力规定的;(8)违反法律规定的诉讼程序,可能影响公正裁判的;(9)审判人员在审理该案件时有贪污受贿、徇私舞弊、枉法裁判行为的。

5. 申诉人对驳回申诉不服的,可以向上一级人民法院申诉。上一级人民法院经审查认为申诉不符合规定的,应当说服申诉人撤回申诉;对仍然坚持申诉的,应当驳回或者通知不予重新审判。

6. 对立案审查的申诉案件,应当在 3 个月内作出决定,至迟不得超过 6 个月。①

(三)审监再审

1. 上级人民法院指令下级人民法院再审的,应当指令原审人民法院以外的下级人民法院审理;由原审人民法院审理更为适宜的,也可以指令原审人民法院审理。

2. 人民法院按照审判监督程序重新审判的案件,由原审人民法院审理的,应当另行组成合议庭进行。如果原来是第一审案件,应当依照第一审程序进行审判,所作的判决、裁定,可以上诉、抗诉;如果原来是第二审案件,或者是上级人民法院提审的案件,应当依照第二审程序进行审判,所作的判决、裁定,是终审的判决、裁定。人民法院开庭审理的再审案件,同级人民检察院应当派员出席法庭。

3. 对决定依照审判监督程序重新审判的案件,除人民检察院抗诉的以外,人民法院应当制作再审决定书。再审期间不停止原判决、裁定的执行,但被告人可能经再审改判无罪或者可能经再审减轻原判刑罚而致刑期届满的,可以决定中止原判决、裁定的执行。②

(四)抗诉再审

1. 对人民检察院依照审判监督程序提出抗诉的案件,人民法院应当在收到抗诉书后 1 个月内立案。但是,有下列 3 种情形之一的,应当区别情况予以处理:(1)对不属于本院管辖的,应当将案件退回人民检察院;(2)按照抗诉书提供的住址无法向被抗诉的原审被告人送达抗诉书的,应当通知人民检察院

---

① 《中华人民共和国刑事诉讼法》(2018),第 253 条;《最高人民法院关于适用〈中华人民共和国刑事诉讼法〉的解释》(2012),第 372 ~ 373 条、第 375 ~ 377 条。

② 《中华人民共和国刑事诉讼法》(2018),第 255 ~ 256 条;《最高人民法院关于适用〈中华人民共和国刑事诉讼法〉的解释》(2012),第 382 条。

在3日内重新提供原审被告人的住址;逾期未提供的,将案件退回人民检察院;(3)以有新的证据为由提出抗诉,但未附相关证据材料或者有关证据不是指向原起诉事实的,应当通知人民检察院在3日内补送相关材料;逾期未补送的,将案件退回人民检察院。决定退回的抗诉案件,人民检察院经补充相关材料后再次抗诉,经审查符合受理条件的,人民法院应当受理。

2. 对人民检察院依照审判监督程序提出抗诉的案件,接受抗诉的人民法院应当组成合议庭审理。对原判事实不清、证据不足,包括有新的证据证明原判可能有错误,需要指令下级人民法院再审的,应当在立案之日起1个月内作出决定,并将指令再审决定书送达抗诉的人民检察院。①

(五)再审范围

依照审判监督程序重新审判的案件,人民法院应当重点针对申诉、抗诉和决定再审的理由进行审理。必要时,应当对原判决、裁定认定的事实、证据和适用法律进行全面审查。②

(六)再审方式

1. 原审人民法院审理依照审判监督程序重新审判的案件,应当另行组成合议庭。

2. 原来是第一审案件,应当依照第一审程序进行审判,所作的判决、裁定可以上诉、抗诉。

3. 原来是第二审案件,或者是上级人民法院提审的案件,应当依照第二审程序进行审判,所作的判决、裁定是终审的判决、裁定。

4. 对原审被告人、原审自诉人已经死亡或者丧失行为能力的再审案件,可以不开庭审理。

5. 开庭审理的再审案件,再审决定书或者抗诉书只针对部分原审被告人,其他同案原审被告人不出庭不影响审理的,可以不出庭参加诉讼。③

---

① 《最高人民法院关于适用〈中华人民共和国刑事诉讼法〉的解释》(2012),第380~381条。

② 《最高人民法院关于适用〈中华人民共和国刑事诉讼法〉的解释》(2012),第383条。

③ 《最高人民法院关于适用〈中华人民共和国刑事诉讼法〉的解释》(2012),第384~385条。

（七）再审处理

1. 除人民检察院抗诉的以外，再审一般不得加重原审被告人的刑罚。再审决定书或者抗诉书只针对部分原审被告人的，不得加重其他同案原审被告人的刑罚。

2. 人民法院审理人民检察院抗诉的再审案件，人民检察院在开庭审理前撤回抗诉的，应当裁定准许；人民检察院接到出庭通知后不派员出庭，且未说明原因的，可以裁定按撤回抗诉处理，并通知诉讼参与人。人民法院审理申诉人申诉的再审案件，申诉人在再审期间撤回申诉的，应当裁定准许；申诉人经依法通知无正当理由拒不到庭，或者未经法庭许可中途退庭的，应当裁定按撤回申诉处理，但申诉人不是原审当事人的除外。

3. 再审案件经过重新审理后，应当区分5种情形进行处理：(1)原判决、裁定认定事实和适用法律正确、量刑适当的，应当裁定驳回申诉或者抗诉，维持原判决、裁定；(2)原判决、裁定定罪准确、量刑适当，但在认定事实、适用法律等方面有瑕疵的，应当裁定纠正并维持原判决、裁定；(3)原判决、裁定认定事实没有错误，但适用法律错误，或者量刑不当的，应当撤销原判决、裁定，依法改判；(4)原判决、裁定事实不清或者证据不足，经审理事实已经查清的，应当根据查清的事实依法裁判；事实仍无法查清，证据不足，不能认定被告人有罪的，应当撤销原判决、裁定，判决宣告被告人无罪；(5)依照第二审程序审理的案件，原判决、裁定事实不清或者证据不足的，可以在查清事实后改判，也可以裁定撤销原判，发回原审人民法院重新审判。

4. 原判决、裁定认定被告人姓名等身份信息有误，但认定事实和适用法律正确、量刑适当的，作出生效判决、裁定的人民法院可以通过裁定对有关信息予以更正。

5. 对再审改判宣告无罪并依法享有申请国家赔偿权利的当事人，人民法院宣判时，应当告知其在判决发生法律效力后可以依法申请国家赔偿。①

---

① 《最高人民法院关于适用〈中华人民共和国刑事诉讼法〉的解释》(2012)，第386～387条、第389～391条。

(八)再审期限

1. 人民法院按照审判监督程序重新审判的案件,接受抗诉的人民法院按照审判监督程序审判抗诉的案件,应当在作出提审、再审决定之日起3个月以内审结,需要延长期限的,不得超过6个月。

2. 接受抗诉的人民法院按照审判监督程序审判抗诉的案件,对需要指令下级人民法院再审的,应当自接受抗诉之日起1个月以内作出决定。①

第四节　知识产权授权确权程序

我国知识产权授权确权程序包括两个阶段:(1)行政审查决定阶段,对驳回知识产权申请的行政决定不服的,向相应知识产权行政机关请求复审;认为已授权的知识产权不符合有关规定的,向相应知识产权行政机关请求宣告其无效。(2)司法审查裁判阶段,对相应知识产权行政机关作出的复审决定或者无效宣告决定不服的,向指定的北京知识产权法院提起行政诉讼;对北京知识产权法院作出的一审裁判不服的,向最高人民法院知识产权法庭提起上诉。其中,司法审查裁判阶段的行政诉讼程序在前文已述,本节只介绍行政审查决定阶段的复审和无效宣告程序,因其作为前置程序对知识产权司法保护质效具有重要影响。另外,需要授权确权的知识产权主要有专利、商标、植物新品种,其中专利授权确权的行政审查决定程序最为典型,因而本节内容进一步集中为专利申请复审程序和专利无效宣告程序。

一、专利申请复审程序

(一)复审主体

1. 国家知识产权局设立专利复审委员会。专利复审委员会设主任委员、副主任委员、复审委员、兼职复审委员、复审员和兼职复审员,其中主任委员由国家知识产权局局长兼任,副主任委员、复审委员和兼职复审委员由局长从局内

① 《中华人民共和国刑事诉讼法》(2018),第258条。

有经验的技术和法律专家中任命,复审员和兼职复审员由局长从局内有经验的审查员和法律人员中聘任。

2. 专利复审委员会负责对复审请求案件进行受理、审查和作出决定。复审请求案件包括对初步审查和实质审查程序中驳回专利申请的决定不服而请求复审的案件。专利申请人对国家知识产权局专利局驳回申请的决定不服的,可以自收到通知之日起3个月内,向专利复审委员会请求复审。专利申请人对专利复审委员会的复审决定不服的,可以自收到通知之日起3个月内向人民法院起诉,专利复审委员会可出庭应诉。①

(二)复审原则

1. 请求原则:专利申请复审程序应当基于当事人的请求启动。请求人在专利复审委员会作出复审请求审查决定前撤回其请求的,其启动的审查程序终止。

2. 依职权审查原则:专利复审委员会可以对所审查的案件依职权进行审查,而不受当事人请求的范围和提出的理由、证据的限制。

3. 听证原则:在作出审查决定之前,应当给予审查决定对其不利的当事人针对审查决定所依据的理由、证据和认定的事实陈述意见的机会。

4. 公开原则:除了根据国家法律、法规等规定需要保密的案件(包括专利申请人不服初审驳回提出复审请求的案件)以外,其他各种案件的口头审理应当公开举行,审查决定应当公开出版发行。②

(三)复审范围

专利申请复审程序是因专利申请人对驳回决定不服而启动的救济程序,同时也是专利审批程序的延续。因此,一方面,专利复审委员会一般仅针对驳回决定所依据的理由和证据进行审查,不承担对专利申请全面审查的义务;另一方面,为了提高专利授权的质量,避免不合理地延长审批程序,专利复审委

---

① 《中华人民共和国专利法》(2008),第41条;《中华人民共和国专利法实施细则》(2010),第59条;国家知识产权局:《专利审查指南》(2019),第4部分第1章第1节。

② 《中华人民共和国专利法》(2008),第21条第1款、第41条第1款;《中华人民共和国专利法实施细则》(2010),第7条、第64条;国家知识产权局:《专利审查指南》(2019),第4部分第1章第2节。

员会可以依职权对驳回决定未提及的明显实质性缺陷进行审查。①

（四）复审组织

1. 合议审查

（1）专利复审委员会合议审查的案件，应当由 3 或 5 人组成的合议组负责审查，其中包括组长 1 人、主审员 1 人、参审员 1 或 3 人。

（2）对 3 种案件，应当组成 5 人合议组：①在国内或者国外有重大影响的案件；②涉及重要疑难法律问题的案件；③涉及重大经济利益的案件。由 5 人组成合议组审查的案件，在组成 5 人合议组之前没有进行过口头审理的，应当进行口头审理。

2. 独任审查

对于简单的案件，可以由 1 人独任审查。②

（五）形式审查

1. 复审客体

对国家知识产权局专利局作出的驳回决定不服的，专利申请人可以向专利复审委员会提出复审请求。复审请求不是针对专利局作出的驳回决定的，不予受理。

2. 请求人资格

（1）被驳回申请的专利申请人可以向专利复审委员会提出复审请求。复审请求人不是被驳回申请的专利申请人的，其复审请求不予受理。

（2）被驳回申请的申请人属于共同申请人的，如果复审请求人不是全部申请人，专利复审委员会应当通知复审请求人在指定期限内补正；期满未补正的，其复审请求视为未提出。

3. 复审期限

在收到专利局作出的驳回决定之日起 3 个月内，专利申请人可以向专利复审委员会提出复审请求；提出复审请求的期限不符合规定的，复审请求不予

---

① 国家知识产权局：《专利审查指南》（2019），第 4 部分第 2 章第 1 节。

② 《中华人民共和国专利法实施细则》（2010），第 37 条；国家知识产权局：《专利审查指南》（2019），第 4 部分第 1 章第 3 ~ 4 节。

受理。

4. 文件形式

(1)复审请求人应当提交复审请求书,说明理由,必要时还应当附具有关证据。

(2)复审请求书应当符合规定的格式,否则应当通知复审请求人在指定期限内补正;期满未补正或者在指定期限内补正但经两次补正后仍存在同样缺陷的,复审请求视为未提出。

5. 复审费用

复审请求人在收到驳回决定之日起3个月内提出了复审请求,但在此期限内未缴纳或者未缴足复审费的,其复审请求视为未提出。

6. 委托手续

对于根据规定应当委托专利代理机构的复审请求人,未按规定委托的,其复审请求不予受理。

7. 形式审查通知书

(1)复审请求经形式审查不符合有关规定需要补正的,专利复审委员会应当发出补正通知书,要求复审请求人在收到通知书之日起15日内补正。

(2)复审请求视为未提出或者不予受理的,专利复审委员会应当发出复审请求视为未提出通知书或者复审请求不予受理通知书,通知复审请求人。

(3)复审请求经形式审查符合有关规定的,专利复审委员会应当发出复审请求受理通知书,通知复审请求人。①

(六)前置审查

1. 前置审查程序的启动

(1)经形式审查合格的复审请求书,应当将之连同案卷一并转交作出驳回决定的原审查部门进行前置审查。

(2)原审查部门应当提出前置审查意见,作出前置审查意见书。除特殊情

---

① 《中华人民共和国专利法》(2008),第41条第1款;《中华人民共和国专利法实施细则》(2010),第15条第3款、第60条、第93~94条;国家知识产权局:《专利审查指南》(2019),第4部分第2章第2节。

况外，前置审查应当在收到案卷后1个月内完成。

2. 有关文本、证据和理由

(1)复审请求人提交修改文本的，原审查部门经审查认为修改符合规定的，应当以修改文本为基础进行前置审查。

(2)复审请求人提交新证据或者陈述新理由的，原审查部门应当对该证据或者理由进行审查。

(3)原审查部门在前置审查意见中原则上不得补充驳回理由和证据。

3. 前置审查意见的类型

(1)复审请求成立，同意撤销驳回决定。

(2)复审请求人提交的申请文件修改文本克服了申请中存在的缺陷，同意在修改文本的基础上撤销驳回决定。

(3)复审请求人陈述的意见和提交的申请文件修改文本不足以使驳回决定被撤销，因而坚持驳回决定。①

(七)合议审查

1. 理由和证据的审查

(1)在专利申请复审程序中，合议组一般仅针对驳回决定所依据的理由和证据进行审查。

(2)在合议审查中，合议组可以引入所属技术领域的公知常识，或者补充相应的技术词典、技术手册、教科书等所属技术领域中的公知常识性证据。

2. 修改文本的审查

(1)在提出复审请求、答复复审通知书(包括复审请求口头审理通知书)或者参加口头审理时，复审请求人可以对申请文件进行修改。

(2)复审请求人对申请文件的修改应当仅限于消除驳回决定或者合议组指出的缺陷。

3. 合议审查方式

(1)针对一项复审请求，合议组可以采取书面审理、口头审理或者书面审

---

① 《中华人民共和国专利法实施细则》(2010)，第62条；国家知识产权局：《专利审查指南》(2019)，第4部分第2章第3节。

理与口头审理相结合的方式进行审查。

(2)有下列4种情形之一的,合议组应当发出复审通知书(包括复审请求口头审理通知书)或者进行口头审理:①复审决定将维持驳回决定。②需要复审请求人修改申请文件,才有可能撤销驳回决定。③需要复审请求人进一步提供证据或者对有关问题予以说明。④需要引入驳回决定未提出的理由或者证据。

(3)针对合议组发出的复审通知书,复审请求人应当在收到该通知书之日起1个月内针对通知书指出的缺陷进行书面答复;期满未进行书面答复的,其复审请求视为撤回。复审请求人提交无具体答复内容的意见陈述书的,视为对复审通知书中的审查意见无反对意见。

(4)针对合议组发出的复审请求口头审理通知书,复审请求人应当参加口头审理或者在收到该通知书之日起1个月内针对通知书指出的缺陷进行书面答复。①

(八)口头审理

1. 口头审理的确定

复审请求人向专利复审委员会以书面方式提出进行口头审理的请求,并且说明理由:(1)需要当面向合议组说明事实或者陈述理由。(2)需要实物演示。

2. 口头审理的通知

(1)确定需要进行口头审理的,合议组向复审请求人发出口头审理通知书,通知进行口头审理的日期、地点以及口头审理拟调查的事项。合议组认为专利申请不符合有关规定的,可以随口头审理通知书将其具体事实、理由和证据告知复审请求人。

(2)合议组在口头审理通知书中告知复审请求人,可以选择参加口头审理进行口头答辩,或者在指定的期限内进行书面意见陈述。复审请求人应当在

---

① 《中华人民共和国专利法》(2008),第33条;《中华人民共和国专利法实施细则》(2010),第61条第1款、第63条第1款;国家知识产权局:《专利审查指南》(2019),第4部分第2章第4节。

收到口头审理通知书之日起7日内提交口头审理通知书回执,并在回执中明确表示是否参加口头审理;逾期未提交回执的,视为不参加口头审理。表示参加口头审理的,应当写明参加口头审理人员的姓名。要求委派出具过证言的证人就其证言出庭作证的,应当在口头审理通知书回执中声明,并且写明该证人的姓名、工作单位(或者职业)和要证明的事实。

(3)参加口头审理的每方当事人及其代理人的数量不得超过4人。回执中写明的参加口头审理人员不足4人的,可以在口头审理开始前指定其他人参加口头审理。一方有多人参加口头审理的,应当指定其中之一作为第一发言人进行主要发言。

(4)口头审理通知书中已经告知该专利申请不符合有关规定的具体事实、理由和证据的,如果复审请求人既未出席口头审理,也未在指定的期限内进行书面意见陈述,其复审请求视为撤回。

3. 口头审理前的准备

在口头审理开始前,合议组应当完成的工作包括:

(1)阅读和研究案卷,了解案情,掌握争议的焦点和需要调查、辩论的主要问题。

(2)举行口头审理前的合议组会议,研究确定合议组成员在口头审理中的分工,调查的顺序和内容,应当重点查清的问题,以及口头审理中可能出现的各种情况及处置方案。

(3)准备必要的文件。

(4)口头审理两天前公告进行该口头审理的有关信息(口头审理不公开进行的除外)。

4. 口头审理的进行

(1)口头审理第一阶段

①合议组核对参加口头审理人员的身份证件,并确认其是否有参加口头审理的资格。

②口头审理由合议组组长主持,宣布口头审理开始后,介绍合议组成员。

③由当事人介绍出席口头审理的人员。

④合议组组长宣读当事人的权利和义务。

⑤合议组组长询问当事人是否请求审案人员回避，是否请证人作证和请求演示物证。

(2)口头审理第二阶段

必要时，由合议组成员简要介绍案情；然后，开始进行口头审理调查。口头审理调查的主要程序如下：

①合议组告知复审请求人口头审理调查的事项。

②由复审请求人进行陈述。

③复审请求人当庭提交修改文本的，合议组审查该修改文本是否符合有关规定。

④为了全面、客观地查清案件事实，合议组成员可以就有关事实和证据向当事人或者证人提问，也可以要求当事人或者证人作出解释。

(3)口头审理第三阶段

在口头审理调查后，合议组可以就有关问题发表倾向性意见，必要时将其认为专利申请不符合有关规定的具体事实、理由和证据告知复审请求人，并听取复审请求人的意见。

(4)口头审理第四阶段

在口头审理过程中，合议组可以根据案情需要休庭合议。

①合议组组长宣布暂时休庭，合议组进行合议。

②重新开始口头审理，合议组组长宣布口头审理结论，可以是审查决定的结论，也可以是其他结论。

5. 口头审理的终止

(1)对于事实已经调查清楚、可以作出审查决定并且不属于需要经过主任委员或者副主任委员审核批准的案件，合议组可以当场宣布审查决定的结论，并由合议组组长宣布口头审理终止。

(2)对于经口头审理拟当场宣布审查决定结论的案件，需要经主任委员或者副主任委员审核批准的，应当在批准后宣布审查决定的结论，并由合议组组长宣布口头审理终止。

(3)合议组不当场宣布审查决定结论的,由合议组组长作简要说明。①

(九)复审决定

1.复审决定的类型

复审请求审查决定(简称复审决定)分为下列3种类型:

(1)复审请求不成立,维持驳回决定。

(2)复审请求成立,撤销驳回决定。主要针对3种情形:①驳回决定适用法律错误;②驳回理由缺少必要的证据支持;③审查违反法定程序。

(3)专利申请文件经复审请求人修改,克服了驳回决定所指出的缺陷,在修改文本的基础上撤销驳回决定。

2.复审决定的审批

(1)合议组应当对复审决定的事实认定、法律适用、结论以及决定文件的形式和文字负全面责任,案件的审批者对复审决定的法律适用及结论负审批责任。

(2)合议组作出的复审决定,3种案件须经主任委员或者副主任委员审核批准:①组成5人合议组复审的案件;②合议组的表决意见不一致的案件;③专利复审委员会的复审决定被法院的判决撤销后,重新作出决定的案件。

(3)负责审批合议组决定的主任委员或者副主任委员不同意合议组作出的复审决定时,可以提出意见并指示合议组重新合议;合议组重新合议后,与主任委员或者副主任委员的意见仍不一致的,主任委员或者至少两位副主任委员认为有必要在较大范围内进行研究的,应当召开有2/3以上的主任委员、副主任委员和复审委员参加的会议进行讨论,按照与会人员1/2以上的多数意见处理。

3.复审决定的构成

(1)著录项目:包括决定号、决定日、发明创造名称、国际分类号(或者外观设计分类号)、复审请求人、申请号、申请日、发明专利申请的公开日和合议组成员。

---

① 《中华人民共和国专利法实施细则》(2010),第63条第1款;国家知识产权局:《专利审查指南》(2019),第4部分第4章。

(2)法律依据:复审决定的理由所涉及的法律、法规条款。

(3)决定要点:决定正文中理由部分的实质性概括和核心论述。

(4)决定案由:按照时间顺序叙述复审请求的提出、范围、理由、证据、受理,文件的提交、转送,审查过程以及主要争议等情况。

(5)决定理由:阐明审查决定所依据的法律、法规条款的规定,得出审查结论所依据的事实,并且具体说明所述条款对该案件的适用。

(6)决定结论:给出具体的审查结论,并且对后续程序的启动、时限和受理单位等给出明确、具体的指示。

(7)附图:对于涉及外观设计的审查决定,根据需要使用外观设计的图片或者照片作为审查决定的附图。

4. 复审决定被判决撤销

(1)复审请求审查决定被人民法院的生效判决撤销后,专利复审委员会应当重新作出审查决定。

(2)因主要证据不足或者法律适用错误导致审查决定被撤销的,不得以相同的理由和证据作出与原决定相同的决定。

(3)因违反法定程序导致审查决定被撤销的,根据人民法院的判决,在纠正程序错误的基础上,重新作出审查决定。

5. 复审决定的约束力

复审决定撤销原审查部门作出的决定的,专利复审委员会应当将有关的案卷返回原审查部门,由原审查部门继续审批程序。原审查部门应当执行专利复审委员会的决定,不得以同样的事实、理由和证据作出与该复审决定意见相反的决定。①

(十)复审程序终止

1. 复审请求因期满未答复而被视为撤回的,复审程序终止。

2. 在作出复审决定前,复审请求人撤回其复审请求的,复审程序终止。

3. 已受理的复审请求因不符合受理条件而被驳回请求的,复审程序终止。

---

① 国家知识产权局:《专利审查指南》(2019),第4部分第1章第6节、第8节,第2章第5节。

4. 复审决定作出后复审请求人不服该决定的，可以在收到复审决定之日起3个月内向人民法院起诉；在规定的期限内未起诉或者人民法院的生效判决维持该复审决定的，复审程序终止。[①]

二、专利无效宣告程序

（一）无效审查主体

同复审主体，此处不再重述。

（二）无效审查原则

在专利无效宣告程序中，除了适用复审原则外，还应当遵循一事不再理原则、当事人处置原则和保密原则。

1. 一事不再理原则

对已作出审查决定的无效宣告案件涉及的专利权，以同样的理由和证据再次提出无效宣告请求的，不予受理和审理。

2. 当事人处置原则

（1）请求人可以放弃全部或者部分无效宣告请求的范围、理由及证据。

（2）在无效宣告程序中，当事人有权自行与对方和解。

（3）在无效宣告程序中，专利权人可以针对请求人提出的无效宣告请求主动缩小专利权保护范围。

（4）在无效宣告程序中，专利权人可以声明放弃部分权利要求或者多项外观设计中的部分项。

3. 保密原则

（1）在作出审查决定之前，合议组的成员不得私自将自己、其他合议组成员、负责审批的主任委员或副主任委员对该案件的观点，明示或者暗示给任何一方当事人。

（2）为了保证公正执法和保密，合议组成员原则上不得与一方当事人

---

① 《中华人民共和国专利法》（2008），第41条第2款；《中华人民共和国专利法实施细则》（2010），第63条第1款、第64条；国家知识产权局：《专利审查指南》（2019），第4部分第2章第9节。

会晤。①

（三）形式审查

1. 无效客体

无效宣告请求的客体应当是已经公告授权的专利，包括已经终止或者放弃（自申请日起放弃的除外）的专利。

2. 请求人资格

（1）以授予专利权的外观设计与他人在申请日以前已经取得的合法权利相冲突为理由请求宣告外观设计专利权无效，但请求人不能证明是在先权利人或者利害关系人的，其无效宣告请求不予受理。

（2）专利权人针对其专利权提出无效宣告请求且请求宣告专利权全部无效、所提交的证据不是公开出版物或者请求人不是共有专利权的所有专利权人的，其无效宣告请求不予受理。

（3）多个请求人共同提出一件无效宣告请求的，其无效宣告请求不予受理，但属于所有专利权人针对其共有的专利权提出的除外。

3. 无效范围、理由和证据

（1）无效宣告请求书中应当明确无效宣告请求范围。

（2）无效宣告理由仅限于专利法实施细则第 65 条第 2 款规定的理由，并且应当以专利法及其实施细则中有关的条、款、项作为独立的理由提出。

（3）请求人应当具体说明无效宣告理由，提交有证据的应当结合提交的所有证据具体说明。

4. 文件形式

无效宣告请求书及其附件应当一式两份，并符合规定的格式；不符合规定格式的，应当通知请求人在指定期限内补正；期满未补正或者在指定期限内补正但经两次补正后仍存在同样缺陷的，无效宣告请求视为未提出。

5. 无效费用

请求人自提出无效宣告请求之日起 1 个月内未缴纳或者未缴足无效宣告

---

①　国家知识产权局：《专利审查指南》（2019），第 4 部分第 1 章第 2 节、第 3 章第 2 节。

请求费的,其无效宣告请求视为未提出。

6. 委托手续

(1)专利权人在无效宣告程序中委托专利代理机构的,应当在委托书中写明委托权限仅限于办理无效宣告程序有关事务。

(2)对于根据规定应当委托专利代理机构的请求人,未按规定委托的,其无效宣告请求不予受理。

(3)代理人需要特别授权的情形:①专利权人的代理人代为承认请求人的无效宣告请求,代为修改权利要求书;②请求人的代理人代为撤回无效宣告请求;③代理人代为和解。

7. 形式审查通知书

(1)无效宣告请求经形式审查不符合有关规定需要补正的,应当发出补正通知书,要求请求人在收到通知书之日起 15 日内补正。

(2)无效宣告请求视为未提出或者不予受理的,应当发出无效宣告请求视为未提出通知书或者无效宣告请求不予受理通知书,通知请求人。

(3)无效宣告请求经形式审查符合有关规定的,应当向请求人和专利权人发出无效宣告请求受理通知书,并将无效宣告请求书和有关文件副本转送专利权人,要求其在收到该通知书之日起 1 个月内答复。

(4)受理的无效宣告请求需等待在先作出的专利权无效或部分无效的审查决定生效而暂时无法审查的,应当发出通知书通知请求人和专利权人;在先审查决定生效或者被人民法院生效判决予以撤销后,应当及时恢复审查。

(5)受理的无效宣告请求涉及专利侵权案件的,可以应人民法院、地方知识产权管理部门或者当事人的请求,向处理该专利侵权案件的人民法院或者地方知识产权管理部门发出无效宣告请求案件审查状态通知书。①

---

① 《中华人民共和国专利法》(2008),第 45 条;《中华人民共和国专利法实施细则》(2010),第 15 条第 3 款、第 65 ~66 条、第 68 条第 1 款、第 93 ~94 条、第 99 条第 3 款;国家知识产权局:《专利审查指南》(2019),第 4 部分第 3 章第 3 节。

(四)合议审查

1. 审查范围

(1)在无效宣告程序中,通常仅针对当事人提出的无效宣告请求的范围、理由和提交的证据进行审查,不承担全面审查专利有效性的义务。但请求人可以在提出无效宣告请求之日起1个月内增加无效理由,且在两种情形下不受1个月期限的限制:①专利权人以删除以外的方式修改权利要求,在指定期限内针对修改内容增加无效理由;②对明显与提交的证据不相对应的无效理由进行变更的。

(2)专利复审委员会可以依职权进行审查的情形:①无效理由明显与证据不相对应;②专利权明显不属于专利保护客体;③专利权存在缺陷而无法针对无效理由进行审查;④权利要求之间存在引用关系,未以同样的理由请求宣告无效;⑤权利要求之间存在引用关系,未指出其他权利要求存在相同性质的缺陷;⑥以修改超出原申请文件记载范围为无效理由效,但未提交原申请文件;⑦认定技术手段是否为公知常识,引入技术词典、技术手册、教科书等所属技术领域中的公知常识性证据。

2. 举证责任

(1)当事人举证

①举证责任的分配

a. 请求人举证:请求人可以在提出无效宣告请求之日起1个月内补充证据,且在两种情形下不受1个月期限的限制,第一种情形,针对专利权人提交的反证,请求人在指定的期限内补充证据;第二种情形,在口头审理辩论终结前提交技术词典、技术手册和教科书等所属技术领域中的公知常识性证据或者用于完善证据法定形式的公证文书、原件等证据。

b. 专利权人举证:专利权人应当在答复期限内提交证据,但对于技术词典、技术手册和教科书等所属技术领域中的公知常识性证据或者用于完善证据法定形式的公证文书、原件等证据,可以在口头审理辩论终结前补充。

②证据的提交

a. 外文证据的提交:当事人提交外文证据的,应当以书面方式提交中文译文。当事人仅提交外文证据的部分中文译文的，该外文证据中没有提交中文译文的部分不作为证据使用。对方当事人对中文译文内容有异议的，应当在指定的期限内对有异议的部分提交中文译文，否则视为无异议。双方当事人未能就异议部分达成一致意见的，必要时专利复审委员会可以委托翻译。委托翻译所需翻译费用由双方当事人各承担50%，拒绝支付的视为其承认对方当事人提交的中文译文正确。

b. 域外证据的证明手续：域外证据应当履行相关的证明手续，其中在外国形成的证据应当经所在国公证机关予以证明，并经我国驻该国使领馆予以认证，或者履行我国与该所在国订立的有关条约中规定的证明手续。

c. 物证的提交：当事人提交物证的，应当在举证期限内提交足以反映该物证客观情况的照片和文字说明，具体说明依据该物证所要证明的事实。

d. 延期举证：对于有证据表明因无法克服的困难在规定期限内不能提交的证据，当事人可以在该期限内书面请求延期提交。不允许延期提交明显不公平的，专利复审委员会应当允许延期提交。当事人延期提交物证的，应当如期提交足以反映该物证客观情况的照片和文字说明，但最迟在口头审理辩论终结前提交。

(2)专利复审委员会对证据的调查收集

①专利复审委员会一般不主动调查收集审查案件需要的证据。对当事人及其代理人确因客观原因不能自行收集的证据，应当事人在举证期限内提出的申请，专利复审委员会认为确有必要时，可以调查收集。

②专利复审委员会可以实地调查收集有关证据，也可以委托地方知识产权管理部门或者其他有关职能部门调查收集有关证据。

(3)证据的质证、审核、认定

①证据的质证：证据应当由当事人质证，围绕证据的关联性、合法性、真实性，针对证据证明力有无以及证明力大小，进行质疑、说明和辩驳。

②证据的审核：合议组对于当事人提交的证据，应当逐一进行审查和对全部证据综合进行审查。

③证据的认定：

a. 证人证言：证人应当陈述其亲历的具体事实，其根据其经历所作的判断、推测或者评论不能作为认定案件事实的依据。证人应当出席口头审理作证、接受质询，未能出席口头审理作证的证人所出具的书面证言不能单独作为认定案件事实的依据。

b. 公知常识：主张某技术手段是本领域公知常识的当事人，对其主张承担举证责任。当事人可以通过教科书或者技术词典、技术手册等工具书记载的技术内容来证明某项技术手段是本领域的公知常识。

c. 公证文书：一方当事人将公证文书作为证据提交时，有效公证文书所证明的事实，应当作为认定事实的依据，但有相反证据足以推翻公证证明的除外。如果公证文书在形式上存在严重缺陷，或者公证文书的结论明显缺乏依据，或者公证文书的内容存在自相矛盾之处，则相应部分不能作为认定案件事实的依据。

(4)其他

①互联网证据的公开时间：公众能够浏览互联网信息的最早时间为该互联网信息的公开时间，一般以互联网信息的发布时间为准。

②申请日后记载的使用公开或者口头公开：在判断使用公开或者口头公开的证据证明力时，形成于专利公开前(含公开日)的证据的证明力一般大于形成于专利公开后的证据的证明力。

3. 审查方式

(1)文件的转送

专利复审委员会根据案件审查需要将有关文件转送有关当事人。需要指定答复期限的，指定答复期限为1个月。当事人期满未答复的，视为当事人已得知转送文件中所涉及的事实、理由和证据，并且未提出反对意见。

(2)无效审查通知书

①发出无效宣告请求审查通知书的情形包括：a. 当事人主张的事实或者提交的证据不清楚或有疑问；b. 专利权人对其权利要求书主动提出的修改不符合有关规定；c. 需要依职权引入当事人未提及的理由或证据。

②审查通知书的内容所针对的有关当事人应当在收到该通知书之日起1个月内答复。期满未答复的,视为当事人已得知通知书中所涉及的事实、理由和证据,并且未提出反对意见。

(3)审查方式的选择

①专利权人未要求进行口头审理,专利复审委员会认为请求人提交的证据充分,其请求宣告专利权无效的理由成立的,可以直接作出宣告专利权无效的审查决定。

②专利复审委员会认为请求人请求宣告无效的范围部分成立,可能会作出宣告专利权部分无效的决定的,应当发出口头审理通知书,通过口头审理结案。

③专利权人在指定答复期限内专利权人作出答复,专利复审委员会认为专利权人提交的意见陈述理由充分,将会作出维持专利权的决定的,应当根据案情选择发出转送文件通知书或者无效宣告请求审查通知书进行书面审查,或者发出口头审理通知书随附转送文件通知书而通过口头审理结案。

④专利权人在指定答复期限内没有答复,专利复审委员会认为请求人提交的证据不充分,其请求宣告专利权无效的理由不成立,将会作出维持专利权的决定的,应当根据案情选择发出无效宣告请求审查通知书进行书面审查,或者发出口头审理通知书而通过口头审理结案。

4. 合并审理

为了提高审查效率和减少当事人负担,专利复审委员会可以对案件合并审理,其情形通常包括:

(1)针对一项专利权的多个无效宣告案件,尽可能合并口头审理。

(2)针对不同专利权的无效宣告案件,部分或者全部当事人相同且案件事实相互关联的,可以依据当事人书面请求或者自行决定合并口头审理。

5. 专利文件修改

(1)修改原则

专利文件的修改仅限于发明或者实用新型专利的权利要求书,并遵循4项原则:①不得改变原权利要求的主题名称;②与授权的权利要求相比,不得扩大原专利的保护范围;③不得超出原说明书和权利要求书记载的范围;④一般不得增加未包含在授权的权利要求书中的技术特征。

(2)修改方式

修改权利要求书的具体方式一般限于权利要求的删除、技术方案的删除、权利要求的进一步限定、明显错误的修正。其中,权利要求的删除是指从权利要求书中去掉某项或者某些项权利要求;技术方案的删除是指从同一权利要求中并列的两种以上技术方案中删除一种或者一种以上技术方案;权利要求的进一步限定是指在权利要求中补入其他权利要求中记载的一个或者多个技术特征,以缩小保护范围。

(3)修改方式的限制

在专利复审委员会作出审查决定之前,专利权人可以删除权利要求或其包含的技术方案,以删除以外的方式修改权利要求书仅限于下列3种情形:①针对无效宣告请求书;②针对请求人增加的无效宣告理由或者补充的证据;③针对专利复审委员会引入的请求人未提及的无效宣告理由或者证据。①

(五)口头审理

1.口头审理的确定

(1)有关当事人向专利复审委员会以书面方式提出进行口头审理的请求,并且说明理由:①当事人一方要求同对方当面质证和辩论;②需要当面向合议组说明事实;③需要实物演示;④需要请出具过证言的证人出庭作证。

(2)对于尚未进行口头审理的无效宣告案件,在审查决定作出前收到当事人提出口头审理请求的,合议组应当同意进行口头审理。合议组可以根据案情需要自行决定进行口头审理。针对同一案件已经进行过口头审理的,必要时可以再次进行口头审理。

2.口头审理的通知

(1)确定需要进行口头审理的,合议组向当事人发出口头审理通知书,通知进行口头审理的日期和地点等事项。

---

① 《中华人民共和国专利法实施细则》(2010),第3条、第67~69条;国家知识产权局:《专利审查指南》(2019),第4部分第3章第4节、第8章。

(2)当事人应当在收到口头审理通知之日起7日内提交口头审理通知书回执。无效宣告请求人期满未提交回执,并且不参加口头审理的,其无效宣告请求视为撤回。表示参加口头审理的,应当写明参加口头审理人员的姓名。要求委派出具过证言的证人就其证言出庭作证的,应当在口头审理通知书回执中声明,并且写明该证人的姓名、工作单位(或者职业)和要证明的事实。专利权人不参加口头审理的,可以缺席审理。

(3)参加口头审理的每方当事人及其代理人的数量不得超过4人。回执中写明的参加口头审理人员不足4人的,可以在口头审理开始前指定其他人参加口头审理。一方有多人参加口头审理的,应当指定其中之一作为第一发言人进行主要发言。

3. 口头审理前的准备

在口头审理开始前,合议组应当完成的工作包括:

(1)将当事人提交的有关文件转送对方。

(2)阅读和研究案卷,了解案情,掌握争议的焦点和需要调查、辩论的主要问题。

(3)举行口头审理前的合议组会议,研究确定合议组成员在口头审理中的分工,调查的顺序和内容,应当重点查清的问题,以及口头审理中可能出现的各种情况及处置方案。

(4)准备必要的文件。

(5)口头审理两天前公告进行该口头审理的有关信息(口头审理不公开进行的除外)。

4. 口头审理的进行

(1)口头审理第一阶段

①合议组核对参加口头审理人员的身份证件,并确认其是否有参加口头审理的资格。

②口头审理由合议组组长主持,宣布口头审理开始后,介绍合议组成员。

③由当事人介绍出席口头审理的人员,合议组组长询问双方当事人对于对方出席人员资格有无异议。

④合议组组长宣读当事人的权利和义务。

⑤合议组组长询问当事人是否请求审案人员回避，是否请证人作证和请求演示物证。

⑥合议组组长询问当事人是否有和解的愿望。双方均有和解愿望并欲当庭协商的，暂停口头审理；双方和解条件差别较小的，可以中止口头审理；双方和解条件差别较大或者一方没有和解愿望的，口头审理继续进行。

(2) 口头审理第二阶段

必要时，由合议组成员简要介绍案情；然后，开始进行口头审理调查。口头审理调查的主要程序如下：

①由无效宣告请求人陈述无效宣告请求的范围及其理由，并简要陈述有关事实和证据，再由专利权人进行答辩。

②由合议组就案件的无效宣告请求的范围、理由和各方当事人提交的证据进行核对，确定口头审理的审理范围。当事人当庭增加理由或者补充证据的，合议组应当根据有关规定判断所述理由或者证据是否予以考虑。决定予以考虑的，合议组应当给予首次得知所述理由或者收到所述证据的对方当事人选择当庭口头答辩或者以后进行书面答辩的权利。

③由无效宣告请求人就无效宣告理由以及所依据的事实和证据进行举证，然后由专利权人进行质证，需要时专利权人可以提出反证，由对方当事人进行质证。案件存在多个无效宣告理由、待证事实或者证据的，可以要求当事人按照无效宣告理由和待证事实逐个举证和质证。

④为了全面、客观地查清案件事实，合议组成员可以就有关事实和证据向当事人或者证人提问，也可以要求当事人或者证人作出解释。提问应当公正、客观、具体、明确。

(3) 口头审理第三阶段

在口头审理调查后，进行口头审理辩论。如双方当事人对案件证据和事实无争议，可以直接进行口头审理辩论。口头审理辩论的主要程序如下：

①由当事人就证据所表明的事实、争议的问题和适用的法律、法规各自陈述其意见，并进行辩论。

②合议组成员可以提问,但不得发表自己的倾向性意见,也不得与任何一方当事人辩论。

③当事人又提出事先已提交过、但未经调查的事实或者证据,合议组组长可以宣布中止辩论,恢复口头审理调查。调查结束后,继续进行口头审理辩论。

④合议组组长宣布辩论终结,由双方当事人做最后意见陈述。无效宣告请求人可以坚持原无效宣告请求,也可以请求撤回无效宣告请求,还可以放弃部分无效理由及相应证据,或者缩小无效宣告请求的范围;专利权人可以坚持要求驳回无效宣告请求,也可以声明缩小专利保护范围或者放弃部分权利要求。

⑤处理和解事宜。

(4)口头审理第四阶段

同专利请求复审程序,此处不再重述。

5. 口头审理的终止

同专利请求复审程序,此处不再重述。①

(六)无效审查决定

1. 无效审查决定类型

(1)宣告专利权全部无效。

(2)宣告专利权部分无效,包括:①宣告发明或者实用新型专利的部分权利要求无效,并且维持其余的权利要求有效;②宣告部分产品外观设计专利无效,并且维持其余产品的外观设计专利有效。

(3)维持专利权有效。

2. 无效审查决定效力

宣告无效的专利权视为自始即不存在。一项专利被宣告部分无效后,被宣告无效的部分视为自始即不存在,但被维持的部分(包括修改后的权利要求)也同时视为自始即存在。

---

① 《中华人民共和国专利法实施细则》(2010),第70条、第72条第2款;国家知识产权局:《专利审查指南》(2019),第4部分第4章。

3. 无效审查决定登记和公告

专利复审委员会作出宣告专利权无效(包括全部无效和部分无效)的审查决定后,当事人未在收到该审查决定之日起3个月内向人民法院起诉或者人民法院生效判决维持该审查决定的,由专利局予以登记和公告。①

(七)无效程序终止

1. 请求人在专利复审委员会对无效宣告请求作出审查决定之前,撤回其无效宣告请求的,无效宣告程序终止,但专利复审委员会认为根据已进行的审查工作能够作出宣告专利权无效或者部分无效的决定的除外。

2. 请求人未在指定的期限内答复口头审理通知书,并且不参加口头审理,其无效宣告请求被视为撤回的,无效宣告程序终止,但专利复审委员会认为根据已进行的审查工作能够作出宣告专利权无效或者部分无效的决定的除外。

3. 已受理的无效宣告请求因不符合受理条件而被驳回请求的,无效宣告程序终止。

4. 在专利复审委员会对无效宣告请求作出审查决定之后,当事人未在收到该审查决定之日起3个月内向人民法院起诉,或者人民法院生效判决维持该审查决定的,无效宣告程序终止。

5. 在专利复审委员会作出宣告专利权全部无效的审查决定后,当事人未在收到该审查决定之日起3个月内向人民法院起诉,或者人民法院生效判决维持该审查决定的,针对该专利权的所有其他无效宣告程序终止。②

---

① 《中华人民共和国专利法》(2008),第46条第1款、第47条;《专利审查指南》(2019),第4部分第3章第5~6节。

② 《中华人民共和国专利法实施细则》(2010),第70条第3款、第72条;国家知识产权局:《专利审查指南》(2019),第4部分第3章第7节。

参考文献

一、著作论文

1. 习近平:《加快从要素驱动、投资规模驱动发展为主向以创新驱动发展为主的转变》,载《十八大以来重要文献选编(中)》,中央文献出版社 2016 年版,第 19~20 页。

2. 李克强:《准确把握世界科技革命产业变革新趋势 深入实施创新驱动 努力赢得发展未来》,载《人民日报》2017 年 6 月 26 日,第 1 版。

3. 陈竺:《全国人民代表大会常务委员会执法检查组关于检查〈中华人民共和国专利法〉实施情况的报告》,在第十二届全国人民代表大会常务委员会第九次会议上所作报告(2014 年 6 月 23 日)。

4. 周伯华:《关于〈中华人民共和国商标法修正案(草案)〉的说明》,载《中国人大网》,http://www.npc.gov.cn/wxzl/gongbao/2013-11/25/content_1823283.htm。

5. 陶凯元:《充分发挥司法保护知识产权的主导作用》,载《求是》2016 年第 1 期。

6. 郑成思:《知识产权论》,法律出版社 2003 年版。

7. 吴汉东:《知识产权基本问题研究》,中国人民大学出版社2005年版。

8. 吴汉东、锁福涛:《中国知识产权司法保护的理念与政策》,载《当代法学》2013年第6期。

9. 刘春田主编:《知识产权法》,中国人民大学出版社2006年版。

10. 李明德:《知识产权法》,社会科学文献出版社2007年版。

11. 李明德:《以〈民法总则〉推动知识产权法修订》,载《经济参考报》2017年6月13日,第8版。

12. 李明德:《关于我国知识产权法院体系建设的几个问题》,载《知识产权》2018年第3期。

13. 张玉敏、张今、张平:《知识产权法》,中国人民大学出版社2009年版。

14. 曹新明主编:《知识产权法》,东北财经大学出版社2006年版。

15. 宋晓明:《新形势下我国的知识产权司法政策》,载《知识产权》2015年第5期。

16. 邓建志、单晓光:《我国知识产权行政保护的涵义》,载《知识产权》2007年第1期。

17. 曲三强主编:《现代知识产权法》,北京大学出版社2009年版。

18. 孙国瑞、郑瑞琨主编:《知识产权法教程》,对外经济贸易大学出版社2007年版。

19. 吴观乐编:《专利代理实务》,知识产权出版社2007年版。

20. 费安玲主编:《知识产权法案例教程》,知识产权出版社2006年第2版。

21. 费安玲主编:《知识产权法教程》,知识产权出版社2003年版。

22. 宁立志主编:《知识产权法》,武汉大学出版社2006年版。

23. 王迁:《知识产权法教程》,中国人民大学出版社2007年版。

24. 姜一春主编:《知识产权法学》,科学出版社2008年版。

25. 李瑞主编:《知识产权法》,华南理工大学出版社2006年版。

26. 刘国福、管建国编著:《民商法典型案例解评》,法律出版社1996年版。

27. 侯仰坤:《植物新品种权保护问题研究》,知识产权出版社2007年版。

28. 刘文:《集成电路布图设计的知识产权性质和特点》,载《法商研究》

2001 年第 5 期。

29. 尹锋林:《中国〈专利法〉第三次修改的主要内容及其意义》,载《学习论坛》2010 年第 1 期。

30. 管荣齐:《发明专利的创造性》,知识产权出版社 2012 年版。

31. 管荣齐:《中国知识产权法律制度》,知识产权出版社 2016 年版。

32. 管荣齐、李明德:《中国知识产权司法保护体系改革研究》,载《学术论坛》2017 年第 1 期。

33. 管荣齐:《新时代中国知识产权保护国际化对策》,载《学术论坛》2019 年第 4 期。

34. 管荣齐:《中国专利创造性条件的改进建议》,载《法学论坛》2012 年第 3 期。

35. 管荣齐:《中国加入 TPP 的知识产权问题研究》,载《东岳论丛》2014 年第 2 期。

36. 管荣齐:《我国专利实质条件的改进建议》,载《知识产权》2013 年第 10 期。

37. 管荣齐:《对实用新型实质条件改革的思考》,载《知识产权》2015 年第 9 期。

38. 管荣齐:《从 TPP 知识产权谈判审视医疗方法的可专利性》,载《知识产权》2014 年第 7 期。

39. 管荣齐、薛智胜:《从 TPP 知识产权规则审视植物新品种的可专利性》,载《知识产权》2016 年第 3 期。

40. 管荣齐:《论专利法官的技术素养》,载中国行为法学会司法行为研究会、天津大学法学院编:《构建法律职业共同体研究》,中国法制出版社 2016 年版。

41. 陈绍玲:《建设知识产权强国:我国面临的国际规则挑战及对策》,载《南京社会科学》2016 年第 7 期。

42. 最高人民法院知识产权审判庭:《中国法院知识产权司法保护状况(2016 年)》,人民法院出版社 2017 年版。

43. 最高人民法院知识产权审判庭:《中国法院知识产权司法保护状况(2017 年)》,人民法院出版社 2018 年版。

44. 最高人民法院知识产权审判庭:《中国法院知识产权司法保护状况(2018 年)》,人民法院出版社 2019 年版。

45. 吕绍刚:《深圳知识产权法庭和深圳金融法庭揭牌》,载《人民日报》2017 年 12 月 27 日,第 11 版。

46. 金昌波、方茜:《海口知识产权法庭和海南涉外民商事法庭获批设立》,载《海南日报》2019 年 4 月 16 日,第 2 版。

47.《南昌知识产权法庭挂牌成立》,载《人民法院报》2018 年 7 月 6 日,第 1 版。

48.《厦门知识产权法庭揭牌》,载《法制日报》2019 年 9 月 6 日,第 3 版。

49. 中国人大网:《专利法修正案草案全文及说明》,http://www.npc.gov.cn/huiyi/lfzt/zlfxzaca/2008-08/29/content_1447395.htm,最后访问日期:2008 年 8 月 29 日。

二、法律规范

1.《中共十八届五中全会公报》(2015 年 10 月)。

2.《中华人民共和国民法通则》(2009)。

3.《中华人民共和国民法总则》(2017)。

4.《中华人民共和国合同法》(1999)。

5.《中华人民共和国物权法》(2007)。

6.《中华人民共和国侵权责任法》(2009)。

7.《中华人民共和国继承法》(1985)。

8.《中华人民共和国刑法》(2017)。

9.《中华人民共和国民事诉讼法》(2017)。

10.《中华人民共和国行政诉讼法》(2017)。

11.《中华人民共和国刑事诉讼法》(2018)。

12.《中华人民共和国著作权法》(1990)。

13.《中华人民共和国著作权法》(2001)。

14.《中华人民共和国著作权法》(2010)。

15.《中华人民共和国著作权法实施条例》(2013)。

16.《中华人民共和国专利法》(2008)。

17.《中华人民共和国专利法实施细则》(2010)。

18.《中华人民共和国商标法》(2019)。

19.《中华人民共和国商标法实施条例》(2014)。

20.《中华人民共和国反不正当竞争法》(2019)。

21.《中华人民共和国植物新品种保护条例》(2014)。

22.《中华人民共和国植物新品种保护条例实施细则(林业部分)》(2011)。

23.《中华人民共和国植物新品种保护条例实施细则(农业部分)》(2014)。

24.《著作权集体管理条例》(2013)。

25.《计算机软件保护条例》(2013)。

26.《信息网络传播权保护条例》(2013)。

27.《出版管理条例》(2011)。

28.《集成电路布图设计保护条例》(2001)。

29. 中共中央:《国家创新驱动发展战略纲要》(2016 年 5 月)。

30.《国家知识产权战略纲要》(2008)。

31.《国务院关于新形势下加快知识产权强国建设的若干意见》(2015)。

32.《国务院批转全国打击侵犯知识产权和制售假冒伪劣商品工作领导小组〈关于依法公开制售假冒伪劣商品和侵犯知识产权行政处罚案件信息的意见(试行)〉的通知》(2014)。

33. 国务院办公厅:《深入实施国家知识产权战略行动计划(2014～2020年)》(2014)。

34.《最高人民法院关于知识产权法庭若干问题的规定》(2018)。

35.《最高人民法院关于北京、上海、广州知识产权法院案件管辖的规定》(2014)。

36.《最高人民法院、最高人民检察院关于办理侵犯知识产权刑事案件具体应用法律若干问题的解释》(2004)。

37.《最高人民法院、最高人民检察院关于办理侵犯知识产权刑事案件具体应用法律若干问题的解释(二)》(2007)。

38.《最高人民法院关于同意南京市、苏州市、武汉市、成都市中级人民法院内设专门审判机构并跨区域管辖部分知识产权案件的批复》(2017)。

39.《最高人民法院关于同意杭州市、宁波市、合肥市、福州市、济南市、青岛市中级人民法院内设专门审判机构并跨区域管辖部分知识产权案件的批复》(2017)。

40.《最高人民法院关于同意天津市第三中级人民法院和郑州市、长沙市、西安市中级人民法院内设专门审判机构并跨区域管辖部分知识产权案件的批复》(2018)。

41.《最高人民法院关于同意长春市中级人民法院内设专门审判机构并跨区域管辖部分知识产权案件的批复》(2018)。

42.《最高人民法院关于同意兰州市中级人民法院内设专门审判机构并跨区域管辖部分知识产权案件的批复》(2018)。

43.《最高人民法院关于同意乌鲁木齐市中级人民法院内设专门审判机构并跨区域管辖部分知识产权案件的批复》(2019)。

44.《最高人民法院关于适用〈中华人民共和国民法总则〉诉讼时效制度若干问题的解释》(2018)

45.《最高人民法院关于审理著作权民事纠纷案件适用法律若干问题的解释》(2002)。

46.《最高人民法院关于对诉前停止侵犯专利权行为适用法律问题的若干规定》(2001)。

47.《最高人民法院关于审理侵犯专利权纠纷案件应用法律若干问题的解释》(2009)。

48.《最高人民法院关于审理专利纠纷案件适用法律问题的若干规定》(2015)。

49.《最高人民法院关于审理商标案件有关管辖和法律适用范围问题的解释》(2002)。

50.《最高人民法院关于审理商标民事纠纷案件适用法律若干问题的解释》(2002)。

51.《最高人民法院关于诉前停止侵犯注册商标专用权行为和保全证据适用法律问题的解释》(2002)。

52.《最高人民法院关于审理注册商标、企业名称与在先权利冲突的民事纠纷案件若干问题的规定》(2008)。

53.《最高人民法院关于涉及驰名商标认定的民事纠纷案件管辖问题的通知》(2009)。

54.《最高人民法院关于审理涉及驰名商标保护的民事纠纷案件应用法律若干问题的解释》(2009)。

55.《最高人民法院关于商标法修改决定施行后商标案件管辖和法律适用问题的解释》(2014)。

56.《最高人民法院关于审理商标授权确权行政案件若干问题的规定》(2017)。

57.《最高人民法院关于审理不正当竞争民事案件应用法律若干问题的解释》(2007)。

58.《最高人民法院关于审理植物新品种纠纷案件若干问题的解释》(2001)。

59.《最高人民法院关于审理侵犯植物新品种权纠纷案件具体应用法律问题的若干规定》(2007)。

60.《最高人民法院关于开展涉及集成电路布图设计案件审判工作的通知》(2001)。

61.《最高人民法院关于适用〈中华人民共和国行政诉讼法〉的解释》(2018)。

62.《最高人民法院关于适用〈中华人民共和国民事诉讼法〉的解释》(2015)。

63. 最高人民法院:《民事案件案由规定》(2011)。

64.《最高人民法院关于适用〈中华人民共和国刑事诉讼法〉的解释》

(2012)。

65.《最高人民检察院、公安部关于公安机关管辖的刑事案件立案追诉标准的规定(一)》(2008)。

66.《最高人民检察院、公安部关于公安机关管辖的刑事案件立案追诉标准的规定(二)》(2016)。

67. 最高人民法院、最高人民检察院、公安部:《关于办理侵犯知识产权刑事案件适用法律若干问题的意见》(2011)。

68.《最高人民法院关于在全国法院推进知识产权民事、行政和刑事案件审判“三合一”工作的意见》(2016)。

69. 最高人民法院:《中国知识产权司法保护纲要(2016～2020)》(2017年4月)。

70. 国家发展改革委、财政部:《关于降低住房转让手续费、受理商标注册费等部分行政事业性收费标准的通知》(2015)。

71. 国家工商管理总局:《商标审查及审理标准》(2016)。

72. 国家工商行政管理总局:《驰名商标认定工作细则》(2009)。

73. 国家工商行政管理总局:《驰名商标认定和保护规定》(2014)。

74. 国家工商行政管理总局:《关于禁止侵犯商业秘密行为的若干规定》(1998)。

75. 国家工商行政管理总局:《集体商标、证明商标注册和管理办法》(2003)。

76. 国家工商行政管理总局:《商标审查标准》(2009)。

77. 国家工商行政管理总局:《商标异议申请书》(2014)。

78. 国家工商行政管理总局商标局:《关于申请转让商标有关问题的规定》(2009)。

79. 国家工商行政管理总局商标局:《商标使用许可合同备案办法》(1997)。

80. 国家工商行政管理总局商标局:《注册商标专用权质权登记程序规定》(2009)。

81. 国家知识产权局:《关于征求对〈中华人民共和国专利法修订草案〉(征求意见稿)意见的通知》(2006)。

82. 国家知识产权局:《关于提请审议〈中华人民共和国专利法修订草案(送审稿)〉的请示》(2013)。

83. 国家知识产权局:《专利行政执法办法》(2015)。

84. 国家知识产权局:《专利权质押登记办法》(2010)。

85. 国家知识产权局:《专利审查指南》(2019)。

86. 国家知识产权局:《集成电路布图设计保护条例实施细则》(2001)。

87. 国家版权局:《著作权行政处罚实施办法》(2009)。

88. 国家版权局:《著作权质权登记办法》(2010)。

89. 国家版权局:《作品自愿登记试行办法》(1994)。

90. 北京市高级人民法院:《专利侵权判定若干问题的意见(试行)》(2001)。

91.《北京市高级人民法院关于部分知识产权案件适用简易程序进行审理的规定(试行)》(2012)。

92.《北京市高级人民法院关于北京互联网法院案件管辖的规定》(2018)。

93.《北京市高级人民法院关于调整本市法院知识产权民事案件管辖的规定》(2017)。

94.《上海市高级人民法院关于调整本市法院知识产权民事案件管辖的规定》(2016)。

95.《上海市高级人民法院关于调整基层法院知识产权案件、行政案件和未成年人刑事案件集中管辖的公告》(2018)。

96.《广东省高级人民法院关于广州知识产权法院履职的公告》(2014)。

97. WTO. Agreement on Trade-Related Aspects of Intellectual Property Rights. 1994.

图书在版编目(CIP)数据

知识产权司法保护专题研究／管荣齐著. -- 北京：法律出版社，2020
(天大法学文库／孙佑海主编)
ISBN 978-7-5197-4634-6

Ⅰ. ①知… Ⅱ. ①管… Ⅲ. ①知识产权保护－研究－中国 Ⅳ. ①D923.404

中国版本图书馆 CIP 数据核字(2020)第 099212 号

天大法学文库	**知识产权司法保护专题研究** **ZHISHI CHANQUAN SIFA BAOHU ZHUANTI YANJIU**	管荣齐 著	**策划编辑** 似 玉 **责任编辑** 似 玉 **装帧设计** 鲍龙卉

出版 法律出版社
总发行 中国法律图书有限公司
经销 新华书店
印刷 北京虎彩文化传播有限公司
责任印制 吕亚莉

编辑统筹 法律应用出版分社
开本 710 毫米×1000 毫米 1/16
印张 20.25 **字数** 299 千
版本 2020 年 6 月第 1 版
印次 2020 年 6 月第 1 次印刷

法律出版社／北京市丰台区莲花池西里 7 号(100073)
网址／www. lawpress. com. cn
投稿邮箱／info@ lawpress. com. cn
举报维权邮箱／jbwq@ lawpress. com. cn
销售热线／400-660-8393
咨询电话／010-63939796

中国法律图书有限公司／北京市丰台区莲花池西里 7 号(100073)
全国各地中法图分、子公司销售电话：
统一销售客服／400-660-8393/6393
第一法律书店／010-83938432/8433 西安分公司／029-85330678 重庆分公司／023-67453036
上海分公司／021-62071639/1636 深圳分公司／0755-83072995

书号：ISBN 978-7-5197-4634-6 **定价**：80.00 元
(如有缺页或倒装，中国法律图书有限公司负责退换)